Diplomatische Missionen
in der Bundesrepublik Deutschland

Diplomatische Missionen in der Bundesrepublik Deutschland

Botschaften,
Konsulate
und andere Vertretungen

Ausgabe Juni 2003

2003

Verlag Karl Heinrich Bock
Bad Honnef

Diplomatische Missionen in der Bundesrepublik Deutschland

Herausgeber: Verlag Karl Heinrich Bock, Bad Honnef, und
Parlamentsbuchhandlung Maderspacher, Berlin
Redaktion: Karl Heinrich Bock, Bernhard Wambach und Claudia Swerdan
Verlag Karl Heinrich Bock, 53581 Bad Honnef, Postfach 11 45
Tel.: (0 22 24) 54 43, Fax: (0 22 24) 78 310
E-Mail: missionen@bock-net.de, URL: www.bock-net.de
Redaktionsschluss: 18. Juni 2003

Die wiedergegebenen Daten beruhen auf einer Abfrage des Verlages, die ab Mai 2003 durchgeführt wurde. Eine Gewähr für die Richtigkeit der abgedruckten Daten kann nicht übernommen werden.

ISBN 3-87066-888-1

© by Verlag Karl Heinrich Bock, 53604 Bad Honnef
Alle Rechte vorbehalten
Druck: Krannich, Bad Honnef
Printed in Germany

INHALTSVERZEICHNIS

Diplomatische Missionen und Konsulate Seite

Ägypten 11
Äquatorialguinea 13
Äthiopien 13
Afghanistan 14
Albanien 14
Algerien 15
Amerika, Vereinigte Staaten Von (siehe Vereinigte Staaten..., Seite 192) 16
Andorra 16
Angola 16
Antigua und Barbuda 17
Argentinien 17
Armenien 19
Aserbaidschan 19
Australien 19

Bahamas 20
Bahrain 21
Bangladesch 21
Barbados 22
Belarus 22
Belgien 23
Belize 26
Benin 27
Bhutan 27
Birma (siehe Myanmar, Seite 118) 28
Bolivien 28
Bosnien und Herzegowina 29
Botsuana 30
Brasilien 30
Brunei Darussalam 32
Bulgarien 33
Burkina Faso 34
Burundi 35

Chile 36
China 37
Costa Rica 38
Côte d'Ivoire 39

Dänemark 40
Dominica 43
Dominikanische Republik 44
Dschibuti 44

Ecuador 45
Elfenbeinküste (siehe Côte d'Ivoire, Seite 39) 46
El Salvador 46
Eritrea 47
Estland 47

Fidschi 48
Finnland 48
Frankreich 51

Gabun 56
Gambia 56

INHALTSVERZEICHNIS

Georgien 57
Ghana 57
Grenada 59
Griechenland 59
Großbritannien und Nordirland (siehe Vereinigtes Königreich, Seite 197) 61
Guatemala 61
Guinea 62
Guinea-Bissau 63
Guyana 63

Haiti 63
Heiliger Stuhl 64
Honduras 64

Indien 65
Indonesien 66
Irak 68
Iran 69
Irland 71
Island 71
Israel 73
Italien 75

Jamaika 79
Japan 79
Jemen 82
Jordanien 82

Kambodscha 83
Kamerun 84
Kanada 84
Kap Verde 86
Kasachstan 87
Katar 88
Kenia 88
Kirgisistan 89
Kiribati 90
Kolumbien 90
Komoren 91
Kongo, Demokratische Republik (früher Zaïre) 91
Kongo 92
Korea, Demokratische Volksrepublik (Nord) 92
Korea, Republik (Süd) 93
Kroatien 95
Kuba 96
Kuwait 96

Laos 97
Lesotho 97
Lettland 98
Libanon 99
Liberia 99
Libyen 100
Liechtenstein 101
Litauen 101
Luxemburg 102

Madagaskar 104
Malawi 105
Malaysia 106
Malediven 107

INHALTSVERZEICHNIS

Mali 108
Malta 108
Marokko 110
Marshallinseln 111
Mauretanien 111
Mauritius 112
Mazedonien 112
Mexiko 113
Mikronesien 115
Moldau 115
Monaco 116
Mongolei 117
Mosambik 118
Myanmar 118

Namibia 119
Nauru 119
Nepal 120
Neuseeland 121
Nicaragua 121
Niederlande 122
Niger 126
Nigeria 127
Norwegen 128

Österreich 130
Oman 133

Pakistan 133
Palau 135
Panama 135
Papua-Neuguinea 135
Paraguay 136
Peru 137
Philippinen 138
Polen 139
Portugal 142

Ruanda 144
Rumänien 144
Russische Föderation 146

Salomonen 147
Sambia 147
Samoa 148
San Marino 148
São Tomé und Principe 149
Saudi-Arabien 149
Schweden 150
Schweiz 153
Senegal 155
Serbien und Montenegro 156
Seychellen 157
Sierra Leone 158
Simbabwe 158
Singapur 159
Slowakei 159
Slowenien 161
Somalia 162
Spanien 163
Sri Lanka 165

St. Kitts und Nevis 166
St. Lucia 166
St. Vincent und die Grenadinen 167
Sudan 167
Südafrika 168
Suriname 169
Swasiland 169
Syrien 170

Tadschikistan 170
Tansania 170
Thailand 171
Togo 172
Tonga 173
Trinidad und Tobago 174
Tschad 174
Tschechische Republik 175
Türkei 177
Tunesien 181
Turkmenistan 182
Tuvalu 182

Uganda 182
Ukraine 183
Ungarn 185
Uruguay 187
Usbekistan 189

Vanuatu 190
Vatikan (siehe Heiliger Stuhl, Seite 64) 190
Venezuela 190
Vereinigte Arabische Emirate 191
Vereinigte Staaten von Amerika 192
Vereinigtes Königreich Grossbritannien und Nordirland 197
Vietnam 199

Zentralafrikanische Republik 200
Zypern 201

Internationale Organisationen

Freiwilligenprogramm der Vereinten Nationen 204
Sekretariat des Rahmenübereinkommens der Vereinten Nationen über
Klimaänderungen 204
Informationszentrum der Vereinten Nationen 204

Andere Vertretungen

Malteser-Ritterorden 206
Palästinensische Generaldelegation 206

Rangfolge der Leiter diplomatischer Missionen

Der Apostolische Nuntius 208
Botschafter 208

Staatsfeiertage 214

Diplomatische Missionen und Konsulate

ÄGYPTEN

Botschaft der Arabischen Republik Ägypten:
Stauffenbergstraße 6/7, 10785 Berlin
Tel.: (0 30) 47 75 47-0 / Fax: (0 30) 4 77 10 49
E-Mail: embassy@egyptian-embassy.de / URL: www.egyptian-embassy.de
Bürozeiten: Mo bis Fr 9.00 bis 16.00
Konsularabteilung:
Tel.: (0 30) 47 90 18 80 / Fax: (0 30) 4 77 40 00
E-Mail: consularsection@egyptian-embassy.de
Sprechzeiten: Mo bis Fr 9.00 bis 13.00
Konsularbezirk: Berlin, Brandenburg, Mecklenburg-Vorpommern, Sachsen-Anhalt, Sachsen, Thüringen
Kulturabteilung und Studienmission:
Charlottenstraße 81, 10969 Berlin
Tel.: (0 30) 25 93 76-0 / Fax: (0 30) 25 93 76-10
E-Mail: info@egypt.de / URL: www.egypt.de
Presseabteilung:
Kurfürstendamm 151, 10709 Berlin
Tel.: (0 30) 89 54 19 03 / Fax: (0 30) 89 54 19 11
E-Mail: info@aegyptische-botschaft.de / URL: www.embassy-of-egypt.de
Handels- und Wirtschaftsabteilung:
Friedrichstraße 60, 10117 Berlin
Tel.: (0 30) 2 06 41-13 / Fax: (0 30) 2 06 41-140
E-Mail: tamseel@comoff-egypt.de
Militärabteilung:
Kennedyallee 43, 53175 Bonn
Tel.: (02 28) 3 08 93-0 / Fax: (02 28) 3 08 93-14
Fremdenverkehrsamt:
Kaiserstraße 65, 60329 Frankfurt
Tel.: (0 69) 25 23 19, 25 21 53 / Fax: (0 69) 23 98 76

S. E. Herr Mohamed Abdelhay Mohamed Al-Orabi, außerordentlicher und bevollmächtigter Botschafter [04.10.2001]
Frau Amal Ahmed Farid
Herr Yasser Reda A. Aly Said, Gesandter
Frau Nahla Anter Farid El Shimy
Herr Sami Mahmoud Ali Salem, Botschaftsrat
Frau Inas Ibrahim Abdel Halim Yehia
Herr Ahmed Mohamed Ezzat Abdel Hakim, Botschaftsrat
Frau Ghada M. Amer Moustafa El Abhar
Herr Bahaa Eldin Samy Aly, Botschaftsrat
Frau Bassma Saber Elsayed H. Saber
Herr Nasser Fahmy Mahmoud Nasser, Botschaftsrat
Frau Maha Elsayed Gado Elsayed
Herr Maher El Mahdy Atta El Sayed, II. Sekretär
Herr Mohamed Karim Fouad Sherif, II. Sekretär
Frau Ola Abdel Hamid Fahmy
Herr Khaled Ahmed Farouk Nazmy, III. Sekretär
Frau Shereen Farouk Elhofy
Herr Monzer Fathi Selim, III. Sekretär
Herr Mohamed Samy Saad El Shagie, Attaché (Verwaltung)
Frau Thanaa Salah Eldin Ibrahim Agha, Attaché (Verwaltung)
Herr Essam Abdel Salam Mohamed Amer
Frau Soheir Reda Ahmed Ezzat, Attaché (Verwaltung)
Herr Ibrahim Gamal Ezzat
Herr Yehia Mohamed Zaki Kobida, Attaché (Verwaltung)
Frau Nors Mohamed Hussein Abdalla

ÄGYPTEN

Herr **Ahmed Abdel Moneim Ali Tawfik**, Attaché (Verwaltung)
Frau **Azza Salah Bayoumi Elmahallawi**
Herr **Adel Refay Abdel Aziz El Ahwal**, Attaché (Verwaltung)
Frau **Magda Mohamed Zaki Abdel Hamid**
Herr **Mohamed Fawzi Abdel Haleem Mahmoud**, Attaché
Herr **Mohamed Abdel Aty Mohamed Shehata**, Attaché
Herr **Brigadegeneral i. G. Hosam Saad Aly Salama**, Verteidigungsattaché
Frau **Hanan Labib Ibrahim Hagag**
Herr **Oberstleutnant Ahmed Abdel-Fattah Kotb Abouel-Anein**, Stellvertretender Verteidigungsattaché
Frau **Dina Abd El-Aziz Mohamed Hiedah**
Herr **Major Khaled Kamel Abdel Rahman Elsayed**, Attaché
Frau **Hoda Seif Elnasr Bakr**
Herr **Afifi Mahmoud Mohamed Selim**, Gesandter (Handel und Wirtschaft)
Frau **Nawal Selim Ibrahim**
Herr **Tarek Farouk Youssef Elkeden**, Attaché
Frau **Hebat Allah Ahmed Ibrahim Mostafa**
Herr **Ahmed Abdel Mohsen Zaki**, Attaché (Handel und Wirtschaft)
Frau **Sanaa Mohamed Mamdouh Sayed Ahmed**
Herr **Mohamed Youssef Atia Abdel Moety**, Attaché (Verwaltung)
Frau **Saria Samir Metwally Khalaf**
Frau **Prof. Dr. Aleya Abdallah Khattab**, Botschaftsrätin (Kultur, Leiterin der Studienmission)
Herr **Prof. Dr. Mohamed Maher Ibrahim El Sawaf**
Herr **Dr. Mohamed Abdel Salam Mohamed Shakal**, Attaché (Kultur)
Frau **Abeer Salah Mohamed Matouk**
Herr **Elsayed Hussien Hassan Elkrashily**, Attaché
Herr **Mohamed Mahmoud Hassan Awad**, Attaché
Frau **Sohier Soliman Abdel Rahman Elshikh**
Frau **Amal Ali Mohamed Abdoun**, Attaché (Verwaltung)
Herr **Mohamed Talaat Mohamed Fawzy**
Herr **Mahmoud Abdel Azem A. Gaafar**, Botschaftsrat (Leiter der Presseabteilung)
Frau **Mervat Mukhtar Mohamed Moustafa**, Attaché
Herr **Atef Mohamed Badr Eldin Aly Ahmed**, Attaché

Frankfurt am Main, Generalkonsulat
Eysseneckstraße 34, 60322 Frankfurt am Main
Tel.: (0 69) 9 55 13 40 / Fax: (0 69) 5 97 21 31
Bürozeiten: Mo bis Fr. 9.30 bis 12.00, 14.00 bis 15.00 (nur Abholung)
Konsularbezirk: Hessen, Baden-Württemberg, Bayern, Nordrhein-Westfalen, Rheinland-Pfalz und Saarland
Herr **Ali Saleh Mohamed Mourad**, Generalkonsul

Frankfurt am Main, Fremdenverkehrsamt
Kaiserstraße 65, 60329 Frankfurt am Main
Tel.: (0 69) 25 23 19, 25 21 53 / Fax: (0 69) 23 98 76
E-Mail: staatlich@aegyptisches-fremdenverkehrsamt.de
URL: www.aegyptisches-fremdenverkehrsamt.via.t-online.de
Herr **Baher Malek**, Leiter des Fremdenverkehrsamt

Hamburg, Generalkonsulat
Harvestehuder Weg 47, 20149 Hamburg
Tel.: (0 40) 4 13 32 60 / Fax: (0 40) 4 10 61 15
Bürozeiten: Mo bis Fr. 9.00 bis 12.00
Konsularbezirk: Hamburg, Bremen, Niedersachsen und Schleswig-Holstein
Frau **Hala Hassan Ismail**, Generalkonsulin

ÄQUATORIALGUINEA

Botschaft der Republik Äquatorialguinea:
17, Avenue Jupiter, B-1190 Forêts Brüssel
Tel.: (00 32) - 2 - 346 25 09 / Fax: (00 32) - 2 - 346 33 09
E-Mail: guineaecuatorial.brux@skynet.be
Bürozeiten: Mo bis Fr 9.00 bis 15.30

S. E. Herr Victorino Nka Obiang Maye, außerordentlicher und bevollmächtigter Botschafter [2003]
Herr Mariano Ebang Anguesomo, I. Sekretär
Frau Mari-Cruz Evuna Andeme, II. Sekretär

Düsseldorf, Honorarkonsulat
Flinger Richtweg 60, 40235 Düsseldorf
Tel.: (02 11) 2 30 51 99 / Fax: (02 11) 2 30 51 18, (0 21 04) 5 37 48
E-Mail: klaus_maraldo@dsd-steel.com, moraldo@t-online.de
Bürozeiten: nach Vereinbarung
Konsularbezirk: Bundesgebiet
Herr Klaus Jürgen Maraldo, Honorarkonsul

ÄTHIOPIEN

Botschaft der Demokratischen Bundesrepublik Äthiopien:
Boothstraße 20 a, 12207 Berlin
Tel.: (0 30) 772 06-0 / Fax: (0 30) 772 06-26
E-Mail: emb.ethiopia@t-online.de
Konsularabteilung:
Fax: (0 30) 7 72 06-24
Bürozeiten: Mo bis Fr 9.00 bis 17.00
Konsularabteilung: Mo bis Fr 9.00 bis 14.00
Konsularbezirk: Bundesgebiet

S. E. Herr Hiruy Amanuel, außerordentlicher und bevollmächtigter Botschafter [10.04.2002]
Frau Mehret Kidanu
Herr Worku Erge Dessies, Gesandter-Botschaftsrat [28.03.2002]
Herr Yitbarek Amare Tesfaye, I. Botschaftssekretär [27.11.2000]
Frau Fanaye Yesigat
Herr Mesfin Nigussie Gelaw, I. Botschaftssekretär [24.09.2001]
Herr Araya G. Kidane, I. Botschaftssekretär [13.08.2002]
Herr Ali Muhe Ali, Attaché (Verwaltung) [29.07.2002]
Frau Merima Yesuf Dagne

Düsseldorf, Honorarkonsulat
Kasernenstraße 1 b, 40213 Düsseldorf
Tel.: (02 11) 848 00 / Fax: (02 11) 32 90 00
Bürozeiten: Mo bis Fr 10.00 bis 12.00
Konsularbezirk: Nordrhein-Westfalen, Rheinland-Pfalz und Saarland
Herr Michael Renka, Honorarkonsul

Frankfurt, Generalkonsulat
Zeppelinallee 25, 60325 Frankfurt am Main
Tel.: (0 69) 972 69 60 / Fax: (0 69) 97 26 96 33
Bürozeiten: Mo bis Fr 10.00 bis 12.00
Konsularbezirk: Hessen, Bayern, Baden-Württemberg, Niedersachsen
Herr Girma Temesgen, Generalkonsul

AFGHANISTAN

Botschaft von Afghanistan:
Wilhelmstraße 65, 10117 Berlin
Tel.: (0 30) 20 67 35-0 / Fax: (0 30) 2 29 15 10
E-Mail: afghanische-botschaft@t-online.de
Bürozeiten: Mo bis Do 9.30 bis 14.00

S. E. Herr Hamidullah Nasser Zia, außerordentlicher und bevollmächtigter Botschafter [26.09.2002]
Frau Roxana Vakili Nasser Zia
Herr Abed Nadjib, Gesandter-Botschaftsrat [01.12.1994]
Frau Felicitas Nadjib
Herr Sultan Mohammad Bonyad, Botschaftsrat [12.10.1994]
Frau Naheed Bonyad
General Sultan Mahmod Dehdar, Militärattaché [01.11.2002]
Herr Abdul Jabar Jawid, I. Sekretär [03.09.1993]
Frau Bibi Mokrama Jawid
Herr Sayed Hamed Noor Aqa Anwari, I. Sekretär [17.06.2002]
Frau Shahrbano Anwari
Herr S. Zarif Mujtaba Hashemi, Stellvertretender Wirtschaftsattaché [15.09.2002]

Bonn, Generalkonsulat
Liebfrauenweg 1 a, 53125 Bonn
Tel.: (02 28) 25 19 27, 25 67 97 / Fax: (02 28) 25 53 10
Bürozeiten: Mo bis Do 9.00 bis 14.00
Konsularbezirk: Nordrhein-Westfalen, Baden-Württemberg, Hessen,
    Niedersachsen, Rheinland-Pfalz und Saarland
Herr Fazlurrahman Fazil, Generalkonsul [02.01.2001]

ALBANIEN

Botschaft der Republik Albanien:
Friedrichstraße 231, 10969 Berlin
Tel.: (0 30) 2 59 30 50 / Fax: (0 30) 25 93 05 99
E-Mail: albanische.botschaft@microcall.de
Bürozeiten: Mo bis Fr 8.30 bis 16.30
Presse-, Wissenschaft- und Kulturabteilung:
Tel.: (0 30) 25 93 05 20 / Fax: (0 30) 25 93 05 99
Tel.: (0 30) 25 93 05 30 / Fax: (0 30) 25 93 05 99
Politik und Wirtschaftsabteilung:
Tel.: (0 30) 25 93 05 59
Konsularabteilung:
Tel.: (0 30) 25 93 05 40 / Fax: (0 30) 25 93 05 99
Sprechzeiten: Mo bis Fr 9.00 bis 12.00
Verteidigungsattaché:
Tel.: (0 30) 25 93 05 60 / Fax: (0 30) 25 93 05 99
Büro des Botschafters:
Tel.: (0 30) 25 93 05 50

S. E. Herr Bashkim Zeneli, außerordentlicher und bevollmächtigter Botschafter [10.12.1997]
Frau Engjellushe Zeneli
Herr Jorgji Kote, Gesandter Botschaftsrat (Politik und Wirtschaft)
Herr Ilir Halilaj, II. Sekretär (Konsularangelegenheiten)
Herr Petrika Jorgji, III Sekretär (Presse) [03.04.1999]
Frau Admira Jorgji, Attaché [03.04.1999]
Herr Oberst Beqir Skreli, Botschaftsrat (Verteidigungsattaché) [06.11.2000]
Frau Elivelta Radomi, III. Sekretärin (Kultur und Wissenschaft) [18.02.2001]

Essen, Honorarkonsulat
Altendorfer Straße 3, 45127 Essen
Tel.: (02 01) 2 43 63 80 / Fax: (02 01) 27 28 18
Bürozeiten: Mo und Fr 9.00 bis 12.00 und nach Vereinbarung
Konsularbezirk: Nordrhein-Westfalen
Herr Peter W. Reuschenbach, Honorarkonsul

Hamburg, Honorarkonsulat
Kanalstraße 44, 22085 Hamburg
Tel.: (0 40) 22 92 31 02, 22 92 31 01 / Fax: (0 40) 22 92 31 95, 22 92 32 16
Bürozeiten: Mo bis Fr 9.00 bis 12.00
Konsularbezirk: Hamburg, Bremen und Niedersachsen
Herr Klaus Niemann, Honorarkonsul

München, Honorargeneralkonsulat
Netzegaustraße 6, 81377 München
Tel.: (0 89) 7 10 39 401 / Fax: (0 89) 7 14 35 10
Bürozeiten: Mo, Di, Do 17.00 bis 19.00, Mi nach Vereinbarung, Fr 16.00 bis 18.00
Konsularbezirk: Bayern und Baden-Württemberg
Herr Franz Mödl, Honorargeneralkonsul

Offenbach/M., Honorarkonsulat
Spessartring 24, 63071 Offenbach/M.
Tel.: (0 69) 85 70 30 37 / Fax: (0 69) 85 70 30 39
Bürozeiten: Di 9.00 bis 12.00 und nach Vereinbarung
Konsularbezirk: Hessen und Rheinland-Pfalz
Herr Albert Pfuhl, Honorarkonsul

ALGERIEN

Botschaft der Demokratischen Volksrepublik Algerien:
Görschstraße 45-46, 13187 Berlin
Tel.: (0 30) 43 73 70 / Fax: (0 30) 48 09 87 16
E-Mail: ambalg@t-online.de / URL: www.algerische-botschaft.de
Bürozeiten: Mo bis Fr 9.00 bis 16.00

S. E. Herr Mourad Bencheikh, außerordentlicher und bevollmächtigter Botschafter [22.03.2001]
Frau Nour-El-Houda Bencheikh
Herr Larbi Latroch, Gesandter-Botschaftsrat [18.09.1999]
Frau Siham Latroch
Herr Aissa Romani, Botschaftsrat [02.10.1999]
Frau Houria Romani
Herr Abdelhamid Yekhlef, Botschaftsrat
Frau Malika Yekhlef
Herr Saad Boudjada, Botschaftsrat [16.09.2000]
Frau Karima Boudjada
Herr Abdelkader Chebaraka, III. Sekretär [09.08.2000]
Frau Fairouz Chebaraka
Herr Abdallah Tounsi, Attaché [20.08.2001]
Frau Faouzia Tounsi

Bonn, Generalkonsulat
Rheinallee 32-34, 53173 Bonn-Bad Godesberg
Tel.: (02 28) 94 37 60 / Fax: (02 28) 3 69 86 61
Konsularbezirk: Nordrhein-Westfalen, Bremen, Baden-Württemberg, Bayern,
Hessen, Niedersachsen, Rheinland-Pfalz, Saarland und Thüringen

AMERIKA, VEREINIGTE STAATEN VON

Herr Mohamed-Ziane Hasseni, Generalkonsul [25.01.2001]
Frau Saliha Hasseni
Herr Farid Benoudina, Vizekonsul (Pass- und Visaangelegenheiten)
Frau Amel Benoudina

AMERIKA, VEREINIGTE STAATEN VON

(siehe: Vereinigte Staaten von Amerika, Seite 192)

ANDORRA

Botschaft des Fürstentums Andorra
Rue de la Montagne 10, bte 1, B-1000 Brüssel
Tel.: (00 32) - 2 - 5 13 28 06 / Fax: (00 32) - 2 - 5 13 07 41
E-Mail: ambassade@andorra.be / URL: www.andorra.be
Bürozeiten: Mo bis Fr 9.00 bis 17.30

I. E. **Frau Meritxell Mateu**, außerordentliche und bevollmächtigte Botschafterin
Frau Florència Aleix, III. Sekretärin
Frau Geneviève Boeynaems, Verwaltungssekretärin

ANGOLA

Botschaft der Republik Angola:
Wallstraße 58, 10179 Berlin
Tel.: (0 30) 24 08 97-0 / Fax: (0 30) 24 08 97-12
E-Mail: botschaft@botschaftangola.de / URL: www.botschaftangola.de
Bürozeiten: Mo bis Fr 9.00 bis 16.00
Konsular- und Wirtschaftsabteilung:
Wallstraße 59, 10179 Berlin
Tel.: (0 30) 2 40 89 70 / Fax: (0 30) 24 08 97 57
Sprechzeiten: Mo bis Fr 9.00 bis 13.00

S. E. **Herr Dipl.-Ing. Alberto do Carmo Bento Ribeiro**, außerordentlicher und bevollmächtigter Botschafter
Frau Maria Odete Bento Ribeiro
Herr Silvestre Guido Ribeiro Castelbranco, Gesandter
Herr Manuel Velasco Júlio, I. Sekretär [08.09.1998]
Frau Cezaltina da Costa, II. Sekretärin
Herr Evaristo José Miranda de Sousa, II. Sekretär [20.10.1998]
Herr Sebastião Francisco Lourenço Lopes, I. Sekretär
Herr Horácio Sampaio de Barros, II. Sekretär
Herr Abel Adao Joao, Attaché

    Bremen, Honorarkonsulat
    Furtstraße 14, 28759 Bremen
    Tel.: (04 21) 6 26 65 00 / Fax: (04 21) 6 26 61 41
    E-Mail: jbruns.nehlsen@nehlsen.de
    Bürozeiten: Mo bis Do 9.00 bis 17.00, Fr 9.00 bis 14.00
    Konsularbezirk: Bremen, Hamburg, Mecklenburg-Vorpommern, Niedersachsen,
        Schleswig-Holstein
Herr Jens Bruns, Honorarkonsul

Düsseldorf, Honorarkonsulat
Orion-Haus, Am Bonneshof 30, 40474 Düsseldorf
Tel.: (02 11) 4 70 73 01 / Fax: (02 11) 15 45 69
E-Mail: nielen@online.de
Bürozeiten: Mi und Fr 14.00 bis 16.00
Konsularbezirk: Nordrhein-Westfalen, Hessen, Rheinland-Pfalz
Herr Prof. Klaus D. Nielen, Honorarkonsul

ANTIGUA UND BARBUDA

Botschaft von Antigua und Barbuda:
15, Thayer Street, GB-London W1U 3JT
Tel.: (00 44) - 207 - 4 86 70 73 / Fax: (00 44) - 207 - 4 86 99 70
E-Mail: Ronald@antiguahc.sonnet.co.uk / URL: www.antigua-barbuda.com

S. E. Herr Ronald Sanders, C. M. G. außerordentlicher und bevollmächtigter Botschafter [23.04.1996]
Frau Susan Sanders
Frau Althea Banahene, Botschaftsrat (Verwaltung und Konsularabteilung)
Frau Curliss Bart, I. Sekretär (Verwaltung)

Frankfurt am Main, Honorarkonsulat
Mayrhofener Weg 22, 61352 Bad Homburg v.d.H.
Postfach 16 36, 61286 Bad Homburg v.d.H.
Tel.: (0 61 72) 48 85 00 / Fax: (0 61 72) 2 15 13
E-Mail: antigua-barbuda@karibik.org
Bürozeiten: Di und Do 9.00 bis 12.00
Konsularbezirk: Hessen, Baden-Württemberg, Bayern, Nordrhein-Westfalen,
  Rheinland-Pfalz, Saarland, Sachsen und Thüringen
Herr Dr. Werner Ulrich Giersch, Honorarkonsul

Hamburg, Honorargeneralkonsulat
Van-der-Smissen-Straße 2, 22767 Hamburg
Tel.: (0 40) 38 99 89 11 / Fax: (0 40) 38 99 89 90
Dienstanschrift:
Hopfenweg 14, 26125 Oldenburg
Tel.: (04 41) 30 22 92 / Fax: (04 41) 3 04 99 80
Bürozeiten: nach Vereinbarung
Konsularbezirk: Hamburg, Berlin, Brandenburg, Bremen, Mecklenburg-
  Vorpommern, Niedersachsen, Sachsen-Anhalt und Schleswig-Holstein
Herr Eike Friedrich Ernst Malling, Honorargeneralkonsul

ARGENTINIEN

Botschaft der Republik Argentinien:
Dorotheenstraße 89, 10117 Berlin
Tel.: (0 30) 2 26 68 90 / Fax: (0 30) 2 29 14 00
E-Mail: info@argentinische-botschaft.de
URL: www.argentinische-botschaft.de
Bürozeiten: Mo bis Fr 9.00 bis 17.00
Konsularabteilung:
Tel.: (0 30) 22 66 89 24, 22 66 89 30 / Fax: (0 30) 2 29 14 00
Konsularbezirk: Berlin, Brandenburg, Sachsen, Sachsen-Anhalt und
  Thüringen
Sprechzeiten: Mo bis Fr 9.00 bis 14.00 Publikumsverkehr, bis 17.00 Telefon

Büro des Botschafters:
Tel.: (0 30) 22 66 89 21
Politische Abteilung:
Tel.. (0 30) 22 66 89 33, 22 66 89 34
Handels- und Wirtschaftsabteilung:
Tel.: (0 30) 22 66 89 27, 22 66 89 32 / Fax: (0 30) 2 29 14 00
Kulturabteilung:
Tel.: (0 30) 22 66 89 22, 22 66 89 20
Verwaltung:
Tel.: (0 30) 22 66 89 23
Verteidigungsattachéstab:
Undinestr. 36, 12203 Berlin
Tel.: (0 30) 84 41 71 36, 84 41 71 49 / Fax: (0 30) 84 41 71 37

S.E. Herr Enrique José Alejandro Candioti, außerordentlicher und bevollmächtigter Botschafter [09.03.2001]
Frau María Rosa Gondra de Candioti
Frau Magdalena Dolores Susana von Beckh Widmanstetter, Gesandte [08.05.2001]
Herr Gianni Giuseppe Mario Viale
Herr Rolando Andrés Burgener, Botschaftsrat [22.06.1998]
Frau Marta Catalina Samaniego de Burgener
Herr Maximiliano Gabriel Gregorio-Cernadas, Botschaftsrat (Kultur- und Presseattaché) [16.11.1998]
Herr Juan Jorge Eduardo Erbar, Botschaftsrat (Leiter der Handels- und Wirtschaftsabteilung) [31.08.1998]
Frau Graciela Inés Zacagnino de Erbar
Herr Guillermo Ariel Olivares, Botschaftsrat (Konsul) [12.12.1998]
Herr Gustavo Adolfo Bouquet, I. Sekretär [01.11.1999]
Frau Iris Liliana Fernández Zeller, I. Sekretär [15.07.1999]
Herr Carlos Federico Vigano
Frau Cecilia Cristina Lorente de Olivares, Attaché [12.12.1998]
Frau Nélida Rita Leguizamón, Attaché [23.11.1999]
Kapitän zur See Herr Guillermo Horacio Keunecke, Verteidigungsattaché [01.02.2003]
Frau Maria Cristina Minghetti de Keunecke
Herr Alfredo Alberto Aristimuño, Adjutant des Verteidigungsattachés [14.01.2002]
Frau Lucía Gómez

Frankfurt am Main, Generalkonsulat
Lyoner Straße 34, Turm II, 6. OG, 60528 Frankfurt am Main
Tel.: (0 69) 9 72 00 30 / Fax: (0 69) 17 54 19
E-Mail: consargfrankf@t-online.de
Bürozeiten: Mo bis Fr 9.00 bis 17.00
Konsularbezirk: Hessen, Baden-Württemberg, Bayern, Rheinland-Pfalz, Saarland und Nordrhein-Westfalen
Herr Alberto Oscar Moschini, Generalkonsul
Herr Alejandro Zothner-Meyer, Stellvertretender Generalkonsul
Herr Alejandro Román Rodríguez, Attaché

Hamburg, Generalkonsulat
Mittelweg 141, 2. Stock, 20148 Hamburg
Tel.: (0 40) 4 41 84 60 / Fax: (0 40) 4 10 51 03
E-Mail: 113312.2504@compuserve.com
Bürozeiten: 9.00 bis 17.00
Konsularbezirk: Hamburg, Bremen, Mecklenburg-Vorpommern, Niedersachsen und Schleswig-Holstein
Herr Guillermo Federico Kreckler, Generalkonsul
Herr Gabriel Eduardo Puente, stellv. Generalkonsul

ARMENIEN

Botschaft der Republik Armenien:
Hillmannstraße 5, 13467 Berlin
Tel.: (0 30) 4 05 09 10 / Fax: (0 30) 40 50 91 25
E-Mail: armemb@t-online.de
Büro der Botschafterin:
Tel.: (0 30) 40 50 91 15
Protokoll:
Tel.: (0 30) 40 50 91 18
Konsularabteilung:
Tel.: (0 30) 40 50 91 10 / 40 50 91 16

I. E. **Frau Karine Kazinian**, außerordentliche und bevollmächtigte Botschafterin [21.03.2002]
Herr **Vahan Charkhehian**, Botschaftsrat [30.04.2002]
Herr **Armen Gichian**, Botschaftsrat (Konsularangelegenheiten) [02.04.2002]
Frau Anahit Gevorgyan, I. Sekretär
Herr **Ashot Smbatyan**, (Leiter der Botschaftskanzlei)

ASERBAIDSCHAN

Botschaft der Aserbaidschanischen Republik:
Axel-Springer-Straße 54 a, 10117 Berlin
Tel.: (0 30) 2 06 29 46 / Fax: (0 30) 20 62 94 82
E-Mail: azerbembgermany@aol.com
Bürozeiten: Mo bis Fr 9.00 bis 13.00, 14.30 bis 18.00
Konsularabteilung:
Kommandanten Straße 80, 10117 Berlin
Tel.: (0 30) 20 64 80 63 / Fax: (0 30) 20 62 94 81
Besucher: Mo, Mi, Fr 9.00 bis 13.00, 14.00 bis 18.30,
Di und Do (telefonisch) 9.00 bis 13.00, 14.00 bis 18.00

S. E. Herr **Huseynaga Sadigov**, außerordentlicher und bevollmächtigter Botschafter [02.09.1992]
Frau Rafiga Sadigova
Herr **Almaz Mammedov**, I. Sekretär [14.09.2001]
Frau Mehriban Mammedova
Herr **Jamil Gazibayov**, II. Sekretär (Leiter der Konsularabteilung) [18.04.2000]
Frau Tatjana Gazibayova
Herr **Gaya Mammedov**, Attaché [17.01.2001]

AUSTRALIEN

Botschaft von Australien
Wallstraße 76-79, 10179 Berlin
Tel: (0 30) 8 80 08 80 / Fax: (0 30) 8 80 08 82 10
E-Mail: info@australian-embassy.de / URL: www.australian-embassy.de
Bürozeiten: Mo bis Do 8.30 bis 13.00, 14.00 bis 17.00, Fr 8.30 bis 13.00, 14.00 bis 16.15
Visa- und Einwanderungsabteilung:
Tel.: (0 30) 8 80 08 80 / Fax: (0 30) 22 48 92 92, 22 48 92 93
E-Mail: DIMA@australian-embassy.de
Besucher: Mo bis Fr 9.00 bis 12.00
Verwaltung:
Fax: (0 30) 8 80 08 82 10
Verteidigungsabteilung:
Tel.: (0 30) 8 80 08 83 72 / Fax: (0 30) 8 80 08 83 70

Presse und Öffentlichkeitsarbeit:
Tel.: (0 30) 8 80 08 83 57 / Fax: (0 30) 8 80 08 83 51
E-Mail: presse@australian-embassy.de
Politische Abteilung/Übersetzer:
Fax: (0 30) 8 80 08 83 50
Büro der Botschafterin:
Tel.: (0 30) 8 80 08 83 03 / (0 30) 8 80 08 83 11
Büro des Gesandten:
Tel.: (0 30) 8 80 08 83 04
Politische Abteilung:
Tel.: (0 30) 8 80 08 83 56
Konsularabteilung:
Tel.: (0 30) 8 80 08 82 30; 8 80 08 82 03; 8 80 08 82 31

I. E. Frau **Pamela Fayle,** außerordentliche und bevollmächtigte Botschafterin [28.03.2003]
Herr David Fayle
Herr John Langtry, Gesandter
Herr Bruce Soar, I. Sekretär (Politik))
Herr Cameron Brown, I. Sekretär
Frau Helena Morrissey, I. Sekretär
Frau Uma Jatkar, III. Sekretär (Politik)
Herr Justin McPhillips, I. Sekretär (Verwaltungs- und Konsularabteilung)
Herr Nigel Stanier, II. Sekretär (Politik)
Herr Andrew Flowers, III. Sekretär
Group Captain Steven Huckstepp, Verteidigungsattaché
Frau Pauline Huckstepp
Frau Petra Canard, I. Sekretär (Einwanderungswesen) [01.06.2000 bis 21.07.2003]
Herr Andrew Vincent
Frau Wendy Davenport, I. Sekretär (Einwanderungswesen) [ab 21.07.2003]
Frau Maria Psiroukis, II. Sekretär (Einwanderungswesen)
Frau Susan Kay, II. Sekretär

Frankfurt am Main, Generalkonsulat
Grüneburgweg 58-62, 60322 Frankfurt am Main
Tel.: (0 69) 9 05 58-0 / Fax: (0 69) 9 05 58-109
E-Mail: frankfurt@investaustralia.gov.au / URL: www.investaustralia.gov.au
Bürozeiten: Mo bis Do 8.30 bis 13.00, 14.00 bis 16.00, Fr 8.30 bis 15.30
Konsularbezirk: Hessen, Rheinland-Pfalz, Saarland, Baden-Württemberg und Bayern
Herr Robert Boylan, Generalkonsul

BAHAMAS

Botschaft des Commonwealth der Bahamas:
Bahamas House, 10 Chesterfield Street, GB-London W1J 5JL
Tel.: (00 44) - 207 - 4 08 44 88 / Fax: (00 44) - 207 - 4 99 99 37
E-Mail: information@bahamashclondon.net
URL: www.bahamashclondon.net
Bürozeiten: Mo bis Fr 9.30 bis 17.30

S. E. **Herr Basil G. O'Brian, CMG,** außerordentlicher und bevollmächtigter Botschafter [30.06.1993]
Frau Marlene O'Brian
Frau Marilyn T Zonicle, Botschaftsrat
Herr Frank W. Davis, I. Sekretär (Konsularabteilung) [20.10.1997]
Frau Camille Fraser-Stuglik, III. Sekretär (Verwaltung und Finanzen) [18.10.1996]
Herr Kryzstof Stuglik

Berlin, Honorarkonsulat
Flottenstraße 14-20, 13407 Berlin
Tel.: (0 30) 4 09 00 41 07 / Fax: (0 30) 4 09 00 41 05
E-Mail: Bahamas@piepenbrock.de
Bürozeiten: Mo bis Do 9.00 bis 11.00, Fr 9.00 bis 12.00
Konsularbezirk: Berlin, Bremen, Hamburg, Brandenburg, Niedersachsen, Sachsen, Sachsen-Anhalt, Mecklenburg-Vorpommern, Schleswig-Holstein
Herr Prof. Hartwig Piepenbrock, Honorarkonsul

BAHRAIN

Botschaft des Königreichs Bahrain:
Klingelhöferstraße 7, 10785 Berlin
Tel.: (0 30) 86 87 77 77 / Fax: (0 30) 86 87 77 88
Bürozeiten: Mo bis Fr 9.00 bis 15.00
Konsularabteilung:
Tel.: (0 30) 86 87 77 99

S. E. Herr Adel Yousif Sater, außerordentlicher und bevollmächtigter Botschafter [01.06.2001]
Frau Layla Sater
Herr Baqer Hasan Al-Fardan, I. Sekretär [28.08.2000]
Frau Manal Al-Alawi
Herr Yaqoob Yousif Alhamad, III. Sekretär [01.07.1999]
Frau Muna Abdul Salam

BANGLADESCH

Botschaft der Volksrepublik Bangladesch:
Dovestraße 1, 10587 Berlin
Tel.: (0 30) 3 98 97 50 / Fax: (0 30) 39 89 75 10
E-Mail: bdootbn@aol.com, bdootbl@aol.com
URL: www.bangladeshembassy.de
Bürozeiten: Mo bis Fr 9.00 bis 13.00, 14.00 bis 17.00

S. E. Herr Ashfaqur Rahman, außerordentlicher und bevollmächtigter Botschafter [24.04.2001]
Frau Dilshad Rahman
Herr Nur Uz Zaman, Botschaftsrat [24.09.1999]
Frau Soyeda Tamanna Zaman
Frau Nargis Shamsun Nahar, Botschaftsrat (Wirtschaft) [16.01.2002]
Herr A.S.M. Waisuzzaman, I. Sekretär [19.01.2001]
Frau Moushumi Wais

Bremen, Honorargeneralkonsulat
Martinistraße 58, 28195 Bremen
Tel.: (04 21) 1 76 02 22 / Fax: (04 21) 1 45 06
E-Mail: Karen.degen@bre.geuther-group.de
Bürozeiten: Mo bis Fr 9.00 bis 12.00
Konsularbezirk: Bremen und Niedersachsen
Herr Dr. Ralph Geuther, Honorarkonsul

Frankfurt am Main, Honorargeneralkonsulat
Messe Frankfurt GmbH
Ludwig-Erhard-Anlage 1, 60327 Frankfurt am Main
Tel.: (0 69) 75 75 61 31 / Fax: (0 69) 75 75 66 06

Konsularbezirk: Hessen und Nordrhein-Westfalen
Herr Michael von Zitzewitz, Honorargeneralkonsul [01.02.2001]

> **Hamburg, Honorarkonsulat**
> Billhorner Kanalstraße 69, 20539 Hamburg
> Tel.: (0 40) 78 94 84 37 / Fax: (0 40) 7 89 04 01
> Bürozeiten: Mo bis Fr 9.00 bis 12.00
> *Konsularbezirk:* Hamburg und Schleswig-Holstein

Herr Walter Stork, Honorarkonsul [01.11.1999]

> **München, Honorarkonsulat**
> Wittelsbacherplatz 1, 80333 München
> Tel.: (0 89) 28 64 01 57 / Fax: (0 89) 28 64 01 60
> E-Mail: michael.brauch@skskw.de
> Bürozeiten: Mo bis Fr 9.00 bis 12.00
> *Konsularbezirk:* Bayern und Baden-Württemberg

Herr Dr. Michael Brauch, Honorarkonsul [01.04.2000]

BARBADOS

Botschaft von Barbados:
Ambassade de Barbade
Avenue Franklin Roosevelt 100, B-1050 Bruxelles
Tel.: (00 32) - 2 - 7 32 17 37; 7 32 18 67 / Fax: (00 32) - 2 - 7 32 32 66
E-Mail: Brussels@foreign.gov.bb / URL: www.foreign.gov.bb

S. E. Herr Errol Humphrey, außerordentlicher und bevollmächtigter Botschafter [21.02.2001]
Frau Cecile Humphrey
Frau Yvette Goddard, I. Sekretärin [15.07.2002]
Frau Joy-Ann Skinner, I. Sekretärin
Frau Denise Collymore, Attaché
Frau Annette Evadne Seifert, Attaché [01.11.1995]

> **München, Honorarkonsulat**
> Seitzstraße 9-11, 80538 München
> Tel.: (0 89) 21 57 86 30 / Fax: (0 89) 21 57 84 23
> Bürozeiten: Mo bis Fr 19 00 bis 14.00
> *Konsularbezirk:* Bayern

Frau Regine Sixt, Honorarkonsulin

> **Stuttgart, Honorarkonsulat**
> Marktplatz 2, 71229 Leonberg
> Tel.: (0 71 52) 92 75 63 / Fax: (0 71 52) 92 75 64, 92 75 65
> Bürozeiten: Mi und Fr 10.00 bis 14.00, Do 14.00 bis 18.00
> *Konsularbezirk:* Baden-Württemberg

Herr Heinz Bauer, Honorarkonsul

BELARUS

Botschaft der Republik Belarus:
Am Treptower Park 32, 12435 Berlin
Büro des Botschafters:
Tel.: (0 30) 53 63 59-0 / Fax: (0 30) 53 63 59 23
E-Mail: info@belarus-botschaft.de / URL: www.belarus-botschaft.de

Bürozeiten: Mo bis Fr 8.30 bis 13.00, 14.30 bis 18.00
Konsularabteilung:
Tel.: (0 30) 53 63 59 32, 53 63 59 33 / Fax: (0 30) 53 63 59 24
Sprechzeiten: Mo, Mi und Fr 9.00 bis 13.00, Di und Do 15.00 bis 17.00

S. E. Herr **Wladimir Skworzow**, außerordentlicher und bevollmächtigter Botschafter [19.10.1999]
Frau **Ludmila Skworzowa**
Herr **Edward Birilo**, Botschaftsrat (Politik) [24.08.2000]
Frau **Lucina Birilo**
Herr **Andrei Kulazhanka**, Botschaftsrat (Handels- und Wirtschaftsfragen) [03.01.2002]
Frau **Natalya Tsygankova**
Herr **Sergei Girach**, Botschaftsrat (Handels- und Wirtschaftsfragen) [16.08.2001]
Herr **Vyacheslav Schevchuk**, Botschaftsrat (Verwaltung) [02.09.2001]
Frau **Ljubov Schevchuk**
Herr **Aleksandr Levanovich**, I. Sekretär (humanitäre Zusammenarbeit, Protokoll) [23.01.2002]
Frau **Ruslana Levanovich**
Herr **Dmitry Mironchik**, I. Sekretär (politische Fragen, Presse, Kultur) [31.05.2001]
Frau **Irina Mironchik**
Herr **Igor Erokhin**, Botschaftsrat (Leiter der Konsularabteilung) [29.10.2002]
Frau **Zhanna Erokhina**
Herr **Valery Tsynkevich**, II. Sekretär (Konsularabteilung) [02.02.2003]
Frau **Lela Tsynkevich**

Außenstelle Bonn
Fritz-Schäffer-Straße 20, 53113 Bonn
Tel.: (02 28) 201 13 10 / Fax: (02 28) 201 13 19
Bürozeiten: Mo bis Fr 8.30 bis 13.00, 14.30 bis 18.00
Konsularabteilung:
Fax: (02 28) 201 13 39
Sprechzeiten: Mo, Di, Do, Fr 9.00 bis 13.00

Herr **Oleg Makaev**, Gesandter-Botschaftsrat [02.05.2001]
Frau **Galina Makaeva**
Herr **Valery Mrochek**, I. Sekretär (Wirtschaft) [22.02.2000]
Frau **Valentina Mrochek**
Herr **Yury Bulawko**, I. Sekretär (Konsularabteilung) [08.04.2000]
Frau **Yulia Bulawko**
Herr **Aleksandr Lukashevich**, II. Sekretär (Konsularabteilung) [05.07.2002]
Frau **Elena Lukashevich**
Oberst i. G. Herr **Andrei Zhigarevich**, (Verteidigungs-, Heeres- und Luftwaffenattaché) [29.03.2000]
Frau **Tatyana Zhigarevich**

BELGIEN

Botschaft des Königreichs Belgien:
Jägerstraße 52-53, 10117 Berlin
Tel.: (0 30) 20 64 20 / Fax: (0 30) 20 64 22 00
E-Mail: Berlin@diplobel.org / URL: www.diplobel.org/deutschland
Bürozeiten: Mo bis Fr 9.00 bis 12.30, 13.30 bis 17.00
Konsularabteilung: Mo bis Fr 9.00 bis 12.00, 14.00 bis 16.00

S. E. Herr **Lode Willems**, außerordentlicher und bevollmächtigter Botschafter [01.07.2002]
Frau **Lindsay Willems**
Herr **Willem van de Voorde**, Gesandter (Wirtschafts- und Europäische Angelegenheiten) [01.09.2000]
Frau **Kristien van de Voorde**
Oberst i.G. **Yvan Vandenbosch**, Verteidigungsattaché [01.04.2002]
Frau **Simone Vandenbosch**

BELGIEN 24

Herr Jozef Baerten, Botschaftsrat (Konsularabteilung und Verwaltung) [15.07.1999]
Frau Eileen Alma Baerten
Frau Christine Detaille, Botschaftsrätin (Presse und Information) [30.08.2002]
Herr Adrien Théatre, Botschaftsrat (Bilaterale Beziehungen) [23.08.1999]
Frau Anne Théatre
Herr Jean-Arthur Régibeau, I. Sekretär (Politik) [01.08.2002]
Herr Guy Van Glabeke, Attaché (Konsularabteilung und Verwaltung) [29.04.2002]

Büro des Attachés der französischen Gemeinschaft und der wallonischen Region
Tel.: (0 30) 2 06 18 64 10 / Fax: (0 30) 2 06 18 64 11
E-Mail: walbru.berlin@snafu.de
Frau Marie-Henriette Timmermans, Attaché [22.03.1999]

Büro des Attachés der Flämischen Gemeinschaft
Tel.: (0 30) 20 64 25 06 / Fax: (0 30) 20 64 25 35
E-Mail: flaemischerepre@compuserve.de
Herr Dr. Edmond Clijsters, Attaché [04.09.2000]

Büro des Wirtschafts- und Handelsattachés für die Region Brüssel-Hauptstadt und für die Region Wallonien
E-Mail: bruxawexberlin@t-online.de
Herr Thierry Farnir, Wirtschafts- und Handelsattaché
Frau Martina Farnir

Außenstelle Bonn
Landwirtschaftsabteilung:
Rheinweg 31, 53113 Bonn
Tel.: (02 28) 21 39 03 / Fax: (02 28) 21 47 57
E-Mail: jlekeu@metronet.de

Herr Jean Lekeu, Botschaftsrat (Landwirtschaft) [01.09.1997]
Frau Marlies Lekeu

Aachen, Honorarkonsulat
Gut Grenzhof, Eupener Straße 386, 52076 Aachen
Tel.: (02 41) 6 10 70 / Fax: (02 41) 6 11 66
Konsularbezirk: Stadt Aachen, Kreise Aachen, Düren und Heinsberg
Frau Carlita Grass-Talbot, Honorarkonsulin

Bremen, Honorarkonsulat
Herrlichkeit 5, 28199 Bremen
Tel.: (04 21) 5 90 71 34 / Fax: (04 21) 5 90 71 36
Konsularbezirk: Bremen
Herr Michael Grobien, Honorarkonsul

Dresden, Honorarkonsulat
Devrientstraße 3, 01067 Dresden
Tel.: (03 51) 4 84 93 04 / Fax: (03 51) 4 84 91 11
Konsularbezirk: Sachsen
Herr Wilhelm von Carlowitz, Honorarkonsul

Duisburg, Honorarkonsulat
Schifferstraße 26, 47059 Duisburg
Tel.: (02 03) 31 43 99 / Fax: (02 03) 3 18 84 44
Konsularbezirk: Duisburg, Mülheim, Oberhausen sowie Kreise Kleve und Wesel
Herr Heribert Becker, Honorarkonsul

Frankfurt am Main, Honorarkonsulat
Kettenhofweg 29, 60325 Frankfurt am Main.
Tel.: (0 69) 97 10 54 10 / Fax: (0 69) 97 10 55 10
Konsularbezirk: Hessen
Herr **Dr. Paul Wieandt**, Honorarkonsul

Hamburg, Honorarkonsulat
Vorsetzen 32-35, 20459 Hamburg
Tel.: (0 40) 3 61 49 37 00 / Fax: (0 40) 36 14 96 28
Bürozeiten: Mo bis Fr 10.00 bis 12.00
Konsularbezirk: Hamburg
Herr **Rainer Schöndube**, Honorarkonsul

Büro des Wirtschafts- und Handelsattachés für die Region Wallonien
Langenhorner Markt 9 (4. Etage), 22415 Hamburg
Tel.: (0 40) 5 32 42 02, 5 32 42 03 / Fax: (0 40) 5 32 42 52
E-Mail: awexhaburg@snafu.de
Frau **Véronique Huppertz**, Wirtschafts- und Handelsattaché

Hannover, Honorarkonsulat
Hans-Böckler-Allee 20, 30173 Hannover
Tel.: (05 11) 8 57 25 54 / Fax: (05 11) 85 52 79
Konsularbezirk: Niedersachsen
Herr **Jacques Thoelen**, Honorarkonsul

Kiel, Honorarkonsulat
Alter Markt 11, 24103 Kiel
Tel.: (04 31) 9 74 57 12, 9 74 57 18 / Fax: (04 31) 9 74 57 45
Konsularbezirk: Schleswig-Holstein
Herr **Dr. Hans-Joachim Rüdel**, Honorarkonsul

Köln, Generalkonsulat
Cäcilienstraße 46, 50667 Köln
Tel.: (02 21) 20 51 10 / Fax: (02 21) 2 57 54 37
E-Mail: Cologne@diplobel.org
Bürozeiten: Mo bis Fr 9.00 bis 13.00, 14.00 bis 17.00
Konsularabteilung: Mo bis Fr 9.00 bis 13.00
Konsularbezirk: Nordrhein-Westfalen, Rheinland-Pfalz und Saarland
Herr **Christian Verdonck**, Generalkonsul [02.08.2002]
Herr **Edgard de Tremmerie**, Konsul [29.07.1999]
Herr **Jan Verhegge**, Vizekonsul [12.08.1999]
Herr **Eddy Delbecque**, Vizekonsul [09.08.1999]

Büro des Wirtschafts- und Handelsattachés für die Region Wallonien
Cäcilienstraße 46, 50667 Köln
Tel.: (02 21) 25 41 73 / Fax: (02 21) 25 46 18
E-Mail: wallonie.koeln@t-online.de
Herr **Jean-Paul Detaille**, Wirtschafts- und Handelsattaché [15.03.1996]

Büro des Wirtschafts- und Handelsattachés für die Region Flandern
Cäcilienstraße 46, 50667 Köln
Tel.: (02 21) 25 49 28 / Fax: (02 21) 2 57 06 94
E-Mail: vlev.keulen@attglobal.net
Herr **Marc Van der Linden**, Wirtschafts- und Handelsattaché [01.03.1998]

Büro des Wirtschafts- und Handelsattachés für die Region Brüssel-Hauptstadt
Cäcilienstraße 46, 50667 Köln
Tel.: (02 21) 2 71 07 50, 2 71 07 60 / Fax: (02 21) 2 50 87 24
Herr **Bart Vandeputte**, Wirtschafts- und Handelsattaché [01.04.2001]

München, Honorarkonsulat
Kaiserplatz 8, 80803 München
Tel.: (0 89) 3 89 89 20 / Fax: (0 89) 38 98 92 20
Konsularbezirk: Bayern
Herr Gerhard Wöhrl, Honorarkonsul

Büro des Wirtschafts- u. Handelsattachés für die Region Wallonien und Brüssel-Hauptstadt
Kaiserplatz 8, 80803 München
Tel.: (0 89) 3 89 89 20 / Fax: (0 89) 38 98 92 20
E-Mail: awex.bruxelles.munich@t-online.de
Herr Jacques Elsen, Wirtschafts- und Handelsattaché

Büro des Wirtschafts- und Handelsattachés für die Region Flandern
Kaiserplatz 8, 80803 München
Tel.: (0 89) 3 30 37 70 / Fax: (0 89) 33 03 77 10
E-Mail: vlev.muenchen@attglobal.net
Herr Etienne Roelandt, Wirtschafts- und Handelsattaché

Stuttgart, Honorarkonsulat
Büchsenstraße 28, 70174 Stuttgart
Tel.: (07 11) 29 62 88, 2 09 62 14 / Fax: (07 11) 2 09 63 57, 2 09 64 19
Konsularbezirk: Baden-Württemberg
Herr Dr. Jürgen Blumer, Honorarkonsul

Büro des Wirtschafts- und Handelsattachés für die Region Flandern:
Büchsenstraße 28, 70174 Stuttgart
Tel.: (07 11) 2 23 88 06 / Fax: (07 11) 2 26 24 88
E-Mail: vlev.stuttgart@attglobal.net
Herr Jan Bruffaerts, Wirtschafts- und Handelsattaché

BELIZE

Botschaft von Belize:
Ambassade du Belize:
Boulevard Brand Whitlock 136, B-1200 Brüssel
Tel.: (00 32) - 2 - 7 32 62 04 / Fax: (00 32) - 2 - 7 32 62 46
E-Mail: embelize@skynet.be

I. E. Frau Yvonne Sharman Hyde, außerordentliche und bevollmächtigte Botschafterin [28.10.2002]
Herr James V. Hyde
Herr Luis Salazar, I. Sekretär
Frau Claudia Angelica Salazar

Frankfurt am Main, Konsulat
Börsenstraße 14, 60313 Frankfurt am Main
Tel.: (0 69) 2 19 31 30 / Fax: (0 69) 21 93 13 21
Konsulat:
Tel.: (0 69) 21 93 13 80 / Fax: (0 69) 21 93 13 81
Herr Alexander Holtermann

Stuttgart, Honorargeneralkonsulat
Breitscheidstraße 10, 70174 Stuttgart
Tel.: (07 11) 90 71 09 20 / Fax: (07 11) 90 71 09 18
E-Mail: WolfKahles@t-online.de
Bürozeiten: nach telefonischer Vereinbarung

Konsularbezirk: Bundesgebiet
Herr Wolf Kahles, Honorargeneralkonsul

BENIN

Botschaft der Republik Benin:
Rüdigerstraße 10, 53179 Bonn
Postfach 20 02 54, 53179 Bonn
Tel.: (02 28) 94 38 70 / Fax: (02 28) 85 71 92
E-Mail: ambabenin@t-online.de
Bürozeiten: Mo bis Fr 9.00 bis 16.00

S. E. **Herr Issa Kpara**, außerordentlicher und bevollmächtigter Botschafter [22.03.2001]
Frau Marie-Joseph Kpara
Herr Zacharie Richard Akplogan, Gesandter-Botschaftsrat
Frau Yvette Akplogan
Herr Mathias Comlan Nadohou, Gesandter-Botschaftsrat [14.01.1999]
Frau Edith Salifou-Nadohou
Herr François Gbétondji Ayadji, II. Sekretär [14.12.1998]
Frau Hélène Amoussou-Ayadji
Herr Désiré Ogoun, Attaché [23.01.1997]
Frau Sofonnou Régina Marie Akuessiba Ogoun

Berlin, Honorarkonsulat
Richardplatz 24, 12055 Berlin
Tel.: (0 30) 6 87 07 09 / Fax: (0 30) 6 86 75 24
Bürozeiten: Mo bis Fr 9.00 bis 12.00
Konsularbezirk: Berlin, Brandenburg, Sachsen und Thüringen
Herr Dr. Eckhard Stegenwallner, Honorarkonsul

München, Honorarkonsulat
Tengstraße 27, 80798 München
Tel.: (0 89) 2 72 93 25 / Fax: (0 89) 27 29 31 20
Bürozeiten: Mo bis Do 9 00 bis 15.00, Fr 9 00 bis 12.00
Konsularbezirk: Bayern
Herr Dr. Wilhelm Bezold, Honorarkonsul

Saarbrücken, Honorarkonsulat
Puccinistraße 2, 66119 Saarbrücken
Tel.: (06 81) 5 86 06 11 / Fax: (06 81) 5 86 06 67
Bürozeiten: Mo bis Fr 8.30 bis 12.00, 14.00 bis 16.00
Konsularbezirk: Saarland und Rheinland-Pfalz
Herr Klaus Hartmann, Honorarkonsul

BHUTAN

Ständige Vertretung des Königreichs Bhutan bei den Vereinten Nationen in Genf
17-19 Chemin du Champ d'Anier, CH-1209 Geneva
Tel.: (00 41) - 22 - 7 99 08 90 / Fax: (00 41) - 22 - 7 99 08 99
E-Mail: mission.bhutan@ties.itu.int

Bonn, Honorarkonsulat
Fürstenbergstraße 20, 53177 Bonn

Tel. / Fax: (02 28) 33 47 25
E-Mail. m.kulessa@t-online.de
Herr Dr. Manfred Kulessa, Honorarkonsul

Bietigheim, Honorarkonsulat
Bahnhofsplatz 4, 74321 Bietigheim-Bissingen
Tel.: (0 71 42) 5 32 32 / Fax: (0 71 42) 5 46 55
E-Mail. Dr.w.pfeiffer@t-online.de
Herr Dr. Wolfgang Pfeiffer, Honorarkonsul

BIRMA

(siehe: Myanmar, Seite 118)

BOLIVIEN

Botschaft der Republik Bolivien:
Wichmannstraße 6, 10787 Berlin
Tel.: (0 30) 26 39 15-0 / Fax: (0 30) 26 39 15 15
E-Mail: embajada.bolivia@berlin.de / URL: www.bolivia.de
Bürozeiten: Mo bis Do 9.00 bis 12.30, 13.30 bis 17.00, Fr 9.00 bis 14.00
Wirtschafts- und Handelsrat:
Butznickelstraße 9-11, 61479 Schlossborn
Tel.: (07 00) 26 54 84 36 / Fax: (07 00) 26 54 84 23 29
E-Mail: bolivia-frankfurt@bergerem.de

S. E. Herr Jorge Balcázar Aranibar, außerordentlicher und bevollmächtigter Botschafter [28.03.2003]
Frau María Estela Mendoza Bilbao, Gesandte-Botschaftsrätin [27.06.2002]
Frau Ingrid Zavala, Botschaftsrat [10.09.2001]
Herr Jaime Lazcano Vasquez, Gesandter [07.03.2003]
Herr Gustavo Espinoza Trujillo, II. Sekretär [10.03.2003]

Bremen, Honorarkonsulat
Ludwig-Erhard-Straße 7, 28197 Bremen
Tel.: (04 21) 5 22 32 48 / Fax: (04 21) 5 22 33 48
Bürozeiten: Mo bis Do 10.00 bis 15.30, Fr 10.00 bis 14.00 und nach Vereinbarung
Konsularbezirk: Bremen und Niedersachsen
Herr Jost Hellmann, Honorarkonsul

Frankfurt am Main, Honorarkonsulat
Butznickelstraße 9-11, 61479 Schlossborn
Tel.: (07 00) 26 54 84 36 / Fax: (07 00) 26 54 84 23 29
Bürozeiten: Mo bis Do 9.00 bis 12.00 und 14.00 bis 17.00
Konsularbezirk: Hessen und Thüringen
Herr Stephanus van Bergerem, Honorarkonsul [13.11.2000]

Hamburg, Honorargeneralkonsulat
Heimhuderstraße 33 a, 20148 Hamburg
Tel.: (0 40) 35 89 753, 41 35 53 64 / Fax: (0 40) 34 28 56
Bürozeiten: Di und Do 10.00 bis 13.00
Konsularbezirk: Hamburg, Mecklenburg-Vorpommern und Schleswig-Holstein
Frau Hortensia Rocabado de Viets, Honorargeneralkonsulin

München, Honorarkonsulat
Maximiliansplatz 18, 80333 München
Tel.: (0 89) 22 06 95 / Fax: (0 89) 22 06 98
E-Mail: konsulat.bolivien@t-online.de
Bürozeiten: Di und Do 10.00 bis 14.00 und nach Vereinbarung
Konsularbezirk: Bayern und Baden-Württemberg
Herr Dr. Yorck Otto, Honorarkonsul

BOSNIEN UND HERZEGOWINA

Botschaft von Bosnien und Herzegowina:
Ibsenstraße 14, 10439 Berlin
Tel.: (0 30) 81 47 12 10 / Fax: (0 30) 81 47 12 11
E-Mail: botschaftbh@arcor.de
Bürozeiten: Mo bis Fr 9.00 bis 17.00
Konsularabteilung:
Tel.: (0 30) 81 47 12 34, 81 47 12 30, 81 47 12 31, 81 47 12 32
Bürozeiten: Mo bis Fr 9.00 bis 13.00
Konsularbezirk: Hamburg, Schleswig-Holstein, Mecklenburg-Vorpommern, Berlin, Brandenburg, Sachsen-Anhalt

S. E. Herr Nedeljko Despotovic, außerordentlicher und bevollmächtigter Botschafter [12.10.2001]
Herr Sidik Spahić, Gesandter-Botschaftsrat [22.10.2001]
Frau Zerina Spahić
Frau Zorica Zirojević, Gesandte-Botschaftsrätin [21.01.2002]
Herr Nazif Kadric, Botschaftsrat (Konsularangelegenheiten) [14.10.2002]
Frau Nermina Kadric
Herr Satko Bitanga, I. Sekretär [01.11.2001]
Frau Narcisa Bitanga

Bonn, Generalkonsulat
Friedrich-Wilhelm-Straße 2, 53113 Bonn
Tel.: (02 28) 35 00 60 / Fax: (02 28) 3 50 06 98
Bürozeiten: Mo bis Do 9.00 bis 13.30, Fr 9.00 bis 12.00
Konsularbezirk: Nordrhein-Westfalen, Bremen und Niedersachsen
Herr Mile Nikolic, Vizekonsul [01.05.2000]

München, Generalkonsulat
Montsalvatstraße 19, 80804 München
Tel.: (0 89) 9 82 87 80 64, 9 82 82 87, 9 82 87 80 64 / Fax: (0 89) 982 80 79
Bürozeiten: Mo bis Fr 9.00 bis 14.00
Konsularbezirk: Bayern, Sachsen und Thüringen
Herr Vladimir Jeric, Generalkonsul [28.03.2002]
Frau Cvijeta Jeric

Stuttgart, Generalkonsulat
Olgastraße 97 b, 70180 Stuttgart
Tel.: (07 11) 6 07 50 32, 6 07 52 36, 6 07 44 30 / Fax: (07 11) 6 07 54 33
Bürozeiten: Mo bis Fr 9.00 bis 15.00
Konsularbezirk: Baden-Württemberg, Hessen, Rheinland-Pfalz und Saarland
Herr Lazo Tomic, Generalkonsul [10.11.2000]
Frau Nada Tomic

BOTSUANA

Botschaft der Republik Botsuana:
Ambassade de la république du Botswana
169, Avenue de Tervuren, B-1150 Brüssel
Tel.: (00 32) - 2 - 7 35 20 70; 2 - 7 35 61 10
Fax: (00 32) - 2 - 7 35 63 18, (00 32) - 2 - 7 32 72 64
E-Mail: embasofbotswana@yahoo.co.uk
Büro des Botschafters:
440, Avenue de Tervueren, B-1150 Brüssel
Tel.: (00 32) - 2 - 7 70 59 06
Bürozeiten: Mo bis Fr 9.00 bis 13.00, 14.15 bis 17.00

S. E. Herr Sasara Chasala George, außerordentlicher und bevollmächtigter Botschafter [18.06.1996]
Frau Mmammidi Clementine George-Spouse
Herr Molthware Kgori James Masisi, Gesandter-Botschaftsrat [01.09.2000]
Frau Tsadinyane Naledi Masisi
Frau Daphne Molosi, Botschaftsrätin [01.09.2000]
Frau Benetia Tumelo Chingapane, I. Sekretär [04.07.1997]
Herr Zenene Sinombe, II. Sekretär
Frau Matlhotsane Motlaletsi Moeng, Attaché (Verwaltung) [30.12.1997]

Düsseldorf, Honorarkonsulat
Kieselei 42, 40883 Ratingen
Tel.: (0 21 02) 89 64 34
Bürozeiten: Di und Do 10.00 bis 12.00
Konsularbezirk: Nordrhein-Westfalen, Baden-Württemberg, Bayern, Berlin,
    Brandenburg, Hessen, Rheinland-Pfalz, Saarland, Sachsen, Sachsen-Anhalt und
    Thüringen
Herr Wolf von Bila, Honorarkonsul

Hamburg, Honorarkonsulat
Berzeliusstraße 45, 22113 Hamburg
Tel.: (0 40) 7 32 61 91 / Fax: (0 40) 7 32 85 06
Bürozeiten: Di und Do 11.00 bis 13.00
Konsularbezirk: Hamburg, Bremen, Mecklenburg-Vorpommern, Niedersachsen
    und Schleswig-Holstein
Herr Paul Eckler, Honorarkonsul

BRASILIEN

Botschaft der Föderativen Republik Brasilien:
Wallstraße 57, 10179 Berlin
Tel.: (0 30) 72 62 80 / Fax: (0 30) 726 28 320 oder 321
E-Mail: brasil@brasemberlim.de / URL: www.brasilianische-botschaft.de
Bürozeiten: Mo bis Do 9.00 bis 16.00, Fr 9.00 bis 14.00
Militärabteilung I:
Verteidigung und Marine:
Tel.: (0 30) 72 62 89 10, 72 62 89 11, 72 62 89 12 / Fax: (0 30) 72 62 66 12
E-Mail: adnalh@t-online.de
Militärabteilung II:
Heer und Luftwaffe:
Tel.: (0 30) 72 62 89 00, 72 62 89 01, 72 62 89 02 / Fax: (0 30) 59 00 66 78
E-Mail: adexaer@onlinehome.de, ADEXAERFA@onlinehome.de
Handelsabteilung:
Tel.: (0 30) 72 62 81 10, 72 62 81 11, 72 62 81 15 bis 72 62 81 18

Konsularabteilung:
Tel.: (0 30) 72 62 86 00 / Fax: (0 30) 74 45 91 84
Politik:
Tel.: (0 30) 72 62 82 12 bis 72 62 82 40
Wirtschaftsabteilung:
Tel.: (0 30) 72 62 82 50, 72 62 82 51, 72 62 82 20
Umweltabteilung:
Tel.: (0 30) 72 62 82 30, 72 62 82 31
Wissenschafts- und Technologieabteilung:
Tel.: (0 30) 72 62 82 10, 72 62 82 11
Kulturabteilung:
Tel.: (0 30) 72 62 81 30 bis 72 62 81 31
Verwaltungsabteilung:
Tel.: (0 30) 72 62 87 00, 72 62 87 77, 72 62 83 32, 72 62 83 33, 72 62 83 35, 72 62 83 37
Presseabteilung:
Tel.: (0 30) 72 62 82 60 bis 72 62 82 62, 72 62 83 11

S. E. Herr José Artur Denot Medeiros, außerordentlicher und bevollmächtigter Botschafter [10.04.2002]
Frau Thera Reguoin Denot Medeiros
Kapitän zur See Antonio Carlos Fernandes da Silva, Verteidigungs- und Marineattaché [31.07.2002]
Frau Maria Luiza Conçalves Fernandes da Silva
Oberst i.G. Paulo Valério Diniz, Heeres- und Luftwaffenattaché [12.09.2002]
Frau Christina Maria Silva Valério
Herr Fernando Cacciatore de Garcia, Botschaftsrat (Kultur) [29.08.2002]
Herr Edgard Antonio Casciano, Botschaftsrat (Aussenpolitik) [28.08.2000]
Frau Sandra Fongaro Casciano
Herr Sarquis José Buainain Sarquis, II. Sekretär (Finanzen) [22.12.2000]
Frau Alessandra Trindade de Aguiar Sarquis
Herr Pedro Gustavo Ventura Wollny, II. Sekretär (Verwaltung) [15.05.2000]
Herr Augusto Souto Pestana, II. Sekretär (Wirtschaftspolitik) [14.02.2003]
Herr Marcelo Paz Câmara, II. Sekretär (Menschenrechte) [02.09.2002]
Herr Paulo Rocha Cypriano, Sekretär (Umwelt, Wirtschaft und Technologie) [04.10.2002]
Herr Alexandre Fontoura Kessler, II. Sekretär (Handelspolitik und Investiton) [23.01.2003]
Herr Rodrigo Alexandre de Carvalho, III. Sekretär (Handelsabteilung) [21.01.2003]
Herr André Chermont de Lima, III. Sekretär (Presseabteilung) [23.01.2003]
Frau Eliane Humphreys, III. Sekretärin (Leiterin der Konsularabteilung) [14.02.2003]
Frau Eronilce Soares Klein, Attaché (Umweltfragen) [13.07.1998]
Frau Suzanna Fontoura de Oliveira Reichardt, Attaché (Verwaltung) [30.06.1998]
Herr Paulo Ribeiro Lins, Attaché (Verwaltung) [13.07.1998]
Frau Maria Fernanda Vasconcelos de Almeida, Attaché (Vizekonsulin) [28.08.1998]
Frau Vera Levy, Attaché (Kommunikation) [02.11.1999]
Frau Ingrid Irma Margit Feist, Attaché (Verwaltung) [27.12.1999]
Herr Patrício Porto Filho, Attaché (Verwaltung) [16.03.2000]
Frau Maria Rejane Studart Guimarães de Rodriguez, Attaché (Vizekonsulin) [14.09.2002]
Herr Ricardo de Oliveira Pereira, Attaché (Verwaltung) [04.02.2003]
Frau Aurita Ferreira Maia, Attaché (Archiv) [17.02.2003]
Frau Maria Izabel Oliveira, Beigeordnete Attaché (Kommunikation) [10.04.2003]

Aachen, Honorarkonsulat
Reichsweg 19, 52068 Aachen
Tel.: (02 41) 5 10 91 78 / Fax: (02 41) 5 10 91 05
Bürozeiten: Di 14 00 bis 16.00
Konsularbezirk: Köln in Nordrhein-Westfalen
Herr Klaus-Peter Pavel, Honorarkonsul

Bremen, Honorarkonsulat
A. d. Schleifmühle 39-43, 28203 Bremen

Tel.: (04 21) 36 64-400 / Fax: (04 21) 36 64-410
E-Mail: consbras@hegemann.de
Bürozeiten: Mo bis Fr 9.00 bis 13.00
Konsularbezirk: Bremen
Herr Detlef Hegemann, Honorarkonsul

Frankfurt am Main, Generalkonsulat
Stephanstraße 3, 4. OG, 60313 Frankfurt am Main
Postfach 10 09 61, 60313 Frankfurt am Main
Tel.: (0 69) 920 74 20 / Fax: (0 69) 920 74 230
E-Mail: consbrasfrankfurt@t-online.de
Bürozeiten: Mo bis Fr 10.00 bis 16.00
Telefonische Auskunft: Mo bis Mi und Fr 14.00 bis 17.00
Konsularbezirk: Hessen, Nordrhein-Westfalen, Rheinland-Pfalz, Saarland und Thüringen
Herr Botschafter Renato Prado Guimarães, Generalkonsul [22.03.2001]
Herr Francisco Chagas Catunda Resende, Beigeordneter Konsul [24.08.2000]
Herr José Fernando Valim, Botschaftsrat [16.09.2001]
Frau Marlene da Silva Valim
Frau Leila Brum, Attaché (Verwaltung) [30.06.1998]
Herr João Gualberto Ferreira de Souza, Attaché (Konsularabteilung) [07.10.1999]
Herr Valdivino Francisco de Andrade, Attaché (Konsularabteilung) [27.05.2001]

München, Generalkonsulat
Widenmayerstraße 47, 80538 München
Tel.: (0 89) 21 03 76-0 / Fax: (0 89) 29 16 07 68
E-Mail: 101465.3454@compuserve.com
Bürozeiten: Mo bis Fr 9.00 bis 15.00
Konsularbezirk: Bayern und Baden-Württemberg
Herr Virgilio Moretzsohn de Andrade, Generalkonsul [05.05.2003]
Herr Roland Stille, I. Sekretär [02.2003]
Frau Beatriz Sant'Anna, Attaché (Konsularabteilung) [08.03.2000]
Frau Maria do Socorro Almeida Vale, Attaché (Kommunikation und Konsularabteilung) [06.09.2001]
Herr Almir Conçalves de Oliveira, Attaché (Archiv) [06.06.2001]

Nürnberg, Honorarkonsulat
Nürnberger Straße 2, 90546 Stein
Tel.: (09 11) 68 21 11 / Fax: (09 11) 99 65 301
Bürozeiten: Mo bis Fr 9.00 bis 12.30
Konsularbezirk: Bayern
Herr Anton Wolfgang Graf von Faber-Castell, Honorarkonsul

Stuttgart, Honorarkonsulat
Königstraße 5, 70173 Stuttgart
Tel.: (07 11) 12 43 323 / Fax: (07 11) 12 47 69 80
E-Mail: bras.konsulat@LBBW.de
Bürozeiten: Mo bis Do 9.00 bis 13.00
Konsularbezirk: Baden-Württemberg
Herr Reinhold Schreiner, Honorarkonsul

BRUNEI DARUSSALAM

Botschaft von Brunei Darussalam:
Kronenstraße 55-58, 10117 Berlin-Mitte
Tel.: (0 30) 20 60 76 00 / Fax: (0 30) 20 60 76 66
E-Mail: bruneiembassyberlin@info.gov.bn

URL: www.brudirect.com
Bürozeiten: Mo bis Do 9.00 bis 16.00, Fr 9.00 bis 15.00

S. E. Herr Dato Paduka Haji Mohd Adnan Buntar, außerordentlicher und bevollmächtigter Botschafter [19.10.2000]
Frau Pengiran Datin Hajah Yura-Alaiti Yusuf
Frau Hajah Kasmalati Dato Haji Mohd Kassim, II. Sekretär [01.07.2002]
Herr Pengiran Noor Aznan Bin Pengiran Haji Tengah
Herr Yahya Haji Bin Sulaiman, III. Sekretär (Verwaltung und Finanzen)
Frau Fatimah Haji Matalli
Herr Pengiran Madihi Pengiran Haji Omar, Attaché [30.09.1999]
Frau Mar'iyah Abdullah Filardo

BULGARIEN

Botschaft der Republik Bulgarien:
Mauerstraße 11, 10117 Berlin
Tel.: (0 30) 2 01 09 22 / Fax: (0 30) 2 08 68 38
E-Mail: info@botschaft-bulgarien.de / URL: www.botschaft-bulgarien.de
Bürozeiten: Mo bis Fr 8.30 bis 12.00, 13.30 bis 17.30
Konsularabteilung:
Mauerstraße 10, 10117 Berlin
Tel.: (0 30) 20 64 89 35, 20 64 89 36 / Fax: (0 30) 2 08 61 24
Sprechzeiten: Mo, Di, Do und Fr 9.00 bis 11.30
Presseabteilung:
Tax: (0 30) 2 08 03 25
Handelsabteilung:
E-Mail: bgstivbln@aol.com, wirtschaft@bulgarische-botschaft.de

S. E. Herr Nikolai Apostoloff, außerordentlicher und bevollmächtigter Botschafter [02.09.1998]
Frau Natalia Apostolova
Herr Atanas Krastin, Botschaftsrat (Politik) [05.12.2001]
Frau Dessislava Balkanska-Krastin
Herr Dr. Petio Petev, Gesandter (Politik) [09.10.2002]
Herr Nikolai Popov, Botschaftsrat (Leiter der Konsularabteilung) [02.05.2000]
Frau Martina Popov
Herr Ventsislav Milenkov, I. Sekretär (Konsularabteilung) [01.09.2000]
Frau Elka Milenkova
Frau Stefanka Igova, I. Sekretär (Politik) [29.08.2001]
Herr Jordan Igov
Herr Mag. Bogdan Nikolov, I. Sekretär (Wirtschaft) [01.04.2003]
Frau Yonka Nikolova
Frau Veska Jordanova, II. Sekretär (Kultur und Wissenschaft) [02.09.2002]
Herr Alexander Yordanov
Herr Angel Tsenov, Attaché (Politik und Protokoll) [24.09.2001]
Frau Nadeshda Pencheva
Frau Aneta Angelova, Attaché (Verwaltung) [08.05.2000]
Herr Marin Angelov
Herr Hristo Hristov, Attaché (Administrative Fragen)
Frau Sonya Hristova
Frau Milka Petrova, Attaché (Finanzen)
Herr Nikolay Petrov
Oberstleutnant Yuri Pavlov, Heeres-, Luftwaffen- und Marineattaché [23.11.2002]
Frau Petja Pavlova

Außenstelle Bonn
Auf der Hostert 6, 53173 Bonn

Tel.: (02 28) 36 30 61 / Fax: (02 28) 35 82 15
E-Mail: Bulbot@aol.com
Bürozeiten: Mo bis Fr 8.30 bis 12.30, 13.30 bis 17.30
Konsularabteilung:
Tel.: (02 28) 35 10 71 / Fax. (02 28) 35 10 28
Sprechzeiten: Mo, Di, Do und Fr 8.30 bis 11.30

Herr Hristo Tuparov, Gesandter (Leiter der Außenstelle) [20.09.2002]
Frau Lyubka Tuparova
Herr Krassimir Kalchev, Botschaftsrat (Konsularabteilung) [07.08.2000]
Frau Maria Kalcheva

Hamburg, Honorargeneralkonsulat
Neue Rabenstraße 28, 20352 Hamburg
Tel.: (0 40) 4 10 35 12, 4 10 44 62 / Fax: (0 40) 41 19 37 64
E-Mail: genkonsulbg@aol.com
Bürozeiten: nach Vereinbarung
Konsularbezirk: Hamburg, Niedersachsen und Schleswig-Holstein
Herr Dr. Gerd-Winand Imeyer, Honorargeneralkonsul
Frau Petra Imeyer

München, Generalkonsulat
Walhallastraße 7, 80639 München
Tel.: (0 89) 17 11 76 14, 15 50 26 / Fax: (0 89) 15 50 06
Bürozeiten: Mo bis Fr 9.00 bis 12.00
Konsularbezirk: Bayern und Baden-Württemberg

BURKINA FASO

Botschaft von Burkina Faso:
Karolingerplatz 10/11, 14052 Berlin
Tel.: (0 30) 30 10 59 90 / Fax: (0 30) 3 01 05 99 20
E-Mail: embassy_burkina_faso@t-online.de
Bürozeiten: Mo bis Fr 9.00 bis 12.00, mittwochs geschlossen

S. E. Herr Xavier Niodogo, außerordentlicher und bevollmächtigter Botschafter [28.05.2003]
Herr Denis Ouedraogo, Gesandter-Botschaftsrat
Frau Bernadette Ouedraogo
Herr Silmiga Hamadé Ouedraogo, Botschaftsrat (Kultur) [17.04.1997]
Frau Aguiratou Ouedraogo
Herr Oberst Daprou Kambou, Verteidigungsattaché
Frau Suzanne Kambou
Frau Mariam Nikiema, Botschaftsrätin (Wirtschaft)
Herr Rémi Tassembédo, Attaché (Finanzen) [12.04.1998]
Frau Mariam Tassembédo
Herr Saidou Dao, Attaché
Herr Jacques Limon, Attaché
Frau Patricia Limon
Herr Wenceslas Sawadogo, Attaché
Frau Amélie Sawadogo

Hannover, Honorarkonsulat
Mellendorfer Straße 7-9, 30625 Hannover
Tel.: (05 11) 5 35 74 60 / Fax: (05 11) 5 35 74 66
Bürozeiten: Mo bis Fr 8.30 bis 16.30

Konsularbezirk: Niedersachsen
Herr Klaus Dieter Wolf, Honorarkonsul

Kiel, Honorarkonsulat
Sophienblatt 12, 24103 Kiel
Tel.: (04 31) 6 63 81 27 / Fax: (04 31) 6 63 81 80
Bürozeiten: Di 10.00 bis 12.00, Do 10.00 bis 12.00, 14.00 bis 16.00
Konsularbezirk: Schleswig-Holstein, Hamburg
Herr Jürgen Steinbrink, Honorarkonsul

Mainz, Honorarkonsulat
Kaiserstraße 76-78, 55116 Mainz
Tel.: (0 61 31) 22 95 36
Bürozeiten: Mo bis Fr 8.30 bis 12.00, 13.30 bis 17.30
Konsularbezirk: Rheinland-Pfalz
Herr Dr. Dieter Spiess, Honorarkonsul

Mülheim/Ruhr, Honorarkonsulat
Kohlenkamp 14, 45468 Mülheim/Ruhr
Tel.: (02 08) 44 51 51 / Fax: (02 08) 44 51 53
Bürozeiten: Di 14.00 bis 16.30
Konsularbezirk: Nordrhein-Westfalen
Herr Helmut Troitzsch, Honorarkonsul

Potsdam, Honorarkonsulat
Friedrich-Ebert-Straße 57, 14467 Potsdam
Tel.: (01 75) 5 75 50 75
Bürozeiten: Di und Do10.00 bis 12.00
Konsularbezirk: Berlin, Brandenburg und Mecklenburg-Vorpommern
Frau Helga Exner, Honorarkonsulin

BURUNDI

Botschaft der Republik Burundi:
Berliner Straße 36, 10715 Berlin
Tel.: (0 30) 86 39 90 28 / Fax: (0 30) 86 39 10 85
E-Mail: ambassadeburundiberlin@arcor.de
Bürozeiten: Mo bis Fr 9.00 bis 16.00
Sprechzeiten: Mo bis Fr 9.00 bis 13.00

S. E. Herr Térence Nsanze, außerordentlicher und bevollmächtigter Botschafter [28.03.2003]
Herr Pierre Sinarinzi, Botschaftsrat
Frau Séverine Singirankabo Sinarinzi

Stuttgart, Honorarkonsulat
Gaisburgstraße 7-9, 70182 Stuttgart
Tel.: (07 11) 2 36 12 70 / Fax: (07 11) 2 36 12 38
Bürozeiten: Mo bis Fr 10.00 bis 12.00
Konsularbezirk: Baden-Württemberg und Bayern
Herr Dietrich von Berg, Honorarkonsul

CHILE

Botschaft der Republik Chile:
Mohrenstraße 42, 10117 Berlin
Tel.: (0 30) 7 26 20 35 / Fax: (0 30) 7 26 20 36 03
E-Mail: embachilealemania@echileberlin.de
URL: www.embajadaconsuladoschile.de
Bürozeiten: Mo bis Fr 8.00 bis 17.00
Konsularabteilung:
Tel.: (0 30) 7 26 20 39 01, 7 26 20 39 02 / Fax: (0 30) 2 04 43 12
E-Mail: conchileberlin@echileberlin.de
Sprechzeiten: Mo, Di, Do und Fr 9.00 bis 13.00, Mi 11.00 bis 16.00
ProChile Berlin
Wirtschaftsabteilung:
Mohrenstraße 42-46, 10117 Berlin
Tel.: (0 30) 72 62 03-740 / Fax: (0 30) 20 63 49 74
E-Mail: info@prochile.de

Herr Germán Ibarra, Botschaftsrat (Geschäftsträger a. i.) [24.02.2003]
Frau Drima Bacigalupo de Ibarra
Herr Enrique Barriga, Botschaftsrat [21.01.2003]
Frau Mónica Aguirre de Barriga
Herr Eleodoro Pempelfort, II. Sekretär [01.02.2000]
Frau Nelly Pérez de Pempelfort
Frau Marisol Pérez, II. Sekretärin [23.06.1999]
Herr Alfredo Tapia, III. Sekretär (Konsularabteilung) [29.03.1999]
Frau Roswitha Fröhlich de Tapia
Herr Eduardo Busquets, Attaché (Wirtschaft) [04.10.2000]
Oberst Kurt Dechent, Verteidigungs-, Herres, Militär- und Luftwaffenattaché [03.07.2000]
Frau Andrea Paz Clares de Dechent

Bremen, Honorarkonsulat
Wilhelm-Kaisen-Brücke 1, 28195 Bremen
Tel.: (04 21) 32 37 31 / Fax: (04 21) 3 60 55 04
Bürozeiten: Di 10.00 bis 13.00, Do 14.00 bis 17.00
Konsularbezirk: Bremen
Herr Klaus E. Momm, Honorarkonsul

Frankfurt am Main, Generalkonsulat
Humboldtstraße 94, 60318 Frankfurt am Main
Tel.: (0 69) 55 01 95 / Fax: (0 69) 5 96 45 16
Bürozeiten: Mo bis Fr 8.30 bis 13.30
Konsularbezirk: Hessen, Rheinland-Pfalz, Saarland, Thüringen und Nordrhein-Westfalen
Herr Pedro Aguirre, Generalkonsul [15.05.2003]

Frankfurt am Main, Honorargeneralkonsulat
Wendelsweg 64, 60599 Frankfurt am Main
Tel.: (0 69) 25 49 25 00 / Fax: (0 69) 62 54 59
Herr Bruno H. Schubert, Honorargeneralkonsul

Hamburg, Generalkonsulat
Harvestehuderweg 7-11, 20148 Hamburg
Tel.: (0 40) 45 75 85 / Fax: (0 40) 45 46 05
Bürozeiten: Mo bis Fr 8.30 bis 13.00
Konsularbezirk: Hamburg, Bremen, Mecklenburg-Vorpommern, Niedersachsen und Schleswig-Holstein

ProChile Hamburg
Wirtschaftsabteilung:
Kleine Reichenstraße 1, 20457 Hamburg
Tel.: (0 40) 33 58 35 / Fax: (0 40) 32 69 57
E-Mail: prochilehamburg@t-online.de / URL: www.chileinfo.com
Bürozeiten: Mo bis Fr 9.00 bis 17.00
Herr Antonio Moraga, Generalkonsul [18.02.2002]

Kiel, Honorarkonsulat
Uferstraße 72, 24106 Kiel
Tel.: (04 31) 33 78 79 / Fax: (04 31) 3 05 55 20
Herr Peter Frank, Honorarkonsul

München, Generalkonsulat
Mariannestraße 5, 80538 München
Tel.: (0 89) 22 20 11 / Fax: (0 89) 22 20 12
Bürozeiten: Mo bis Fr 8.00 bis 13.00
Konsularbezirk: Bayern und Baden-Württemberg
Herr José Manuel Lira, Generalkonsul [15.02.1996]

Stuttgart, Honorarkonsulat
Etzelstraße 9, 70180 Stuttgart
Tel.: (07 11) 60 47 22 / Fax: (07 11) 60 55 79
Herr Georg Kieferle, Honorarkonsul

CHINA

Botschaft der Volksrepublik China:
Märkisches Ufer 54, 10179 Berlin
Tel.: (0 30) 27 58 80 / Fax: (0 30) 27 58 82 21
E-Mail: china.botschaft@debitel.net / URL: www.china-botschaft.de
Bürozeiten: Mo bis Fr 8.30 bis 12.30, 14.30 bis 18.00
Protokoll:
Tel.: (0 30) 27 58 82-17 / Fax: (0 30) 27 58 82 21
Politische Abteilung:
Tel.: (0 30) 27 58 82-03
Presseabteilung:
Tel.: (0 30) 27 58 82-33
Militärabteilung:
Tel.: (0 30) 27 58 82-41
Kulturabteilung:
Tel.: (0 30) 27 58 82-47
Abteilung für Wissenschaft und Technik:
Tel.: (0 30) 27 58 81-10
Verwaltung:
Tel.: (0 30) 27 58 81-17
Konsularabteilung:
Brückenstraße 10, 10179 Berlin
Tel.: (0 30) 48 83 97 25 / Fax: (0 30) 48 84 97 31
Bürozeiten: Mo bis Fr 9.00 bis 12.00, nachmittags nur nach Vereinbarung
Wirtschaftsabteilung:
Tel.: (0 30) 27 58 82-38
Abteilung für Wirtschaft und Handel:
Selma-Lagerlöf-Straße 11, 13189 Berlin
Tel.: (0 30) 47 90 19 10 / Fax: (0 30) 4 71 02 30
E-Mail: mail@trade-embassy-china.de

URL: www.trade-embassy-china.de
Abteilung für Bildungswesen:
Dresdener Straße 44, 10179 Berlin
Tel.: (0 30) 24 62 93-0 / Fax: (0 30) 24 62 93 25
E-Mail: jych-berlin-de@t-online.de / URL: www.edu-chinaembassy.de

S. E. Herr Ma Canrong, außerordentlicher und bevollmächtigter Botschafter [08.01.2002]
Herr Shi Mingde, Gesandter-Botschaftsrat [07.07.2002]
Herr Li Xiaosi, Botschaftsrat (Politik)
Herr Li Nianping, Botschaftsrat (Presse) [11.05.1998]
Herr Generalmajor Tang Yinchu, Verteidigungsattaché [27.07.1998]
Herr Dong Junxin, Gesandter-Botschaftsrat (Kultur) [08.01.2002]
Herr Meng Shuguang, Gesandter-Botschaftsrat (Wissenschaft und Technik) [05.06.2002]
Herr Liu Hongjian, Botschaftsrat (Konsularabteilung und Visastelle)
Herr Dr. Wu Shiguo, Botschaftsrat (Wirtschaft)
Herr Zhang Changtai, Gesandter-Botschaftsrat (Außenwirtschaft und Handel)
Frau Dr. Liu Jinghui, Botschaftsrätin (Abteilung für Bildungswesen)
Herr Wang Liansheng, I. Sekretär (Verwaltung) [22.09.1998]

Außenstelle Bonn
Kurfürstenallee 12, 53177 Bonn
Tel.: (02 28) 95 59 7-16 / Fax: (02 28) 36 16 35
E-Mail: botschaft.china@metronet.de

Herr Ma Guaqing, Botschaftsrat

Hamburg, Generalkonsulat
Elbchaussee 268, 22605 Hamburg
Tel.: (0 40) 82 27 60 13 / Fax: (0 40) 82 27 62 31
E-Mail: sunmiao@t-online.de
Bürozeiten: Mo bis Fr 9.00 bis 12.00 Visaabteilung
Konsularbezirk: Hamburg, Bremen, Niedersachsen und Schleswig-Holstein
Herr Chen Jianfu, Generalkonsul

München, Generalkonsulat
Romanstraße 107, 80639 München
Tel.: (0 89) 17 30 16 11 / Fax: (0 89) 17 30 16 23
Bürozeiten: Mo bis Fr 9.00 bis 12.00
Konsularbezirk: Bayern
Frau Yao Yazhen, Generalkonsulin

COSTA RICA

Botschaft der Republik Costa Rica:
Dessauer Straße 28-29, 10963 Berlin
Tel.: (0 30) 26 39 89 90 / Fax: (0 30) 26 55 72 10
E-Mail: emb-costa-rica@t-online.de
Bürozeiten: Mo bis Do 9.00 bis 16.00, Fr 9.00 bis 15.00

S. E. Herr Dr. Bernd Niehaus, außerordentlicher und bevollmächtigter Botschafter [26.09.2002]
Frau Gabriele Niehaus
Herr Carlos Lizano, Gesandter-Botschaftsrat (Politik, Wirtschaft) [29.07.2002]
Herr Christian Kandler, Gesandter-Botschaftsrat (Leiter der Konsularabteilung) [10.08.2003]
Herr Marvin Arce, Botschaftsrat [06.09.2000]
Frau Susanne Zedler, Sekretärin [01.10.2002]

Frankfurt am Main, Honorarkonsulat
Niederkirchweg 22, 65934 Frankfurt am Main
Tel.: (0 69) 39 04 36 56 / Fax: (0 69) 39 10 26
E-Mail: drjdressler@t-online.de
Bürozeiten: Mo und Mi 10.00 bis 13.00
Konsularbezirk: Hessen und Rheinland-Pfalz
Frau Dr. Jana M. Dressler, Honorarkonsulin

Hamburg, Honorargeneralkonsulat
Mayerhofstraße 8, 22609 Hamburg
Tel.: (0 40) 80 13 95 / Fax: (0 40) 80 99 59 43
E-Mail: congenrica-hamburgo@t-online.de
Bürozeiten: Mo, Di, Do und Fr 10.00 bis 12.30
Konsularbezirk: Hamburg
Herr Joachim Ulrich, Honorargeneralkonsul

Hannover, Honorarkonsulat
Marienstraße 8, 30171 Hannover
Tel.: (05 11) 28 11 27 / Fax: (05 11) 2 83 41 11
Bürozeiten: Di und Fr 12.00 bis 14.00
Konsularbezirk: Hannover, Niedersachsen
Herr Dr. Hans-Wolf Sievert, Honorarkonsul

Leipzig, Honorarkonsulat
Lützowstraße 34, 04157 Leipzig
Tel.: (03 41) 9 09 67 32 / Fax: (03 41) 9 09 67 33
Bürozeiten: Mo 10.00 bis 13.00, Fr 11.00 bis 14.00
Konsularbezirk: Sachsen, Sachsen-Anhalt
Herr Wilhelm Münstermann, Honorarkonsul

CÔTE D'IVOIRE

Botschaft der Republik Côte d'Ivoire:
Königstraße 93, 53115 Bonn
Tel.: (02 28) 21 20 98, 21 20 99; 911 66-0 / Fax: (02 28) 21 73 13
E-Mail: info@ambaci-allemagne.de/ URL: www.ambaci-allemagne.de
Bürozeiten: Mo bis Fr 9.00 bis 15.00
Wirtschaftsabteilung:
Tel.: (02 28) 26 72 67 / Fax: (02 28) 2 67 26 67
E-Mail: nc-ambsecko@netcologne.de
Fremdenverkehrsamt:
Tel.: (02 28) 24 19 09 / Fax: (02 28) 2 42 72 24
E-Mail: dt-cote_ivoire@t-online.de

S. E. Herr Florent Amin Atse, außerordentlicher und bevollmächtigter Botschafter [29.03.2002]
Frau Adèle Atse
Herr Assémian Kouamé, I. Botschaftsrat [29.01.2001]
Frau N'Valassé Yvonne Kouamé
Oberst Lambert Titi Ira, Verteidigungsattaché [24.04.2002]
Frau Thérèse Ira
Herr Emmanuel Konan Kouamé, Botschaftsrat (Leiter der Wirtschaftsabteilung) [20.03.1996]
Frau Sita Thérèse Kouamé
Herr Gnagoran Thomas N'Cho, II. Botschaftsrat [19.12.1995]
Herr Charles Aboa, I. Sekretär (Konsularbeauftragter) [15.02.2001]
Frau Ayete Sopie Marie-Josué Aboa
Herr André Kaziri, I. Sekretär [19.02.1997]

DÄNEMARK 40

Frau Gouéhi Amélie Kaziri
Frau Kadidjatou Fofana, Attaché (Finanzen) [25.01.2001]
Herr Isaac Bilé, Attaché (Presse) [21.01.1993]
Herr Pascal Mahan, Botschaftsrat (Leiter des Fremdenverkehrsamts) [15.03.1999]
Frau Bernadette Zapka Dohon Mahan
Herr Akoua Kouao, Attaché (Finanzen) [29.10.1999]
Frau Catherine Aka Kouao

Berlin, Honorarkonsulat
Uhlandstraße 181-183, 4. Stock, 10623 Berlin
Tel.: (0 30) 20 26 67 61 / Fax: (0 30) 20 26 67 77
Bürozeiten: Mo bis Fr 10.00 bis 12.00
Konsularbezirk: Berlin, Brandenburg, Sachsen, Sachsen-Anhalt und Thüringen
Herr Dr. Winfried Anton Elm, Honorarkonsul

Frankfurt am Main, Honorarkonsulat
Grossmarkt, Haus Dürbeck, 60314 Frankfurt am Main
Tel.: (0 69) 94 99 91 50 / Fax: (0 69) 94 99 92 00
Bürozeiten: Mo bis Fr 14.00 bis 16.00
Konsularbezirk: Hessen
Herr Karl Dürbeck, Honorarkonsul

München, Honorarkonsulat
Fürstenrieder Straße 276, 81377 München
Tel.: (0 89) 7 14 10 63 / Fax: (0 89) 71 64 02
E-Mail: hkelfenbeinkueste@compuserve.com
Bürozeiten: Di, Mi, Do 10.00 bis 12.00
Konsularbezirk: Bayern
Herr Ludwig Bauer, Honorarkonsul

DÄNEMARK

Botschaft des Königreichs Dänemark:
Rauchstraße 1, 10787 Berlin
Tel.: (0 30) 50 50 20 00 / Fax: (0 30) 50 50 20 50
E-Mail: berlin@daenemark.org, beramb@um.dk
URL: www.daenemark.org
Bürozeiten: Mo bis Fr 9.00 bis 16.00
Konsularabteilung: Mo bis Fr 9.00 bis 12.00
Konsularbezirk: Berlin, Brandenburg, Sachsen-Anhalt, Mecklenburg-Vorpommern, Sachsen, Thüringen

S. E. Herr Gunnar Ortmann, außerordentlicher und bevollmächtigter Botschafter [05.09.2001]
Frau Anne Lise Ortmann
Herr Thomas Lund-Sørensen, Gesandter, Stellvertreter des Botschafters [01.11.2000]
Frau Pakinam Mahmoud Fouad Lund-Sørensen
Herr Uffe Andreasen, Gesandter-Botschaftsrat (Presse und Kultur) [01.09.2001]
Herr Jens August Kisling, Gesandter-Botschaftsrat (Wirtschaft) [01.09.1998]
Frau Alice Kjær Kisling
Herr Niels Carsten Schmidt, Gesandter-Botschaftsrat (Handel) [01.04.2001]
Frau Jette Ann Stenbæk Schmidt
Frau Grete Sillasen, Botschaftsrätin (Politik) [01.09.1999]
Herr Kim Højlund Christensen
Herr Kim Højlund Christensen, Botschaftsrat (Wirtschaft) [01.09.1999]
Frau Grete Sillasen
Herr Jørn Petersen, Attaché, I. Botschaftssekretär (Verwaltung) [01.03.2002]

Frau Malene Baunsgaard Valgreen
Oberst i.G. Poul Orla Topp, Verteidigungsattaché (Heer, Luftwaffe) [01.04.2001]
Frau Lone Anette Topp
Herr Fregattenkapitän Frank Trojahn, Stellvertretender Verteidigungs- und Marineattaché [01.08.2002]
Frau Christina Ulstrup Trojahn
Herr Carsten Henrik Philipsen, Gesandter-Botschaftsrat (Ernährung und Landwirtschaft) [01.09.2001]
Frau Elsebeth Møllegård Philipsen
Herr Jakob Møgelvang, I. Sekretär (Ernährung und Landwirtschaft) [01.08.2001]
Frau Vibeke Østergaard Møgelvang
Herr Henning Gade, Botschaftsrat (Arbeitswesen) [01.09.1999]
Frau Birgitte Charlotte Basse Gade
Herr Jørgen Schaarup-Jensen, Botschaftsrat (Umwelt und Energie) [01.09.1999]
Frau Ingeline Quedens Schaarup-Jensen
Herr Claes Hvilsted-Olsen, I. Sekretär (Gesundheitswesen) [01.04.2001]
Frau Helle Overbeck Hvilsted-Olsen
Herr Holger Bak Andersen, Gesandter-Botschaftsrat (Fischerei) [01.05.1988]
Frau Birtha Andersen
Frau Vibeke Breidahl Hemmert, Attaché (Soziale Angelegenheiten) [14.12.1997]
Herr Torben Sune Bojsen

Bremen, Königlich Dänisches Konsulat
Schlachte 15-18, 28195 Bremen
Tel.: (04 21) 16 90 142 / Fax: (04 21) 16 90 136
Bürozeiten: Mo bis Fr 9.00 bis 12.30
Konsularbezirk: Bremen
Herr Eduard Dubbers-Albrecht, Honorarkonsul

Cuxhaven, Königlich Dänisches Vizekonsulat
Baudirektor-Hahn-Straße 20, 27472 Cuxhaven
Postfach 7 07, 27457 Cuxhaven
Tel.: (0 47 21) 56 000 / Fax: (0 47 21) 56 00 40
Bürozeiten: Mo bis Fr 9.00 bis 13.00
Konsularbezirk: Im Reg.-Bez. Lüneburg Landkreise Cuxhaven und Stade
Frau Yvonne Trulsen, Honorarvizekonsulin

Dresden, Königlich Dänisches Konsulat
Königstraße 1, 01097 Dresden
Tel.: (03 51) 80 24 204 / Fax: (03 51) 80 20 279
E-Mail: mkotzur@whitecase.com
Bürozeiten: Mo bis Fr 9.00 bis 13.00
Konsularbezirk: Sachsen
Herr Dr. Axel Bauer, Honorarkonsul

Düsseldorf, Königlich Dänisches Konsulat
Tersteegen Straße 63, 40474 Düsseldorf
Tel.: (02 11) 16 09 99-0 / Fax: (02 11) 16 09 99-10
E-Mail: info@dtc-dus.dk / URL: www.dtc-dus.dk
Bürozeiten: Mo bis Fr 9.00 bis 12.00
Konsularbezirk: Nordrhein-Westfalen
Herr Jan Koch, Konsul

Erfurt, Königlich Dänisches Konsulat
c/o IHK Erfurt, Weimarische Straße 45, 99099 Erfurt
Tel.: (03 61) 34 62 499 / Fax: (03 61) 34 84 285
E-Mail: chrestensen@erfurt.ihk.de, frenzel@erfurt.ihk.de
Bürozeiten: Mo bis Fr 9.00 bis 12.00
Konsularbezirk: Thüringen
Herr Niels Lund Chrestensen, Honorarkonsul

DÄNEMARK

Flensburg, Königlich Dänisches Generalkonsulat
Nordergraben 19, 24937 Flensburg
Postfach 20 28, 24910 Flensburg
Tel.: (04 61) 14 40 00 / Fax: (04 61) 1 79 28
E-Mail: flfgkl@um.dk
Bürozeiten: Mo bis Fr 9.00 bis 12.00
Konsularbezirk: Stadt Flensburg, die Kreise Nordfriesland und Schleswig-Flensburg sowie der nördlich des Nord-Ostsee-Kanals gelegene Teil des Kreises Rendsburg-Eckernförde
Herr Henrik Becker-Christensen, Generalkonsul

Frankfurt, Königlich Dänisches Konsulat
Parkstraße 7, 61476 Kronberg/Ts
Tel.: (0 61 73) 32 47 37 / Fax: (0 61 73) 31 73 69
E-Mail: dk.consulat.hessen@t-online.de
Bürozeiten: Mo bis Fr 9.00 bis 12.00
Konsularbezirk: Hessen
Herr Dr. Andreas Muth, Honorarkonsul

Frankfurt, Handelskontoret
Eichendorffstraße 53, 60320 Frankfurt am Main
Tel.: (0 69) 95 63 38 67 / Fax: (0 69) 95 63 38 69
E-Mail: dtc-frankfurt@t-online.de

Hamburg, Königlich Dänisches Generalkonsulat
Heimhuder Straße 77, 20148 Hamburg
Postfach 13 06 13, 20106 Hamburg
Tel.: (0 40) 41 40 050 / Fax: (0 40) 41 04 057
E-Mail: danmark@dk-hamburg.com
Bürozeiten: Mo bis Fr 9.00 bis 12.00
Konsularbezirk: Hamburg, Bremen, Niedersachsen und Schleswig-Holstein mit Ausnahme der Stadt Flensburg, der Kreise Nordfriesland und Schleswig-Flensburg sowie des nördlich des Nord-Ostsee-Kanals gelegenen Teils Rendsburg-Eckernförde, Rheinland-Pfalz, Saarland und Hessen
Herr Niels Steen Høyer, Generalkonsul

Hannover, Königlich Dänisches Konsulat
c/o Norddeutsche Landesbank
Friedrichswall 10, 30159 Hannover
Tel.: (05 11) 3 61 22 20 / Fax: (05 11) 3 61 22 61
Bürozeiten: Mo bis Fr 9.00 bis 13.00
Konsularbezirk: Niedersachsen mit Ausnahme von Cuxhaven, Stade
Herr Dr. Manfred Bodin, Honorarkonsul

Kiel, Königlich Dänisches Konsulat
c/o Sparkasse Kiel
Lorentzendamm 28/30, 24103 Kiel
Tel.: (04 31)5 92 10 50 / Fax: (04 31) 592 10 51
Bürozeiten: Mo bis Fr 9.00 bis 12.00
Konsularbezirk: Stadt Kiel, Kreis Plön, Stadtkreis Neumünster sowie die südlich des Nord-Ostsee-Kanals gelegenen Teile des Kreises Rendsburg-Eckernförde
Herr Klaus R. Uschkoreit, Honorarkonsul

Lübeck, Königlich Dänisches Konsulat
Im Gleisdreieck 17, 23566 Lübeck
Tel.: (04 51) 610 53 13 / Fax: (04 51) 610 53 33
Bürozeiten: Mo bis Fr 10.00 bis 14.00

Konsularbezirk: Hansestadt Lübeck sowie die Kreise Lauenburg, Ostholstein, Bad Segeberg und Stormarn in Schleswig-Holstein
Herr Carsten Bliddal, Honorarkonsul

München, Königlich Dänisches Generalkonsulat
Sendlinger-Tor-Platz 10/IV, 80336 München
Postfach 33 05 68, 80065 München
Tel.: (0 89) 5 45 85 40 / Fax: (0 89) 59 78 15
Konsularabteilung:
Mobil: (01 75) 5 46 13 70 (Frau Bäres/ Frau Peuler),
(01 75) 5 46 13 21 (Herr Larsen)
E-Mail: dk-munchen@t-online.de
Bürozeiten: Mo bis Fr 9.00 bis 16.00
Konsularbezirk: Bayern und Baden-Württemberg
Herr Dan Larsen, Generalkonsul [01.09.1998]

Nürnberg, Königlich Dänisches Konsulat
Bischof-Meiser-Straße 2, 90403 Nürnberg
Tel.: (09 11) 2 01 55 00 / Fax: (09 11) 2 01 56 00
E-Mail: daen._konsulat_nbg@t-online.de
Bürozeiten: Mo bis Fr 9.00 bis 16.00
Konsularbezirk: Reg.-Bez. Mittel-, Ober- und Unterfranken in Bayern
Herr Dr. Klaus Walter, Honorarkonsul

Rostock, Königlich Dänisches Konsulat
c/o Ostsee Sparkasse Rostock
Am Vögenteich 23, 18057 Rostock
Tel.: (03 81) 6 43 11 11 / Fax: (03 81) 6 43 10 09
Postalisch und telefonisch am besten zu erreichen:
Norddeutsche Landesbank
Graf-Schack-Allee 11, 19053 Schwerin
Tel.: (03 85) 543 10 02 / Fax: (03 85) 543 10 09
E-Mail: bernd.schuster@nordlb.de
Bürozeiten: Mo bis Fr 9.00 bis 12.00
Konsularbezirk: Mecklenburg-Vorpommern
Herr Bernd Schuster, Honorarkonsul

Stuttgart, Königlich Dänisches Konsulat
Königstraße 5, 70173 Stuttgart
Postfach 10 27 22, 70023 Stuttgart
Tel.: (07 11) 29 01 37 / Fax: (07 11) 1 24 87 59
E-Mail: joachim.schielke@lbbw.de
Konsularbezirk: Baden-Württemberg
Herr Joachim Schielke, Honorarkonsul

Stuttgart, Handelskontoret
Diemershaldenstraße 23, 70184 Stuttgart
Tel.: (07 11) 29 05 58 / Fax: (07 11) 2 26 51 90
E-Mail: dtc-stuttgart@t-online.de

DOMINICA

Botschaft der Republik Dominica
Embassy of the Commonwealth of Dominica
1 Collingham Gardens, South Kensington, GB-London SW 5 0HW
Tel.: (00 44) - 207 - 3 70 51 94 / Fax: (00 44) -207 - 3 73 87 43
E-Mail: highcommission@dominica.co.uk / URL: www.dominica.co.uk

DOMINIKANISCHE REPUBLIK

Botschaft der Dominikanischen Republik:
Dessauer Straße 28, 10963 Berlin
Tel.: (0 30) 25 75 77 60 / Fax: (0 30) 25 75 77 61
E-Mail: embajadomal@t-online.de
Bürozeiten: Mo bis Fr 10.00 bis 15.00

S. E. Herr Dr. Willians De Jesús Salvador, außerordentlicher und bevollmächtigter Botschafter [09.03.2001]
Frau Suiden Hilario de De Jesús
Herr Lic. Vicente Camacho Peralta, Gesandter-Botschaftsrat [01.11.2000]
Frau Ivelisse Mateo de Camacho
Herr César Herrera Díaz, Gesandter-Botschaftsrat [14.11.2000]
Frau Ariane Aue de Herrera
Frau Mayra Ventura Pichardo, Botschaftsrat [17.01.2001]
Frau Carolina Cáceres Arango, Botschaftsrat [18.05.2001]
Frau Esther Camilo Varona, I. Sekretär [03.09.2002]
Herr José Alejandro Ottenwalder Gutierrez, I. Sekretär [19.09.2002]
Frau Grace Rivas de Ottenwalder

Frankfurt am Main, Generalkonsulat
Mainzer Landstraße 82-84, 60327 Frankfurt am Main
Tel.: (0 69) 74 38 77 81 / Fax: (0 69) 74 38 76 40
E-Mail: conrdomffm@aol.com
Bürozeiten: Mo bis Fr 10.00 bis 14.00
Konsularbezirk: Hessen und Rheinland-Pfalz
Frau Milady de Cabral, Generalkonsulin [28.03.2001]

Hamburg, Generalkonsulat
Heilwigstraße 125, 20249 Hamburg
Tel.: (0 40) 47 40 84 / Fax: (0 40) 4 60 51 97
E-Mail: info@consuldom.de
Bürozeiten: Mo bis Fr 9.00 bis 15.00
Herr Luciano Alberto Diaz, Generalkonsul [11.04.2002]

Stuttgart, Honorarkonsulat
Waiblinger Straße 11, 70372 Stuttgart
Tel.: (07 11) 55 20 04 / Fax: (07 11) 5 09 42 59
Bürozeiten: Mo bis Fr 8.30 bis 12.00, 14.00 bis 17.30
Konsularbezirk: Baden-Württemberg
Herr Alexander Gläser, Honorarkonsul

DSCHIBUTI

Botschaft der Republik Dschibuti:
Ambassade de la république de Djibouti
26, Rue Emile Ménier, F-75116 Paris
Tel.: (00 33) - 1 - 47 27 49 22 / Fax: (00 33) - 1 - 45 53 50 53
E-Mail: webmaster@ambdjibouti.org / URL: www.ambdjibouti.org
Bürozeiten: Mo bis Fr 9.00 bis 12.00, 13.00 bis 16.30

S. E. Herr Mohamed Goumaneh Guirreh, außerordentlicher und bevollmächtigter Botschafter
Herr Mourad Houssein Mouti, Botschaftsrat (Politik)
Herr Aden Ali Mahamadé, Botschaftsrat (Handel und Wirtschaft) [27.10.1997]
Frau Amina Ibrahim

Frau Amina Sed, Botschaftsrat (Protokoll)
Herr Houmed Abdallah Bourhan, Botschaftsrat (Finanzen)
Herr Mohamed H. Doualeh, Botschaftsrat (Kommunikation)

ECUADOR

Botschaft der Republik Ecuador:
Kaiser-Friedrich-Straße 90, 1. OG, 10585 Berlin
Tel.: (0 30) 238 62 17; 238 62 95 / Fax: (0 30) 34 78 71 26
E-Mail: kanzlei@botschaft-ecuador.org, alemania@embajada-ecuador.org
URL: www.botschaft-ecuador.org, www.embajada-ecuador.org
Bürozeiten: Mo bis Fr 9.00 bis 17.00
Konsularabteilung:
Tel.: (0 30) 34 78 71 08
Sprechzeiten: Mo bis Fr 9.00 bis 14.00
Handels- und Wirtschaftsabteilung:
Tel.: (0 30) 34 78 74 52 / Fax: (0 30) 34 78 71 26

S. E. Dr. h.c. Werner Moeller-Freile, außerordentlicher und bevollmächtigter Botschafter
Frau Cecilia de Moeller
Herr Dr. Diego Morejón-Pazmiño, Gesandter
Frau María del Carmen Jaramillo de Morejón
Herr Jorge Necpas, Botschaftsrat
Kapitän zur See Livio Espinosa-Espinosa, Marineattaché (Dienstsitz in Rom/Italien)
Herr Dr. Patricio Troya-Suárez, Botschaftssekretär (Leiter der Konsularabteilung)
Herr José Eduardo Proaño, Botschaftssekretär (Leiter der Handelsabteilung)
Herrn Boris Cepeda, Kulturattaché

Bremen, Honorargeneralkonsulat
Breitenweg 29-33, 28195 Bremen
Tel.: (04 21) 3 09 23 20 / Fax: (04 21) 3 09 24 32
Bürozeiten: Mo bis Fr 9.00 bis 12.00
Konsularbezirk: Bremen und Niedersachsen
Herr Prof. Dr. h.c. Bernd-Artin Wessels, Honorargeneralkonsul

Frankfurt am Main, Honorarkonsulat
Bethmannstraße 56, 60311 Frankfurt am Main
Tel.: (0 69) 1 33 22 95 / Fax: (0 69) 1 33 25 65
Bürozeiten: Mo bis Fr 9.00 bis 13.00
Konsularbezirk: Hessen, Rheinland-Pfalz und Saarland
Herr Prof. Dr. Wolfram Wrabetz, Honorarkonsul

Hamburg, Generalkonsulat
Rothenbaumchaussee 221, 20149 Hamburg
Tel.: (0 40) 44 31 35 / Fax: (0 40) 4 10 31 35
Bürozeiten: Mo bis Fr 9.30 bis 13.00
Konsularbezirk: Hamburg, Niedersachsen und Schleswig-Holstein
Herr Dr. Jaime Barberis Martínez, Generalkonsul [19.09.2000]

München, Honorargeneralkonsulat
Fraunhofer Straße 2, 80469 München
Tel.: (0 89) 26 56 58 / Fax: (0 89) 23 70 12 88
Bürozeiten: Mo bis Fr 9.00 bis 12.00
Konsularbezirk: Bayern und Baden-Württemberg
Herr Thomas Schlereth, Honorargeneralkonsul

Stolberg, Honorarkonsulat
Steinfeldstraße 2, 52222 Stolberg
Tel.: (02 41) 5 69 33 36, 5 69 33 20 / Fax: (02 41) 5 69 35 65
Bürozeiten: Mo bis Fr 9.00 bis 13.00
Konsularbezirk: Nordrhein-Westfalen
Herr Dipl. Kfm. Michael Wirtz, Honorarkonsul

ELFENBEINKÜSTE

(siehe Côte d'Ivoire, Seite 39)

EL SALVADOR

Botschaft der Republik El Salvador:
Joachim-Karnatz-Allee (Ecke Paulstraße) 47, 2. OG, 10557 Berlin
Tel.: (0 30) 2 06 46 60 / Fax: (0 30) 22 48 82 44
E-Mail: info@botschaft-elsalvador.de, embasalva.rfa@t-online.de
URL: www.botschaft-elsalvador.de, www.elsalvador.berlin.de
Bürozeiten: Mo bis Fr 9.00 bis 16.00
Konsularabteilung:
E-Mail: congenalemania@t-online.de
Sprechzeiten: Mo bis Fr 9.00 bis 13.00

S. E. Herr Dipl.-Ing. Edgardo Carlos Suárez Mallagray, außerordentlicher und bevollmächtigter Botschafter [15.07.2000]
Frau Carmen Elena de Suárez
Herr Napoleón Mariona, Gesandter (Politik u. wirtschaftliche Zusammenarbeit) [15.09.1997]
Frau Gesine de Mariona
Herr Rafael Maximiliano Figueroa Vanegas, Gesandter (Wirtschaft- und Investitionsförderung)
Frau Olga Vásquez Saade de Horn, I. Sekretärin und Generalkonsulin (Konsular-, Presse- und Kulturangelegenheiten) [01.01.1997]
Frau Florencia Vilanova de von Oehsen, Attaché-Vizekonsulin [24.10.2002]

Hamburg, Honorarkonsulat
Pickhuben 6, 20457 Hamburg
Tel.: (0 40) 3 78 51 40 / Fax: (0 40) 37 50 08 80
Bürozeiten: Mo bis Fr 10.00 bis 12.30
Konsularbezirk: Hamburg
Herr Bernhard J. Benecke, Honorarkonsul

München, Honorarkonsulat
Promenadenplatz 11, 80333 München
Tel.: (0 89) 54 50 88 02 / Fax: (0 89) 54 50 88 04
Bürozeiten: Mo bis Fr 10.00 bis 16.00
Konsularbezirk: Bayern
Frau Christa Brigitte Güntermann, Honorarkonsulin

Neuss, Honorarkonsulat
Elisenstraße 17, 41460 Neuss
Tel.: (0 21 31) 27 89 71 / Fax: (0 21 31) 27 42 67
Bürozeiten: Mo bis Fr 8.00 bis 13.00
Konsularbezirk: Nordrhein-Westfalen, Rheinland-Pfalz und Saarland
Herr Karlheinz Wolfgang, Honorarkonsul

ERITREA

Botschaft des Staates Eritrea:
Stavanger Straße 18, 10439 Berlin
Tel.: (0 30) 4 46 74 60 / Fax: (0 30) 44 67 46 21
E-Mail: er.embassy@freenet.de
Büro des Botschafters:
Tel.: (0 30) 44 67 46 14 / Fax: (0 30) 44 67 46 20
Bürozeiten: Mo bis Fr 9.00 bis 13.00, 14.00 bis 16.00

S. E. Herr Zemede Tekle, außerordentlicher und bevollmächtigter Botschafter [26.09.2001]
Frau Almaz Lijam, Botschaftsrätin [01.04.2000]
Frau Azieb Kidane, II. Sekretär [01.01.2000]
Herr Weldeslassie G. Tesfazghi, I. Sekretär [18.05.1997]
Frau Mentwab Berhane, III. Sekretär [16.08.1999]

Frankfurt am Main, Konsulat
Hanauer Landstraße 129, 60314 Frankfurt am Main
Tel.: (0 69) 43 64 96 / Fax: (0 69) 43 87 48
Bürozeiten: Mo bis Fr 8.00 bis 13.00, 14.00 bis 16.00
Konsularbezirk: Hessen, Baden-Württemberg, Bayern, Rheinland-Pfalz, Saarland und Thüringen

Herr Mohamed Idris Mahmud, Vize Konsul [09.03.2002]

ESTLAND

Botschaft der Republik Estland:
Hildebrandstraße 5, 10785 Berlin
Tel.: (0 30) 25 46 06 00 / Fax: (0 30) 25 46 06 01
E-Mail: Embassy.Berlin@mfa.ee / URL: www.estemb.de
Bürozeiten: Mo bis Fr 9.00 bis 13.00, 14.00 bis 16.00
Konsularabteilung:
Tel.: (0 30) 25 46 06 11
Sprechzeiten: Mo bis Fr 9.30 bis 12.30

I. E. Frau Dr. Riina Ruth Kionka, außerordentliche und bevollmächtigte Botschafterin [19.10.2000]
Herr Lauri Lepik
Frau Kaili Terras, III. Sekretär (Politik, Presse) [01.01.2002]
Herr Riho Terras
Herr Arti Hilpus, I. Sekretär (Politik, Kultur) [15.08.2001]
Herr Meelis Ojassoo, Botschaftsrat (Wirtschaft und Handel) [15.07.1999]
Frau Heli Ojassoo
Herr Carl Eric Laantee Reintamm, III. Sekretär (Leiter der Konsularabteilung) [25.07.2001]
Frau Eva Laantee Reintamm
Herr Oberstleutnant Riho Terras, Verteidigungsattaché [30.07.2001]
Frau Kaili Terras

Düsseldorf, Honorarkonsulat
Uerdinger Straße 58, 40474 Düsseldorf
Tel: (02 11) 43 22 37 / Fax: (02 11) 43 23 11
E-Mail: estonianconsulate@metallnrw.de
Bürozeiten: Di und Fr 9.30 bis 12.30
Konsularbezirk: Nordrhein-Westfalen

Herr Dr. Jochen Friedrich Kirchhoff, Honorarkonsul

Hamburg, Honorarkonsulat
Badestraße 38, 20148 Hamburg
Tel: (0 40) 4 50 40 26 / Fax: (0 40) 4 50 40 51
E-Mail: est-hc-hh@foni.net
Bürozeiten: Di und Do 12.00 bis 14.00 und nach Vereinbarung
Konsularbezirk: Hamburg
Herr Dr. Ulf Lange, Honorarkonsul

Kiel, Honorarkonsulat
Dänische Straße 3-5, 24103 Kiel
Tel: (04 31) 5 13 23 / Fax: (04 31) 5 13 27
Bürozeiten: Mo 9.30 bis 12.30
Konsularbezirk: Schleswig-Holstein
Herr Hans Berger, Honorarkonsul

Ludwigsburg, Honorarkonsulat
Porschestraße 4, 71634 Ludwigsburg
Tel.: (0 71 41) 30 82 02 / Fax: (0 71 41) 30 82 16
E-Mail: Konsulat.Estland@t-online.de
Konsularbezirk: Baden-Württemberg
Herr Helmut Aurenz, Honorarkonsul [17.10.2000]

FIDSCHI

Botschaft der Republik der Fidschi-Inseln:
34 Hyde Park Gate, GB-London SW7 5DN
Tel.: (00 44) 207 - 5 84 36 61 / Fax: (00 44) 207 - 5 84 28 38
E-Mail:fijirepuk@compuserve.com / URL: www.fiji.gov.fj

Herr Sung Kangwai, Botschaftsrat (Geschäftsträger a.i.) [06.04.1988]
Herr Solo Mara, I. Sekretär [21.05.2002]
Herr Jone Vukikomoala, II. Sekretär [09.07.2000]

FINNLAND

Botschaft der Republik Finnland:
Rauchstraße 1, 10787 Berlin
Tel.: (0 30) 50 50 30 / Fax: (0 30) 50 50 33 33
E-Mail: sanomat.ber@formin.fi / URL: www.finnland.de
Bürozeiten: Mo bis Fr 8.15 bis 16.30
Konsularabteilung:
Tel.: (0 30) 50 50 30 / Fax: (0 30) 50 50 13 16
Bürozeiten: Mo bis Fr 9.00 bis 12.00

S. E. Herr Leif Fagernäs, außerordentlicher und bevollmächtigter Botschafter [26.10.2001]
Frau Dr. Leena Fagernäs
Frau Ritva Koukku-Ronde, Gesandte [03.08.1998 bis 31.07.2003]
Frau Kirsti Kauppi, Gesandte [ab 01.08.2003]
Herr Dr. Hidde Ronde
Herr Roy Eriksson, Botschaftsrat [15.08.2001]
Frau Victoria Eriksson
Frau Tuula Svinhufvud, Botschaftsrätin [01.08.2002]
Herr Leo Vesalainen
Herr Jyrki Nissilä, I. Sekretär [12.07.2000]

Herr Antti Vänskä, I. Sekretär [01.09.2001]
Frau Anu Vänskä
Frau Riikka Eela, II. Sekretärin [01.08.2002]
Frau Marja Glad, Attaché (Nordische Koordination)
Frau Leniitta Soini Billstam, Attaché (Konsularabteilung und Verwaltung) [01.03.2002]
Herr Claes Billstam
Herr Risto Lokka, Attaché (Verwaltung) [01.02.2002]
Frau Anja Lokka
Oberst i. G. Herr Jukka Pennanen, Verteidigungsattaché [01.08.2001]
Frau Sirkka Pennanen
Korvettenkapitän Juha Vauhkonen, Stellv. Verteidigungs- und Marineattaché [01.08.2002]
Frau Leena Vauhkonen
Frau Anneli Halonen, Botschaftsrätin (Kultur und Presse) [01.07.2002]
Frau Cita Högnabba, Botschaftsrätin (Presse und Kultur) [01.01.2002]
Herr Kari Lumikero
Herr Kari Vitie, Botschaftsrat (Forstwirtschaft, Naturschutz) [01.02.2003]
Frau Tuula-Marketta Klenberg-Vitie

Finnisches Außenhandelsbüro Berlin
Kurfürstendamm 183, 10707 Berlin
Tel.: (0 30) 8 82 77 27 / Fax: (0 30) 8 83 14 39
E-Mail: antti-jussi.heilala@finpro.fi / URL: www.finpro.fi
Spezialgebiete: Forstindustrie, Energie- und Umwelttechnologie, Bauindustrie

Herr Antti-Jussi Heilala, (Leiter des Außenhandelsbüros)
Frau Tarja Heilala

Finnisches Außenhandelsbüro München
Schleißheimer Straße 2/IV St., 80333 München
Tel.: (0 89) 5 42 64 70 / Fax: (0 89) 52 71 80
E-Mail: munich@finpro.fi / URL: www.finpro.fi
Spezialgebiete: Lebensmittelindustrie und –technologie, Logistik, Meerestechnologie, Gesundheitswesen

Herr Antti-Jussi Heilala, (Leiter des Außenhandelsbüros)
Frau Tarja Heilala

Finnisches Außenhandelsbüro Hamburg
Esplanade 41, 20354 Hamburg
Tel.: (0 40) 3 57 52 20 / Fax: (0 40) 34 07 00
E-Mail: hamburg@finpro.fi / URL: www.finpro.fi
Bürozeiten: Mo bis Do 8.00 bis 16.45, Fr 8.00 bis 14.30
Spezialgebiete: Lebensmittelindustrie und -technologie, Logistik, Meerestechnologie, Gesundheitswesen

Herr Jorma Meronen, Vizekonsul (Leiter des Außenhandelsbüros)

Bremen, Honorarkonsulat
Präsident-Kennedy-Platz 1a, 28203 Bremen
Tel.: (04 21) 3 98 33 30 / Fax: (04 21) 3 98 33 18
E-Mail: finn_konsulat@compuserve.com
Bürozeiten: Mo bis Fr 10.00 bis 12.00
Konsularbezirk: Bremen
Herr Hans-Heinrich Pöhl, Honorarkonsul

Düsseldorf, Honorargeneralkonsulat
Immermann-Straße 13 (Ecke Kreuz-Straße), 40210 Düsseldorf

FINNLAND

Tel.: (02 11) 9 35 01-18 / Fax: (02 11) 9 35 01 50
Anja Valavuo Tel.: (02 11) 9 35 01 91 / Fax: (02 11) 9 35 01 92
Bürozeiten: Mo, Di, Do, Fr 10.00 bis 12.00
Konsularbezirk: Nordrhein-Westfalen und Rheinland-Pfalz
Herr Detmar Grolman, Honorargeneralkonsul

Frankfurt am Main, Honorarkonsulat
Friedrich-Ebert-Anlage 44, 60325 Frankfurt am Main
Tel.: (0 69) 71 70 11 77 / Fax: (0 69) 71 70 14 20
Konsularabteilung:
Karlstraße 12, 60329 Frankfurt am Main
Tel.: (0 69) 24 29 77 27 / Fax: (0 69) 24 29 97 90
E-Mail: lashbrook.finisches.konsult@t-online.de
Bürozeiten: Mo, Di, Do, Fr 10.00 bis 12.00
Herr Prof. Dr. Alexander Riesenkampff, Honorarkonsul

Hamburg, Generalkonsulat
Esplanade 41, 20354 Hamburg
Tel.: (0 40) 3 50 80 70 / Fax: (0 40) 3 48 01 16
E-Mail: Sanomat.HAM@formin.fi
Bürozeiten: Mo bis Fr 9.00 bis 12.00
Konsularbezirk: Hamburg, Bremen, Mecklenburg-Vorpommern, Niedersachsen und Schleswig-Holstein
Herr Mikko Jokela, Generalkonsul

Hannover, Honorarkonsulat
Mühlenfeld 18, 30853 Hannover-Langenhagen
Tel.: (05 11) 72 23 32 / Fax: (05 11) 77 18 41 85
E-Mail: finkonhan@aol.com
Bürozeiten: Mo bis Fr 10.00 bis 12.00
Konsularbezirk: Reg.-Bez. Braunschweig, Hannover, Lüneburg und im Reg.-Bez. Weser-Ems die Landkreise Osnabrück und Vechta, sowie die kreisfreie Stadt Osnabrück in Niedersachsen
Herr Klaus-Jürgen Batsch, Honorarkonsul

Kiel, Honorarkonsulat
Wall 49-51, 24103 Kiel
Tel.: (04 31) 98 10 / Fax: (04 31) 9 61 08
E-Mail: info@sartori-berger.de
Bürozeiten: Mo bis Fr 9.00 bis 13.00
Konsularbezirk: Schleswig-Holstein, ausgenommen Stadt Lübeck und die Kreise Herzogtum Lauenburg, Ost-Holstein, Segeberg und Stormarn
Herr Volkert Knudsen, Honorarkonsul

Leipzig, Honorarkonsulat
c/o Leipziger Messe GmbH/Maxicom
Messe-Allee 2, 04356 Leipzig
Tel.: (03 41) 678 20 30 / Fax: (03 41) 678 20 02
E-Mail: scankonsul@maxicom.de
Bürozeiten: Mo bis Fr. 9.00 bis 12.00
Konsularbezirk: Sachsen
Herr Werner Matthias Dornscheidt, Honorarkonsul

Lübeck, Honorarkonsulat
Einsiedelstraße 43-45, 23554 Lübeck
Tel.: (04 51) 1 50 70 / Fax: (04 51) 1 50 75 70
E-Mail: christiane.muenchenberger@finnlines.de
Bürozeiten: Mo bis Fr 9.00 bis 12.00, 13.00 bis 16.00, Fr 13.00 bis 15.30

Konsularbezirk: Stadt Lübeck und die Kreise Herzogtum Lauenburg, Ost-Holstein, Segeberg und Stormarn in Schleswig-Holstein
Herr Gunther Ranke, Honorarkonsul

München, Honorargeneralkonsulat
Arabellastraße 33, 81925 München
Tel.: (0 89) 91 07 22 57 / Fax: (0 89) 91 07 28 35
E-Mail: wechler.finnisches.konsulat@de.rolandberger.com
Bürozeiten: Mo bis Fr 8.00 bis 12.00, Di und Do 13.00 bis 14.30
Konsularbezirk: Bayern und Thüringen
Herr Prof. Roland Berger, Honorargeneralkonsul

Rostock, Honorarkonsulat
Friedrich-Engels-Platz 5-8, 18055 Rostock
Tel.: (03 81) 4 58 40 00, 4 58 40 02 / Fax: (03 81) 4 58 40 01
E-Mail: h.rahe@deutsche-seereederei.de
Bürozeiten: Mo 17.00 bis 19.00, Di 10.00 bis 14.00
Konsularbezirk: Mecklenburg-Vorpommern
Herr Horst Rahe, Honorarkonsul

Stuttgart, Honorarkonsulat
Torstraße 15, 70173 Stuttgart
Tel.: (07 11) 2 14 82 18 / Fax: (07 11) 2 14 82 20
Bürozeiten: Mo bis Fr 10.00 bis 12.00
Konsularbezirk: Baden-Württemberg
Herr Dr. Friedrich Wilhelm Hofmann, Honorarkonsul

Wilhelmshaven, Honorarkonsulat
Friedrich-Paffrath-Straße 116, 26389 Wilhelmshaven
Tel.: (0 44 21) 8 77 09 / Fax: (0 44 21) 8 77 70
Bürozeiten: Mo bis Do 8.00 bis 12.30, 13.30 bis 17.00
Konsularbezirk: Landkreise Ammerland, Cloppenburg, Friesland, Oldenburg, Wesermarsch und Wittmund, die kreisfreien Städte Delmenhorst, Oldenburg, Wilhelmshaven
Herr Friedrich August Meyer, Honorarkonsul

FRANKREICH

Botschaft der Französischen Republik:
Pariser Platz 5, 10117 Berlin
Tel.: (0 30) 590 03 90 00 / Fax: (0 30) 590 03 91 10
E-Mail: info@botschaft-frankreich.de / URL: www.botschaft-frankreich.de
Bürozeiten: Mo bis Fr 8.30 bis 18.00
Politische Abteilung:
Fax: (0 30) 590 03 91 10
Militärabteilung:
Fax: (0 30) 590 03 93 22
Wehrtechnische Abteilung:
Fax: (0 30) 590 03 93 40
Presseabteilung:
Fax: (0 30) 590 03 91 71
Kulturabteilung:
Fax: (0 30) 590 03 92 41
Verwaltungsabteilung:
Fax: (0 30) 590 03 90 67
Wissenschaftsabteilung:

Fax: (0 30) 590 03 92 65
Finanzabteilung:
Fax: (0 30) 590 03 94 51
Wirtschaftsmission:
Fax: (0 30) 590 03 94 30
Sozialabteilung:
Fax: (0 30) 590 03 94 75
Konsularabteilung:
Fax: (0 30) 590 03 90 67
Konsularbezirk: Berlin, Brandenburg, Sachsen, Sachsen-Anhalt, Mecklenburg-Vorpommern, Thüringen
Bürozeiten: Mo bis Fr 9.00 bis 12.00, Mi 14.00 bis 17.30
Landwirtschaftabteilung:
Königsallee 53-55, 40212 Düsseldorf
Tel.: (02 11) 30 04 10 / Fax: (02 11) 30 04 11 77

S. E. Herr Claude Martin, außerordentlicher und bevollmächtigter Botschafter [14.04.1999]
Frau Judith Martin
Herr Philippe Carré, Gesandter [01.09.1999]
Frau Marie-Valentine Carré
Herr Pierre Lanapats, Botschaftsrat [07.07.2000]
Frau Claire Paulard Lanapats
Herr Nicolas Suran, Botschaftsrat [28.10.2002]
Frau Dorothée Suran
Herr Jean-Paul Guihaumé, Botschaftsrat [18.07.2002]
Frau Laure Tripier, Botschaftsrätin [29.01.2001]
Herr Jean-Pierre Dusaillant, Botschaftsrat [17.07.2001]
Herr Daniel Vosgien, I. Sekretär [05.08.2002]
Frau Delphine Vosgien
Herr Sébastien Surun, I. Sekretär [09.09.2002]
Herr François Gounaud, I. Sekretär [10.07.2001]
Frau Céline Gounaud
Herr Christian Dehay, II. Sekretär [10.07.2000]
Frau Sophie Dehay
Herr Pierre Clouet, I. Sekretär, Austauschbeamter im Auswärtigen Amt [02.09.2002]
Frau Ina Clouet
Frau Natacha Corcuff, III. Sekretär, Austauschbeamtin im Auswärtigen Amt [09.09.2002]
Herr Jean-Michel Feffer, Attaché [04.09.2000]
Generalmajor Gilles Mantel, Verteidigungsattaché [2003]
Frau Marie-Christina Mantel
Oberst Jean-Michel Rommel, Stellvertretender Verteidigungsattaché [23.07.2001]
Frau Murielle Rommel
Oberst Hubert Marchand, Heeresattaché [19.08.2002]
Frau Catherine Marchand
Oberst Christophe de Cugnac, Luftwaffenattaché [31.07.2000]
Frau Quitterie de Cugnac
Kapitän zur See Didier Bru, Marineattaché [25.06.2001]
Frau Jacqueline Bru
Oberst François Dostert, Attaché für Wehrtechnik [20.08.2001]
Oberstleutnant Philippe Rabier, Stellvertretender Attaché für Wehrtechnik [02.08.1999]
Frau Carole Rabier
Oberstleutnant Vincent Dubrule, Stellvertretender Attaché für Wehrtechnik [21.08.2000]
Frau Christine Dubrule
Herr Jean-Pierre Laboureix, Gesandter für Finanzwesen (Leiter der Wirtschaftsmission) [04.01.2000]
Frau Sylvie Laboureix
Herr Philippe Brunel, Botschaftsrat (Stellvertretre des Leiters der Wirtschaftsmission) [18.09.2000]
Frau Constanze Baethge
Frau Claire Paulard-Lanapats, Botschaftsrätin (Handelsrätin) [01.09.1999]

Herr Pierre Lanapats
Herr **Christophe Strassel**, Attaché (Stellvertreter des Leiters der Wirtschaftsmission) [01.10.2002]
Herr **Pascal Rivière**, Attaché (Stellvertreter des Leiters der Wirtschaftsmission) [04.09.2000]
Frau **Bettina Rivière**
Herr **Claude Magand**, Attaché (Finanzen) [03.04.2000]
Herr **Patrice Dautel**, Attaché [19.08.1999]
Frau **Désirée Dautel**
Herr **Michel Boivin**, Attaché [18.01.1999]
Frau **Sophie Freidel**
Herr **François Guillon**, (Stellvertretender Attaché für Landwirtschaft) [15.09.1997]
Frau **Maud Klein**, Attaché (Finanzen) [01.01.1989]
Herr **Dietrich Klein**
Frau **Martine Vignon**, Attaché (Steuerwesen) [01.09.2000]
Herr **Jean-Roald L'Hermitte**, Attaché (Zollwesen) [01.05.1998]
Frau **Véronique L'Hermitte**
Herr **Jacques-Pierre Gougeon**, Botschaftsrat (Leiter der Kulturabteilung) [09.09.1999]
Frau **Chantal Roques**, (Stellvertreterin des Leiters der Kulturabteilung) [06.09.1999]
Herr **Jean-Pierre Dulieux**, Attaché (Verwaltung) [02.09.2002]
Frau **Anne Marie Dulieux**
Herr **Jean-Marc Bobillon**, Attaché (Akademischer Austausch) [01.09.2002]
Frau **Astrid Hirt**
Herr **Frédèric Sauvage**, Attaché (Sprachangelegenheiten) [02.11.2002]
Frau **Constance de Corbière**, Attaché (Kunstangelegenheiten) [04.09.2000]
Frau **Hélène Conand**, Attaché (Medienangelegenheiten) [16.10.2000]
Herr **Jean-Paul Chalançon**, Attaché [01.11.2000]
Herr **Marcel Berveiller**, Botschaftsrat (Leiter der Abteilung für Wissenschaft und Technologie) [03.09.2001]
Frau **Bernadette Berveiller**
Herr **Laurent Huber**, Attaché (Wissenschaft und Technologie) [07.09.2001]
Frau **Deborah McBride**
Herr **Christophe Dewas**, Attaché (Polizeiangelegenheiten) [01.03.2002]
Herr **Cyril Gout**, Stellvertretender Attaché für Polizeiangelegenheiten [16.09.2001]
Frau **Sonia Gout**
Herr **Jean-François Bohnert**, Attaché (Justiz) (Verbindungsrichter) [01.09.1998]
Frau **Dominique Bohnert**
Frau **Floriane Azoulay**, Attaché (Leiterin der C.I.V.S.-Berlin) [01.02.2000]
Frau **Josiane Ejderyan**, I. Sekretär (Leiterin der Konsular- und Verwaltungsabteilung) [30.08.2000]
Frau **Ingrid Pantall**, II. Sekretär [18.09.2002]
Herr **Thierry Darbois**, I. Sekretär (Kommunikation) [17.10.2002]
Frau **Nathalie Darbois**
Herr **Philippe Tworek**, III. Sekretär [04.09.2000]
Frau **Sarangarel Tworek**
Herr **Michel Felix-Naix**, III. Sekretär [11.09.2000]
Frau **Martine Felix-Naix**
Herr **Jean-Yves Reslinger**, Attaché (Finanzverwaltung) [01.01.1997]
Frau **Michèle Reslinger**
Herr **Thierry Olland**, Attaché (Finanzverwaltung) [01.09.1999]
Frau **Isabelle Olland**

Aachen, Honorarkonsulat
Borchersstraße 20, 52072 Aachen
Tel./Fax: (02 41) 87 89 66
Konsularbezirk: Kreisfreie Stadt Aachen sowie die Landkreise Aachen und Heinsberg in Nordrhein-Westfalen
Herr **Cornelius Reufert**, Honorarkonsul

Bremen, Honorarkonsulat
Töferbohmstraße 8, 28195 Bremen

Tel.: (04 21) 3 05 30 / Fax: (04 21) 3 05 31 10
Bürozeiten: Mo bis Fr 9.00 bis 12.00, nachmittags nach Vereinbarung
Konsularbezirk: Bremen
Herr Wilhelm Meier, Honorarkonsul

Düsseldorf, Generalkonsulat
Cecilienallee 10, 40474 Düsseldorf
Tel.: (02 11) 49 77 30 / Fax: (02 11) 4 91 22 40
E-Mail: consulfrance-duesseldorf@t-online.de
Bürozeiten: Mo bis Fr 9.00 bis 12.00, (Visa 9.00 bis 13.30)
Konsularbezirk: Nordrhein-Westfalen
Herr Jacques Moreau, Generalkonsul [29.08.2002]
Frau Thérèse Moreau

Wirtschaftsmission:
Königsallee 53-55, 40212 Düsseldorf
Tel.: (02 11) 30 04 10 / Fax: (02 11) 30 04 11 77
Herr Patrick Imbert, Konsul (Handesrat) [01.09.2000]

Frankfurt am Main, Generalkonsulat
Ludolfusstraße 13, 60487 Frankfurt am Main
Tel.: (0 69) 7 95 09 60 / Fax: (0 69) 79 50 96 46
E-Mail: cgf-francfort@compuserve.com
Bürozeiten: Mo bis Fr 8.45 bis 12.00 (Visa)
Konsularbezirk: Hessen und Rheinland Pfalz
Herr Daniel Labrouse, Generalkonsul [04.12.2000]
Frau Anne Willumsen

Wirtschaftsmission:
Walter-Kolb-Straße 9-11, 60594 Frankfurt am Main
Tel.: (0 69) 6 09 19 20 / Fax: (0 69) 60 91 92 43
Herr Daniel Paret, Konsul (Handeslrat) [11.09.2000]

Freiburg im Breisgau, Honorarkonsulat
Wallstraße 15, 79098 Freiburg im Breisgau
Tel.: (07 61) 3 13 23, 28 28 50 / Fax: (07 61) 2 34 00
Bürozeiten: Mo bis Fr 10.30 bis 12.00, nachmittags nach Vereinbarung
Konsularbezirk: Reg.Bez. Freiburg im Breisgau und Tübingen in Baden-
  Württemberg
Herr Dr. Hartmut Lübbert, Honorarkonsul

Hamburg, Generalkonsulat
Pöseldorfer Weg 32, 20148 Hamburg
Tel.: (0 40) 4 14 10 60 / Fax: (0 40) 41 41 06 60
E-Mail: cgf-hambourg@ibm.net
Bürozeiten: Mo bis Fr 9.00 bis 12.30, nachmittags nach Vereinbarung (Visa)
Konsularbezirk: Hamburg, Bremen, Niedersachsen und Schleswig-Holstein
Herr Gabriel Jugnet, Generalkonsul [01.03.2002]

Wirtschaftsmission:
Domstraße 19, 20095 Hamburg
Tel.: (0 40) 30 96 12-0 / Fax: (0 40) 30 96 12-30
Herr Pierre Koenig, Konsul (Handelsrat) [02.09.2002]

Hannover, Honorarkonsulat
c/o Nexans Deutschland AG
Kabelkamp 20, 30179 Hannover
Tel.: (05 11) 6 76 32 71 / Fax: (05 11) 6 76 33 11

Bürozeiten: Mo bis Fr 10.30 bis 12.00
Konsularbezirk: Niedersachsen
Herr Dr. Wolfgang G. Plinke, Honorarkonsul

Leipzig, Honorarkonsulat
Lumumbastraße 11-13, 04105 Leipzig
Tel.: (03 41) 56 11 48 34 / Fax: (03 41) 56 11 48 35
Bürozeiten: Di 13.30 bis 18.00 und nach Vereinbarung
Konsularbezirk: Sachsen
Frau Christine Haufe, Honorarkonsulin

Mannheim, Honorarkonsulat
Dresdner Bank, P2, 12, 68161 Mannheim
Tel.: (06 21) 1 79 26 02 / Fax: (06 21) 1 79 28 47
Bürozeiten: Mo bis Fr 10.00 bis 12.00
Konsularbezirk: Reg.-Bez. Karlsruhe und Stuttgart in Baden-Württemberg
Herr Michael Fritzsche, Honorarkonsul

München, Generalkonsulat
Möhlstraße 5, 81675 München
Tel.: (0 89) 4 19 41 10 / Fax: (0 89) 41 94 11 23
E-Mail: info@consulfrance-munich.de
Bürozeit: Mo bis Fr 8.45 bis 12.00, Mi 14.00 bis 18.30
Visaabteilung: Mo bis Fr 8.45 bis 12.00, nachmittags nach Vereinbarung
Konsularbezirk: Bayern
Herr Antoine Grassin, Generalkonsul [25.04.2000]
Frau Evelyne Grassin

Wirtschaftsmission:
Pettenkoferstraße 24, 80336 München
Tel.: (0 89) 6 09 19 20 / Fax: (0 89) 60 91 92 43
Herr Henri Fontaine, Konsul (Handelsrat) [09.09.2002]

Saarbrücken, Generalkonsulat
Johannisstraße 2, 66111 Saarbrücken
Tel.: (06 81) 93 67 50 / Fax: (06 81) 3 10 28
E-Mail: consulat.france.sarrebruck@t-online.de
Bürozeiten: Mo bis Fr 9.00 bis 12.30
Konsularbezirk: Saarland
Herr Gérad Grall, Generalkonsul [31.08.2002]
Frau Claude Grall

Saarlouis, Honorarkonsulat
Rathaus, Pavillonstraße, 66740 Saarlouis
Tel.: (0 68 31) 29 36 / Fax: (0 68 31) 6 91 03
Bürozeiten: Di bis Fr 14.00 bis 16.00
Konsularbezirk: Kreise Saarlouis und Merzig-Wadern im Saarland
Frau Odile Villeroy de Galhau, Honorarkonsulin

Stuttgart, Generalkonsulat
Richard-Wagner-Straße 53, 70184 Stuttgart
Tel.: (07 11) 23 74 70 / Fax: (07 11) 2 37 47 38
E-Mail: info@consulfrance-stuttgart.org
Bürozeiten: Mo bis Fr 8.30 bis 12.00
Konsularbezirk: Baden-Württemberg
Herr Francis Etienne, Generalkonsul [15.02.2000]
Frau Jane Etienne

Wirtschaftsmission:
Tel.: (07 11) 2 36 54 56 / Fax: (07 11) 2 34 91 66
Herr Dominique Simon, Konsul (Handelsrat) [01.09.2000]

GABUN

Botschaft der Gabunischen Republik:
Hohensteiner Straße 16, 14197 Berlin
Tel.: (0 30) 89 73 34 40 / Fax: (0 30) 89 73 34 44
E-Mail: ambgabon@bigfoot.de / URL: www.africaweb.de/gabun
Bürozeiten: Mo bis Fr 9.00 bis 15.30

S. E. Herr Paul Bunduku Latha, außerordentlicher und bevollmächtigter Botschafter [26.10.2001]
Frau Marie Clémentine Bunduku Latha
Herr Janvier Obiang Allogo, I. Botschaftsrat
Frau Henriette Obiang
Frau Marie Yolande Koumba Mouckagny, Botschaftsrat (Wirtschaft) [28.10.1998]
Herr Michel Obiang Meyo, Botschaftsrat (Kultur) [23.01.2001]

München, Honorarkonsulat
Mahirstraße 8, 81925 München
Tel.: (0 89) 9 98 90 30 / Fax: (0 89) 9 82 72 10
Bürozeiten: Mo bis Fr 8.00 bis 12.00, 13.00 bis 17.00
Konsularbezirk: Bayern
Herr Paul Ruprecht Röver, Honorarkonsul

GAMBIA

Botschaft der Republik Gambia:
Ambassade de la république de Gambie
126, Avenue Franklin Roosevelt, B-1050 Brüssel
Tel.: (00 32) - 2 - 6 40 10 49 / Fax: (00 32) - 2 - 6 46 32 77
Bürozeiten: Mo bis Do 9.30 bis 16.30, Fr 9.30 bis 13.00

S. E. Herr Yusupha Alieu Kah, außerordentlicher und bevollmächtigter Botschafter
Frau Kah
Frau Amie Nyan-Alaboson, Gesandter-Botschaftsrat
Herr Kaba Saine, I. Sekretär
Frau Ngum-Saine
Herr Yaya Njie, Attaché (Finanzen)
Frau Nijie

Berlin, Honorarkonsulat
Kurfürstendamm 103, 10711 Berlin
Tel.: (0 30) 8 92 31 21, 8 92 31 22 / Fax: (0 30) 8 91 14 01
Bürozeiten: Di und Do 10.00 bis 13.00
Konsularbezirk: Berlin, Brandenburg, Mecklenburg-Vorpommern, Sachsen, Sachsen-Anhalt sowie Thüringen
Herr Gerhard Bartels, Honorarkonsul

Frankfurt am Main, Honorarkonsulat
Guiollettstraße 19, 60325 Frankfurt am Main.
Tel.: (0 69) 97 12 00 30 / Fax: (0 69) 97 12 00 12
Bürozeiten: Mi 9.00 bis 11.00
Konsularbezirk: Hessen, Rheinland-Pfalz und Saarland
Herr Jan Klimitz, Honorarkonsul

Köln, Honorarkonsulat
Gladbacher Straße 25, 50672 Köln
Tel.: (02 21) 92 58 61 13 / Fax: (O2 21) 92 58 61 16
E-Mail: Fubec55470@aol.com
Bürozeiten: Mo bis Fr 10.00 bis 17.00
Konsularbezirk: Nordrhein-Westfalen
Herr Rolf Becker, Honorarkonsul

München, Honorarkonsulat
Möhlstraße 6, 81675 München
Postfach 86 03 47, 81630 München
Tel.: (0 89) 22 80 25 66 / Fax: (02 28) 9 21 25 88
E-Mail: gambiamuc@freenet.de
Bürozeiten: Di und Do 10.00 bis 12.00
Konsularbezirk: Bayern und Baden-Württemberg
Herr Joerg E. Ulte, Honorarkonsul

GEORGIEN

Botschaft von Georgien:
Heinrich-Mann-Straße 32, 13156 Berlin
Tel.: (0 30) 4 84 90 70 / Fax: (0 30) 48 49 07 20
E-Mail: geobotger@aol.com / URL: www.botschaftvongeorgien.de
Bürozeiten: Mo bis Fr 9.00 bis 17.00
Konsularabteilung:
Tel.: (0 30) 48 49 07 53 / Fax: (0 30) 48 49 07 55
Bürozeiten: Mo bis Fr. 9.00 bis 12.00

S. E. Herr Dr. Konstantin Gabaschwili, außerordentlicher und bevollmächtigter Botschafter [21.02.1994]
Frau Dr. Manana Chelaia-Gabaschwili
Frau Dr. Maja Pandshikidse, Gesandte, Stellvertreterin des Botschafters (Politik, Kultur, Bildung) [01.02.1994]
Herr Dr. Paata Tuschuraschwilli
Herr Dr. Dawid Jalagania, I. Botschaftsrat (Wirtschaft) [27.08.2002]
Herr Giorgi Tabatadse, Botschaftsrat, Leiter der Konsularabteilung [20.12.2001]
Frau Thea Batsikadse
Frau Sofia Sakwarelidse, Attaché [01.09.2001]
Frau Lali Gogia, Attaché [01.09.2001]
Herr Zurab Tscherkesischwili
Herr Lt. Colonel Murtas Gudjedjiani, Militärattaché [01.10.2001]
Frau Nana Gudjedjiani

GHANA

Botschaft der Republik Ghana:
Stavanger Straße 17-19, 10439 Berlin
Tel.: (0 30) 4 47 90 52 / Fax: (0 30) 4 47 90 53
E-Mail: ghanemberlin@t-online.de, ghanembonn@aol.com
Bürozeiten: Mo bis Fr 9.00 bis 15.30
Konsularabteilung: Mo bis Fr 9.00 bis 13.00, außer Mi

S. E. Herr Rowland Issifu Alhassan, außerordentlicher und bevollmächtigter Botschafter [26.10.2001]
Frau Jane Margaret Alhassan

Frau Messie Debrah-Karikari, Gesandte-Botschaftsrätin (Leiterin der Kanzlei) [06.10.2000]
Herr Jonathan R. Magnusen, Gesandter-Botschaftsrat (Leiter der Konsularabteilung) [29.09.2002]
Frau Rebecca Magnusen
Herr John Quarshie Srem, I. Sekretär [09.11.1998]
Frau Mary Korkor Srem
Herr Alexander Grant Ntrakwa, I. Sekretär [06.10.2000]
Frau Maureen Grant Ntrakwa
Herr William Brutus Baeta, I. Sekretär [10.11.2000]
Herr Andrews Owusu, I. Sekretär [04.10.2002]
Frau Rebecca A. J. Owusu
Frau Elizabeth Essah Tamakloe, II. Sekretär (Verwaltung) [15.01.1999]
Herr Michael Kwadwo Addofoly, II. Sekretär [06.10.2000]
Frau Mary Abena Addofoly

Dortmund, Honorargeneralkonsulat
Ziethenstraße 15, 44141 Dortmund
Tel.: (02 31) 43 60 75 bis 43 60 78 / Fax: (02 31) 43 75 41
E-Mail: consul-schroeder@wasserschloss-neuenheerse.de
Bürozeiten: Di bis Fr 15.00 Bis 17.00
Konsularbezirk: Nordrhein-Westfalen und Rheinland-Pfalz mit Ausnahme des Reg.-Bez. Rheinhessen-Pfalz
Herr Manfred O. Schröder, Honorargeneralkonsul

Frankfurt am Main, Honorarkonsulat
Große Eschenheimer Straße 43, 60313 Frankfurt am Main.
Tel.: (0 69) 28 40 18, 28 40 19 / Fax: (0 69) 28 40 33
Bürozeiten: Di bis Do 9.30 bis 12.30
Konsularbezirk: Hessen, Reg.-Bez. Rheinhessen-Pfalz in Rheinland-Pfalz und Saarland
Herr Dr. Joachim Bromkamp, Honorarkonsul

Hamburg, Honorarkonsulat
Deichstraße 48-50, 20459 Hamburg
Tel.: (0 40) 37 22 66 / Fax: (0 40) 7 13 65 86 / Mobil: (01 72) 4 07 20 11
Bürozeiten: Mo bis Fr 10.00 bis 12.30
Sekretariat:
Rote Brücke 6, 22113 Hamburg
Tel.: (0 40) 71 48 77 21 / Fax: (0 40) 71 48 77 66
Konsularbezirk: Hamburg und Schleswig-Holstein
Herr Stephan Bührich, Honorarkonsul

Hannover, Honorarkonsulat
Schwarzer Bär 2, 30449 Hannover
Tel.: (05 11) 44 50 53 / Fax: (05 11) 44 17 32
Bürozeiten: Mo bis Fr 8.00 bis 13.00
Konsularbezirk: Niedersachsen und Bremen
Herr Bernd Hager, Honorarkonsul

München, Honorarkonsulat
Waldstraße 7, 82166 Gräfelfing
Tel.: (0 89) 8 58 73 00 / Fax: (0 89) 8 58 71 37
Bürozeiten: Mo bis Fr 9.00 bis 12.00
Konsularbezirk: Bayern und Sachsen
Herr Florian Peter Friedrich Wolfart, Honorarkonsul

GRENADA

Botschaft von Grenada:
Ambassade de Grenade
123, Rue de Laeken, 1er Etage, B-1000 Brüssel
Tel.: (00 32) - 2 - 2 23 73 03 / Fax: (00 32) - 2 - 2 23 73 07
E-Mail: embassyofgrenadabxl@skynet.be

Frau Joan-Marie Coutain, (Geschäftsträgerin a. i.) (2001)

Berlin, Honorarkonsulat
Stierstraße 10, 12159 Berlin
Tel.: (0 30) 8 52 22 02 / Fax: (0 30) 8 53 23 54, 8 59 11 02
Bürozeiten: nach Vereinbarung
Konsularbezirk: Berlin, Brandenburg, Bremen, Hamburg, Mecklenburg-
Vorpommern, Niedersachsen, Sachsen, Sachsen-Anhalt, Schleswig-Holstein
und Thüringen

GRIECHENLAND

Botschaft der Griechischen Republik:
Jägerstraße 54/55, 10117 Berlin
Tel.: (0 30) 20 62 60 / Fax: (0 30) 20 62 64 44; 20 62 65 55
URL: www.griechischebotschaft.de, www.griechenland-botschaft.de
Bürozeiten: Mo bis Do 9.00 bis 17.00, Fr 9.00 bis 16.00
Presseabteilung:
Tel.: (0 30) 20 61 29 00 / Fax: (0 30) 20 45 09 08
E-Mail: press@griechenland-botschaft.de
Militärabteilung, Verteidigungs- und Heeresattaché:
Tel.: (0 30) 20 45 11 10 / Fax: (0 30) 20 45 13 39
Marine- und Luftwaffenattaché:
Friedrichstraße 55, 10117 Berlin
Tel.: (0 30) 20 61 42 90, 22 00 21 915 / Fax: (0 30) 20 61 42 96
Konsularabteilung:
Wittenbergplatz 3a, 10789 Berlin
Tel.: (0 30) 2 13 70 33; 2 13 70 34 / Fax: (030) 2 18 26 63
E-Mail: berlin@griechenland-konsulate.de
Sprechzeiten: Mo, Mi, Do und Fr 9.30 bis 13.30, Di 15.00 bis 18.00
Wirtschafts- und Handelsabteilung:
Kurfürstenstraße 130, 10785 Berlin
Tel.: (0 30) 2 36 09 90 / Fax: (0 30) 23 60 99 20
E-Mail: oeyberlin@t-online.de
Erziehungsabteilung:
Lietzenburger Straße 54, 10719 Berlin
Tel.: (0 30) 88 67 86 23 / Fax: (0 30) 88 67 86 24
Abteilung für Arbeit- und Sozialwesen:
Bonner Straße 27, 53177 Bonn
Tel.: (02 28) 33 04 98, 33 08 98 / Fax: (02 28) 33 31 71

S. E. Herr Dimitrios Kypreos, außerordentlicher und bevollmächtigter Botschafter [01.01.2002]
Herr Lazaros Nanos, Gesandter [28.09.2002]
Herr Theodoros Daskarolis, Botschaftsrat [19.10.1999]
Frau Theano Daskarolis
Herr Konstantin Tsakonas, I. Sekretär [21.09.1999]
Frau Irini Riga, II. Sekretär [25.10.1999]
Frau Irini Voudouri, Attaché (Leiterin der Konsularabteilung) [11.07.2002]

GRIECHENLAND 60

Frau **Aglaia Rachel-Tsakona**, Attaché (Konsularabteilung) [31.10.1999]
Herr **Thomas Rachel**
Herr **Konstantinos Tsiatouchas**, Attaché [18.11.2002]
Frau **Margarita Dropoulou**
Oberst i. G. **Iordanis Charanas**, (Verteidigungs- und Heeresattaché) [17.05.2002]
Frau **Niki Charana**
Kapitän zur See **Christos Petsalas**, Marineattaché [24.07.2000]
Frau **Aggeliki Filolia**
Oberst **Evangelos Tournas**, Luftwaffenattaché [07.09.2002]
Frau **Androniki Tourna**
Major **Konstantinos Papaioannou**, Stellvertretender Verteidigungsattaché [16.08.2002]
Frau **Eleni Lykessa-Papaioannou**
Herr **Stavros Stathoulopoulos**, Botschaftsrat (Leiter des Presse- und Informationsbüros) [01.10.1996]
Frau **Chryssa Stathoulopoulos**
Frau **Maria Vlachou**, Attaché (Presse) [15.04.1997]
Frau **Sofia Andrikaki**, Attaché (Presse) [15.04.1997]
Herr **Apostolos Andrikakis**
Herr Dr. **Theodoros J. Karavias**, Gesandter (Wirtschaft und Handel) [16.03.1996]
Frau **Brigitte Karavias**
Herr **Panagiotis Prevezanos**, I. Sekretär (Leiter der Wirtschafts- und Handelsabteilung) [02.09.2003]
Herr **Charilaos Makris**, Attaché (Erziehungsangelegenheiten) [16.09.2002]
Frau Dr. **Konstantina Palaiologou**, Attaché (Erziehungsangelegenheiten) [16.09.2002]

Außenstelle Bonn
Bonner Str. 27, 53117 Bonn
Tel.: (02 28) 33 04 98, 33 08 98 / Fax: (02 28) 33 31 71

Frau **Kalomira Pollatou**, Leiterin der Außenstelle (Arbeits- und Sozialwesen) [09.01.1995]

Düsseldorf, Generalkonsulat
Grafenberger Allee 128, 40237 Düsseldorf
Tel.: (02 11) 6 87 85 00, 68 78 50 50 / Fax: (02 11) 68 78 50 33
E-Mail: grconsduess@t-online.de
Bürozeiten: Mo, Mi Fr 9.00 bis 13.00, Di 15.00 bis 19.00, Do 9.00 bis 15.00
Konsularbezirk: Reg.-Bez. Düsseldorf in Nordrhein-Westfalen
Herr **Ioannis Rizopoulos**, Generalkonsul

Frankfurt am Main, Generalkonsulat
Zeppelinallee 43, 60325 Frankfurt am Main
Tel.: (0 69) 9 79 91 20 / Fax: (0 69) 97 99 12 33
Bürozeiten: Mo bis Fr 9.00 bis 13.00, Di 16.00 bis 18.00
Konsularbezirk: Hessen, Rheinland-Pfalz, Saarland und Reg.-Bez. Unterfranken im
  Bayern
Herr **Ioannis Christofilis**, Generalkonsul

Hamburg, Generalkonsulat
Neue ABC Straße 10, 20354 Hamburg
Tel.: (0 40) 4 13 24 30, 41 32 43 11 / Fax: (0 40) 44 96 48
E-Mail: hamburg@griechenland-konsulate.de
Bürozeiten: Mo bis Fr 9.00 bis 15.30, Do 17.00 bis 19.00
Konsularbezirk: Hamburg, Bremen und Schleswig-Holstein sowie im Reg.-Bez.
  Lüneburg des Landes Niedersachsen die Landkreise Cuxhaven, Harburg,
  Lüneburg, Osterholz, Rotenburg (Wümme) und Stade
Herr **Roussos Koundouros**, Generalkonsul

Hannover, Generalkonsulat
Gellertstraße 43, 30175 Hannover
Tel.: (05 11) 2 81 91 10 / Fax: (05 11) 2 82 97 07

Bürozeiten: Mo bis Fr 9.00 bis 15.30, Do 16.00 bis 18.00
Konsularbezirk: Niedersachsen (ausgenommen Reg.-Bez. Lüneburg, Landkreise Cuxhaven, Harburg, Lüneburg, Osterholz, Rotenburg (Wümme) und Stade), sowie im Reg.-Bez. Detmold Landkreis Minden-Lübbecke in Nordrhein-Westfalen
Herr Frangiskos Kostellenos, Generalkonsul

Köln, Generalkonsulat
Universitätsstraße 45, 50931 Köln
Tel.: (02 21) 9 42 03 90 / Fax: (02 21) 94 20 39 25
Bürozeiten: Mo bis Fr 9.00 bis 13.00, Di 15.00 bis 19.00
Konsularbezirk: Köln und die Kreise Siegen-Wittgenstein, Olpe, Märkischer Kreis und Hochsauerland in Nordrhein-Westfalen
Herr Leonidas Rocanas, Generalkonsul [06.12.2000]

Leipzig, Generalkonsulat
Kommandant-Trufanow-Straße 29, 04105 Leipzig
Tel.: (03 41) 5 64 80 90 / Fax: (03 41) 5 64 56 28
Bürozeiten: Mo bis Fr 9.00 bis 15.30, Do 9.30 bis 17.30
Konsularbezirk: Sachsen, Sachsen-Anhalt und Thüringen
Herr Theodoros Tsakiris, Generalkonsul

München, Generalkonsulat
Möhlstraße 22, 81675 München
Tel.: (0 89) 99 88 67 10 / Fax: (0 89) 40 96 26
Bürozeiten: Mo bis Fr 8.30 bis 12.30, Do 15.00 bis 18.30
Konsularbezirk: Bayern mit Ausnahme des Reg.-Bez. Unterfranken
Herr Andreas Papastavrou, Generalkonsul

Nürnberg, Honorarkonsulat
Hallplatz 23-25, 90402 Nürnberg
Tel.: (09 11) 22 12 32, 20 46 55 / Fax: (09 11) 24 38 73
Bürozeiten: Mo 14.00 bis 17.00, Di bis Fr 9.00 bis 12.00
Konsularbezirk: Reg.-Bez. Mittel-, Oberfranken und Oberpfalz in Bayern
Frau Madeleine Schickedanz, Honorarkonsulin

Stuttgart, Generalkonsulat
Hauptstätterstraße 54, 70182 Stuttgart
Tel.: (07 11) 2 22 98 70 / Fax: (07 11) 22 29 87 40
Bürozeiten: Mo bisFr 8.30 bis 15.30, Di 8.30 bis 13.30, 15.00 bis 18.30
Konsularbezirk: Baden-Württemberg
Herr Dr. Dimitris Moschopoulos, Generalkonsul

GROSSBRITANNIEN UND NORDIRLAND

(siehe Vereinigtes Königreich Großbritannien und Nordirland, Seite 197)

GUATEMALA

Botschaft der Republik Guatemala:
Joachim-Karnatz-Allee 47, 10557 Berlin
Tel.: (0 30) 2 06 43 63 / Fax: (0 30) 20 64 36 59
E-Mail: embaguate.alemania@t-online.de
Bürozeiten: Mo bis Fr 9.00 bis 16.00

GUINEA 62

S. E. Herr I. Roberto Palomo-Silva, außerordentlicher und bevollmächtigter Botschafter [26.10.2001]
Frau Rossana Rivas Godoy, I. Sekretärin und Konsulin
Herr Martin Fernández Ordónez, II. Sekretär [01.06.2000]
Frau Silvia Margarita Megicanos de Lienard, III. Sekretärin
Frau Cassandra Duchenaud
Frau Heidi Markmann de Carroll, Attaché (Tourismus) [15.01.2001]
Herr Anthony Carroll
Frau Karin Marianne Beeck Serrano, Handelsattaché

Düsseldorf, Honorarkonsulat
Achenbachstraße 43, 40237 Düsseldorf
Tel.: (02 11) 67 06 45 90 / Fax: (02 11) 67 06 45 99
E-Mail: knaak@nehm-coll.de
Bürozeiten: Di und Do 9.30 bis 12.30
Konsularbezirk: Nordrhein-Westfalen
Herr Dr. Thomas Knaak, Honorarkonsul

München, Honorarkonsulat
Grafinger Straße 2, 81671 München
Tel.: (0 89) 40 62 14 / Fax: (0 89) 4 13 22 00
Bürozeiten: Di, Mi und Fr 9.30 bis 12.30
Konsularbezirk: Bayern
Herr Otto Eckart, Honorarkonsul

GUINEA

Botschaft der Republik Guinea:
Rochusweg 50, 53129 Bonn (Umzug nach Berlin geplant)
Tel.: (02 28) 23 10 98 / Fax: (02 28) 23 10 97
Bürozeiten: Mo bis Fr 9.30 bis 15.00

S. E. Herr Abraham Doukouré, außerordentlicher und bevollmächtigter Botschafter
Frau Aminata Bah Doukouré
Frau Marie-Agnès Touré, Botschaftsrätin [15.08.1998]
Herr Aly Camara, I. Sekretär (Finanzen, Konsular) [09.10.2002]
Frau Mabinty Camara
Herr Abdoulaye Diallo, Attaché (Verwaltung) [01.07.2000]

Außenstelle Berlin
Postfach 84 03 27, 12533 Berlin
Tel.: (0 30) 6 53 37 24 / Fax: (0 30) 65 32 22 09

Hamburg, Honorargeneralkonsulat
Alsterufer 38, 20354 Hamburg
Tel.: (0 40) 41 87 80 / Fax: (0 40) 44 83 56
Bürozeiten: Mo bis Fr 14.00 bis 16.00
Konsularbezirk: Hamburg, Niedersachsen und Schleswig-Holstein
Herr Lothar Golgert, Honorargeneralkonsul

München, Honorargeneralkonsulat
Amalienstraße 87, 80799 München
Tel.: / Fax: (0 89) 28 61 13
Bürozeiten: Mo, Mi, Fr 9.00 bis 12.00
Konsularbezirk: Bayern und Baden-Württemberg
Herr Paul Böhringer, Honorargeneralkonsul

GUINEA-BISSAU

Botschaft der Republik Guinea-Bissau:
Ambassade de la république de Guinée-Bissau
70, Avenue Franklin Roosevelt, B-1000 Brüssel
Tel.: (00 32) - 2 - 6 47 08 90, 6 47 13 51 / Fax: (00 32) - 2 - 6 40 43 12
E-Mail: embassy-be@republica-da-guine-bissau.org
Bürozeiten: Mo bis Fr 9.00 bis 15.30

Herr Jose Francisco Da Costa, Botschaftsrat (Geschäftsträger a. i.)

GUYANA

Botschaft der Kooperativen Republik Guyana:
Ambassade de la république coopérative de Guyane
12, Avenue du Brésil, B-1000 Brüssel
Tel.: (00 32) - 2 - 6 75 62 16 / Fax: (00 32) - 2 - 6 72 55 98
E-Mail: embassy.guyana@skynet.de
Bürozeiten: Mo bis Fr 9.30 bis 17.30

Frau Gale Arlene Lee, Botschaftsrätin [04.01.1999]
Frau Monique Chuck A. Sang, I. Sekretär [05.02.1999]
Frau Dianne J. Abel-Fernandes, Attaché (Finanzen) [03.07.1990]
Herr Ivor Abel
Frau Bevely B. Kissoon, Attaché (Verwaltung) [22.09.1994]
Herr Terrence Kissoon

HAITI

Botschaft der Republik Haiti:
Meinekestraße 5, 10719 Berlin
Tel.: (0 30) 88 55 41 34 / Fax: (0 30) 88 55 41 35, 88 62 42 79
E-Mail: haitbot@aol.com, ambahaiti@aol.com
Bürozeiten: Mo bis Fr 9.30 bis 15.30

S. E. Herr Dr. Alrich Nicolas, außerordentlicher und bevollmächtigter Botschafter [05.06.1997]
Frau Aliette Joseph-Carreaux, I. Sekretär [08.02.1999]
Frau Huguette von Raußendorff, II. Sekretär [08.02.1999]

Bremen, Honorarkonsulat
Retbergweg 8, 28355 Bremen
Tel.: (04 21) 25 95 88 / Fax: (04 21) 25 05 27
Bürozeiten: Mo bis Fr 8.30 bis 13.00, 14.00 bis 16.30
Konsularbezirk: Bremen,
Herr Günther Brinkmann, Honorarkonsul

Frankfurt am Main, Honorarkonsulat
Hynspergstraße 4, 60322 Frankfurt am Main
Tel.: (0 69) 55 15 86, 77 51 39, 28 31 39, 28 27 79
Fax: (0 69) 5 96 42 95
Bürozeiten: Mo bis Fr 9.00 bis 17.00
Konsularbezirk: Hessen
Herr Karl Heinz Arnold, Honorarkonsul

Mainz, Honorarkonsulat
Mandelring 35, 67433 Neustadt a.d. Weinstraße/Haardt
Tel.: (0 63 21) 3 20 17 / Fax: (0 63 21) 3 00 54
Bürozeiten: Mo bis Fr 9.00 bis 12.00
Konsularbezirk: Rheinland-Pfalz und Saarland
Herr Horst Sobirey, Honorarkonsul

Stuttgart, Honorarkonsulat
Keplerstraße 31, 71134 Aidlingen
Tel.: (0 70 56) 9 20 21, 23 67 / Fax: (0 70 56) 47 51
Bürozeiten: Mo bis Fr 9.00 bis 12.00, außer Di
Konsularbezirk: Baden-Württemberg
Herr Dr. Edgar Scherer, Honorarkonsul

HEILIGER STUHL

Apostolische Nuntiatur:
Lilienthalstraße 3a, 10965 Berlin-Neukölln
Postfach 61 02 18, 10923 Berlin
Tel.: (0 30) 61 62 40 / Fax: (0 30) 61 62 43 00
E-Mail: Apostolische_Nuntiatur@t-online.de / URL: www.nuntiatur.de
Bürozeiten: Mo bis Fr 8.30 bis 12.30, 13.30 bis 16.30

S. E. Erzbischof Dr. Giovanni Lajolo, Apostolischer Nuntius [12.02.1996]
Prälat Dr. Thomas E. Gullickson, Nuntiaturrat [26.08.1996]
Msgr. Dr. Antonio Filipazzi, Nuntiaturrat [25.09.1998]

HONDURAS

Botschaft der Republik Honduras:
Cuxhavener Straße 14, 10555 Berlin
Tel.: (0 30) 39 74 97 10; 39 74 97 11 / Fax: (0 30) 39 74 97 12
E-Mail: informacion@embahonduras.de / URL: www.embahonduras.de
Bürozeiten: Mo bis Fr 9.30 bis 16.00

S. E. Herr Roberto Flores Bermúdez, außerordentlicher und bevollmächtigter Botschafter [09.07.2002]
Frau Laura Eloísa Henríquez de Flores Bermúdez
Frau Sonia Elizabeth Carpio Mendoza, Gesandte [22.06.1998]
Frau Scarlett Moreno Garcia, II. Sekretärin

Essen, Honorarkonsulat
Neckarstraße 16-18, 45219 Essen
Tel.: (0 20 54) 87 16 72 / Fax: (0 20 54) 87 16 73
Bürozeiten: Mo, Di, Do 10.00 bis 15.00
Konsularbezirk: Nordrhein-Westfalen, Hessen, Rheinland-Pfalz und Saarland
Herr Erich A. Kreusch, Honorarkonsul

Hamburg, Generalkonsulat
An der Alster 21, 20099 Hamburg
Tel.: (0 40) 2 80 22 05 / Fax: (0 40) 24 64 70
E-Mail: consulhamb@aol.com
Bürozeiten: Mo bis Fr 9.00 bis 14.30
Konsularbezirk: Bundesgebiet
Frau Rosario Cantero, Generalkonsulin

München, Honorarkonsulat
Blütenstraße 15, 80799 München
Tel.: (0 89) 2 78 26 30 / Fax: (0 89) 27 82 63 33
Bürozeiten: Mo bis Fr 9.00 bis 12.00, nachmittags nach Vereinbarung
Konsularbezirk: Bayern
Herr Carl Peter Söhnges, Honorarkonsul

INDIEN

Botschaft der Republik Indien:
Tiergartenstraße 17, 10785 Berlin
Tel.: (0 30) 25 79 50 / Fax: (0 30) 25 79 51 02
E-Mail: hoc@indembassy.de, chancery@indianembassy.de
URL: www.indianembassy.de
Bürozeiten: Mo bis Fr 9.00 bis 13.00, 13.30 bis 17.30
Kulturabteilung:
Tel.: (0 30) 25 79 54 02 / Fax: (0 30) 25 79 54 10
E-Mail: culture@indianembassy.de / URL: www.indianculture.de
Konsularabteilung:
E-Mail: consular@indianembassy.de
Bürozeiten: Mo bis Fr 9.30 bis 12.30
Wirtschaftsabteilung:
E-Mail: commercial@indianembassy.de
Informationsabteilung:
E-Mail: info@indianembassy.de

S. E. Herr T. C. A. Rangachari, außerordentlicher und bevollmächtigter Botschafter [15.05.2002]
Frau Kokila Rangachari
Herr Amit Dasgupta, DCM u. Director TTC [09.09.2002]
Frau Deepa Dasgupta
Herr M. R. Reddy, Gesandter [01.05.2000]
Frau M. Anitha Reddy
Herr V. K. Raina, Gesandter (Eisenbahn) [26.08.2001]
Frau Rajini Raina
Herr Dr. Ketan Shukla, Botschaftsrat [08.07.2002]
Frau Anita Shukla, Attaché [01.07.2002]
Herr A. Chakraborty, Botschaftsrat [17.01.2000]
Frau Rita Chakraborty
Herr Brigadeadmiral Harwant Krishan, Militärattaché [19.07.2001]
Frau Sudesh Krishan
Herr Commodore Suresh Laxman, Marineattaché [26.02.2003]
Frau Sindhu Suresh
Herr Oscar Kerketta, I. Sekretär [18.10.2000]
Frau Sophie Kerketta
Herr Amit Kumar, I. Sekretär [14.10.2002]
Frau Surabhi Amit Kumar
Herr R. K. Puri, I. Sekretär [11.11.2002]
Herr Piyush Srivastava, II. Sekretär [28.08.2000]
Frau Monika Srivastava
Frau Dr. Devyani Khobragade, III. Sekretär [03.10.2001]
Herr M. K. Mohapatra, II. Sekretär [19.08.2002]
Frau Jyotiramayee Mohapatra

Essen, Honorarkonsulat
Bochnertweg 9, 45359 Essen
Tel.: (02 01) 86 76 00 / Fax: (02 01) 8 67 61 20

Konsularbezirk: Nordrhein-Westfalen
Herr Dr. Heinz-Horst Deichmann, Honorarkonsul [01.07.2000]

Frankfurt am Main, Generalkonsulat
Friedrich Ebert-Anlage 26, 60325 Frankfurt am Main
Tel.: (0 69) 1 53 00 50 / Fax: (0 69) 55 41 25
E-Mail: consular@cgifrankfurt.de
Bürozeiten: Mo bis Fr 9.30 bis 12.30
Konsularbezirk: Hessen, Rheinland-Pfalz, Saarland, Nordrhein-Westfalen
Herr Tsewang Topden, Generalkonsul [16.05.2000]

Hamburg, Generalkonsulat
Raboisen 6, 20095 Hamburg
Tel.: (0 40) 33 80 36, 33 05 57, 32 47 44 / Fax: (0 40) 32 37 57
E-Mail: 40330557@t-online.de
Bürozeiten: Mo bis Fr 9.00 bis 13.00, 13.30 bis 17.00,
Visaabteilung: Mo bis Fr 9.30 bis 12.30
Konsularbezirk: Hamburg, Bremen, Niedersachsen und Schleswig-Holstein
Herr Arun Kumar Goel, Generalkonsul

München, Generalkonsulat
Widenmayersstraße 15, 80538 München
Tel.: (0 89) 2 10 23 90 / Fax: (0 89) 21 02 39 70, 21 02 39 80
Bürozeiten: Mo bis Fr 9.30 bis 12.30, 16.00 bis 17.00
Konsularbezirk: Bayern und Baden-Württemberg
Herr N. Ravi, Generalkonsul [01.02.2002]

Stuttgart, Honorarkonsulat
Schulze-Delitzsch-Straße 25, 70565 Stuttgart
Tel.: (07 11) 7 83 82 10 / Fax: (07 11) 7 83 89 69
Bürozeiten: Mo bis Fr 8.00 bis 12.00, 14.00 bis 17.00
Konsularbezirk: Baden-Württemberg und Rheinland-Pfalz
Herr Andreas Lapp, Honorarkonsul [04.12.1999]

INDONESIEN

Botschaft der Republik Indonesien:
Lehrter Straße 16-17, 10557 Berlin
Tel.: (0 30) 4 78 07-0 / Fax: (0 30) 4 47 37-142
E-Mail: kbriberlin@t-online.de / URL: www.kbri-berlin.org
Bürozeiten: Mo bis Fr 9.00 bis 13.00, 14.00 bis 17.00
Büro des Botschafters:
Fax: (0 30) 4 78 07-285
Industrie und Handel
Fax: (0 30) 4 78 07-279
Konsular- und Visaabteilung:
Fax: (0 30) 4 78 07-110
Konsularbezirk: Bundesweit
Sprechzeiten: Mo bis Do 9.00 bis 12.30, 14.30 bis 15.30, Fr 9.00 bis 12.00
Kulturabteilung:
Fax: (0 30) 4 78 07-119
Bürozeiten: Mo bis Do 9.00 bis 12.30, 14.30 bis 15.30, Fr 9.00 bis 12.00
Verteidigungsabteilung:
Tel.: (0 30) 47 80 7-123 / 4 78 07-136
Finanzabteilung:
Joachim-Karnatz-Allee 45, 10557 Berlin
Tel. (0 30) 20 63 99 40 / Fax: (0 30) 20 63 99 50

INDONESIEN

S. E. Herr Rahardjo Jamtomo, außerordentlicher und bevollmächtigter Botschafter [26.09.2001]
Frau Darusiswani Rahardjo Jamtomo
Herr Hadi Santoso, Botschaftsrat (Leiter der Protokoll- und Konsularabteilung) [02.01.2002]
Frau Endang Sulistyowati Santoso
Herr Stephanus Yuwono, Botschaftsrat (Leiter der Politischen Abteilung) [02.02.2002]
Frau Sri Hartanti Kustiningsih, Botschaftsrätin (Leiterin der Presse- und Informationsabteilung) [02.02.2001]
Herr Tota Vivery Manullang
Frau Marina Estella Anwar Bey, Botschaftsrätin (Leiterin der Wirtschaftsabteilung) [24.09.2001]
Herr R. Walther Soetjahjo Kariodimedjo, Botschaftsrat (Leiter der Verwaltung) [14.08.2000]
Frau Ginsa Ruby Kariodimedjo
Herr Slamet Harijanto, Botschaftsrat (Verwaltung) [05.10.2000]
Frau Ratnaningsih Ani Supriyati
Herr Yovial Burhanuddin Chaniago, I. Sekretär (Politik) [08.01.2001]
Frau Lelwati Yovial
Herr Mochamad Abas Ridwan, I. Sekretär (Wirtschaft) [13.02.2001]
Frau Yuko Takamiyagi
Frau Nancy Kusbayanti Zainuri, I. Sekretär (Protokoll- und Konsular) [20.12.2000]
Herr Abunawar Zainuri
Herr Georg Lekahena, II. Sekretär (Politik) [07.07.2001]
Frau Emma Elisabeth Ivakdalam Lekahena
Herr Ian Wijaya Mulyano, II. Seketär (Presse) [01.06.2002]
Frau Diyah Artati Soesilaningrum
Herr Irvan Fachrizal, III. Sekretär (Wirtschaft) [06.08.2001]
Frau Sri Dewi Dyah Iskatonningsih, III. Sekretär (Verwaltung) [12.02.2000]
Herr Derajatullah
Herr Fuad Adriansyah, III. Sekretär (Politik) [10.09.2001]
Frau Dewi Juliani Rahayu
Herr Rudi Murtono, Attaché (Verwaltung) [26.05.2001]
Kapitän zur See Herr Eddy Tjahjo Siswono, Verteidigungsattaché [27.09.2000]
Frau Sulistyowati
Herr Budhi Setyanto, Attaché (Leiter der Industrie- und Handelsabteilung) [14.03.2001]
Herr Agastya Hari Marsono, Attaché (Leiter der Visa- und Passstelle) [17.09.1998]
Frau Rini Kiswarini
Herr Dr. Boedi Darma Sidi, Attaché (Leiter der Bildungs- und Kulturabteilung) [08.02.1999]
Frau Ina Siti Nurbinari
Herr Gatot Supiartono, Attaché (Leiter der Finanzabteilung) [18.12.2000]
Frau Herbudianti
Herr Dadang Kurnia, Attaché (Finanzen) [26.03.2001]
Frau Yani Risyani

Bremen, Honorarkonsulat
Friedrich-Klippert-Straße 1, 28759 Bremen
Tel.: (04 21) 6 60 44 00 / Fax: (04 21) 6 60 43 95
Bürozeiten: Mo bis Fr 10.00 bis 12.00
Konsularbezirk: Bremen
Herr Friedrich Lürssen, Honorarkonsul

Frankfurt am Main, Generalkonsulat
Zeppelin Allee 23, 60325 Frankfurt am Main
Tel.: (0 69) 2 47 09 80 / Fax: (0 69) 24 70 98 40
E-Mail : kjriffm@kjriffm.de, perwakinffm@cs.com / URL: www.kjriffm.de
Bürozeiten: Mo bis Fr 9.00 bis 13.00, 14.00 bis 17.00
Öffnungszeiten: Mo bis Do 9.00 bis 12.30, 14.30 bis 15.30, Fr 9.30 bis 12.00
Konsularbezirk: Hessen, Baden-Württemberg, Bayern, Nordrhein-Westfalen, Rheinland-Pfalz und Saarland
Herr Otto Sidharto Soeria Atmadja, Generalkonsul [06.12.2000]

Hamburg, Generalkonsulat
Bebelallee 15, 22299 Hamburg
Tel.: (0 40) 51 20 71 bis 51 20 73 / Fax: (0 40) 5 11 75 31
Bürozeiten: Mo bis Fr 9.00 bis 13.00, 14.00 bis 17.00,
Konsularbezirk: Hamburg, Bremen, Niedersachsen und Schleswig-Holstein
Herr Ida Bagus Putu Djendra, Generalkonsul [16.11.2000]

Hannover, Honorarkonsulat
Georgsplatz 1, 30159 Hannover
Tel.: (05 11) 3 61 21 50 / Fax: (05 11) 3 61 47 65
Bürozeiten: Mo, Mi, Fr 10.00 bis 12.00
Konsularbezirk: Niedersachsen
Herr Günter Karl Willi Nerlich, Honorarkonsul

Kiel, Honorarkonsulat
Brauner Berg 15, 24159 Kiel
Tel.: (04 31) 39 40 21 / Fax: (04 31) 39 40 25
Bürozeiten: Mo bis Fr 10.00 bis 12.00, 14.00 bis 16.00
Konsularbezirk: Schleswig-Holstein
Herr Dr. Dieter Murmann, Honorarkonsul

München, Honorarkonsulat
Widenmayerstraße 24, 80538 München
Tel.: (0 89) 29 46 09 / Fax: (0 89) 29 46 09
Bürozeiten: Di, Mi, Do 9.00 bis 11.30
Konsularbezirk: Bayern
Herr Wolfgang Schoeller, Honorarkonsul

Stuttgart, Honorargeneralkonsulat
Dienstleistungsgebäude E5, Raum 5.045, 70629 Stuttgart
Tel.: (07 11) 7 97 07 88 / Fax: (07 11) 7 97 07 69
Medien Centrum, Augustaplatz 8, 76530 Baden-Baden
Tel.: (0 72 21) 36 66 66 / Fax: (072 21) 3 88 22
Bürozeiten: Mo bis Fr 10.00 bis 12.00, 14.00 bis 18.00
Konsularbezirk: Baden-Württemberg und Saarland
Herr Karlheinz Kögel, Honorargeneralkonsul

IRAK

Botschaft der Republik Irak:
Riemeisterstraße 20, 14169 Berlin
Tel.: (0 30) 81 48 80 / Fax: (0 30) 81 48 82 22
E-Mail: irqbonn@web.de
Bürozeiten: Mo bis Fr 9.00 bis 14.00
Konsularabteilung: Mo bis Fr: 9.00 bis 12.00

Herr Muayad S. Hussian, Geschäftsträger a. i. [01.09.2002]
Frau Faten A. Hashim
Herr A. Rahman Abdullah Mechadani, Botschaftsrat (Information) [14.07.1972]
Frau Mechadani
Herr Ralsan A Al-Sadoon, III. Sekretär [05.09.2002]
Herr Ghanem A. Thabit, Attaché [06.04.2002]
Herr Hatem A. A. Al-Obiadi, Attaché [07.09.2002]
Herr Kasim J. Jawad, Dienstpersonal [29.05.2002]
Herr Ghazi M. Wayis, Dienstpersonal [29.05.2002]

IRAN

Botschaft der islamischen Republik Iran:
Podbielskiallee 65-67, 14195 Berlin
Tel.: (0 30) 84 35 30 / Fax: (0 30) 84 35 35 35
E-Mail: iran.botschaft@t-online.de / URL: www.iranbotschaft.de,
www.iranembassy.de
Bürozeiten: Mo bis Fr 8.00 bis 16.30
Büro des Botschafters:
Tel.: (0 30) 84 35 34 90 / Fax: (0 30) 84 35 31 33
Konsularabteilung:
Tel.: (0 30) 84 35 31 40 / Fax: (0 30) 84 35 31 39
E-Mail: iran.botschaft.konsulat@t-online
Sprechzeiten: Mo bis Fr 8.30 bis 13.30
Kulturabteilung (Zweigstelle):
Drakestraße 9 b, 12205 Berlin
Tel.: (0 30) 84 31 34 45 / Fax: (0 30) 84 31 33 64
E-Mail: iran.kultur@berlin.de
Bürozeiten: Mo bis Fr 8.00 bis 16.00
Öffentlichkeitsabteilung:
Tel.: (0 30) 84 35 31 50 / Fax: (0 30) 84 35 35 35
E-Mail: iran.botschaft.publik@t-online.de
Bürozeiten: Mo bis Fr 8.00 bis 16.30
Politikabteilung:
Tel.: (0 30)84 35 32 40 / Fax: (0 30) 84 35 31 38
E-Mail: iran.botschaft.politik@t-online.de
Bürozeiten: Mo bis Fr 8.00 bis 16.00
Presseabteilung:
Tel.: (0 30) 84 35 31 60 / Fax: (0 30) 84 35 31 65
E-Mail: iran.botschaft.medien@t-online.de
Bürozeiten: Mo bis Fr 8.00 bis 16.30
Wirtschaftsabteilung:
Tel.: (0 30) 84 35 34 70 / Fax: (0 30) 84 35 31 36
E-Mail: iran.botschaft.wirtschaft@t-online.de
Bürozeiten: Mo bis Fr 8.00 bis 16.00
Wissenschaft- und Forschungsabteilung:
Tel.: (0 30) 84 35 31 13 / Fax: (0 30) 84 35 31 65
Bürozeiten: Mo bis Fr 8.00 bis 16.00

S. E. Herr Seyed Shamseddin Khareghani, außerordentlicher und bevollmächtigter Botschafter [20.12.2002]
Frau Sakineh Khareghani
Herr Ebadollah Molaei Aghbash, Gesandter [15.02.2003]
Frau Farahnaz Molaei-Aghbash
Herr Mohammad Javad Kamalian, Gesandter-Botschaftsrat [25.07.2000]
Frau Dr. Fatemeh Kamalian
Herr Khalil Khalili Amiri, Gesandter-Botschaftsrat [27.04.2003]
Herr Ali Jafarmeshgi, Botschaftsrat [23.10.2001]
Frau Zahra Jafarmeshgi
Herr Mahmoud Halimi, Botschaftsrat [11.11.2002]
Frau Morassa Halimi
Herr Hamid Monajemi, Botschaftsrat [16.11.2002]
Frau Zahra Monajemi
Herr Mohammad Rajabi, Botschaftsrat (Leiter der Kulturabteilung) [25.12.1996]
Frau Zohreh Rajabi
Herr Homayoun Roustaei-Khoshkbijari, Botschaftsrat [07.11.2000]
Frau Fatemeh Soghra Roustaei-Khoshkbijari
Herr Mohammed Reza Golesorkhi Kouhini, Botschaftsrat [25.09.2001]

IRAN

Frau Maryam Golesorkhi Kouhini
Herr Mohsen Bavafa, Botschaftsrat [23.12.2002]
Frau Mahjour Bavafa
Herr Mohammad Mehdi Movahedi, Botschaftsrat [23.12.2002]
Frau Robabeh Movahedi
Herr Mohammad Reza Sepas, I. Sekretär [15.05.2001]
Frau Fatemeh Sepas
Herr Saeid Zinati, I. Sekretär [11.09.2001]
Frau Monir Zinati
Herr Abbas Shadab Nik, I. Sekretär [14.11.2002]
Frau Tahereh Shadab Nik
Herr Hossein Gharibi, I. Sekretär [01.12.2002]
Frau Manizheh Gharibi
Herr Morteza Khonsari, II. Sekretär [05.12.2000]
Frau Khojasteh Khonsari
Herr Mostafa Roshani, II. Sekretär [16.09.2002]
Frau Fariba Roshani
Herr Mohammad Rezaei, II. Sekretär [13.12.2002]
Frau Azam Sadat Rezaei
Herr Mohammad Hassan Taheri, III. Sekretär [24.10.2000]
Frau Maryam Taheri
Herr Nosratollah Ahmadi, III. Sekretär [10.10.2001]
Frau Sakineh Ahmadi
Herr Mohammad Taghi Ali Hosseini, Attaché (Arbeit) [21.10.1994]
Frau Zahra Ali Hosseini
Herr Mehran Shamsahmar, Verteidigungsattaché [08.02.2001]
Frau Masoumeh Shamsahmar
Herr Alireza Dalaei, Attaché [02.01.2001]
Frau Maryam Dalaei
Herr Ahmad Haj Ebrahim Zargar, Attaché [04.09.2001]
Frau Fatemeh Haj Ebrahim Zargar
Herr Mohsen Khosrawani, Attaché [04.09.2001]
Frau Marzieh Khosrawani
Herr Mostafa Zolfaghari, Attaché [25.09.2001]
Frau Akram Zolfaghari
Herr Seyed Mahdi Oudi, Attaché [20.01.2002]
Frau Leyla Oudi
Herr Ali Bahreyni, Attaché [07.12.2002]
Frau Maryam Bahreyni

Frankfurt am Main, Generalkonsulat
Eichendorffstraße 54, 60320 Frankfurt am Main
Tel.: (0 69) 56 00 07 13 / Fax: (0 69) 56 00 07 28
E-Mail: iranconsulate@iranconsulate.com
URL: www.iran-konsulat.de, www.iranconsulate.com
Bürozeiten: Mo bis Fr 8.30 bis 12.30, telefonisch: 8.30 bis 16.00
Konsularbezirk: Hessen, Baden-Württemberg, Bayern, Rheinland-Pfalz, Saarland und Nordrhein-Westfalen (ausgen. die Verwaltungsbez. Münster und Detmold)
Herr Mahmoud Monzavizadeh, Generalkonsul [11.03.2003]

Hamburg, Generalkonsulat
Bebelallee 18, 22299 Hamburg
Tel.: (0 40) 51 44 06 01 / Fax: (0 40) 51 13 51 11
Bürozeiten: Mo bis Fr 8.30 bis 13.30
Konsularbezirk: Hamburg, Bremen, Niedersachsen und Schleswig-Holstein sowie die Verwaltungsbez. Münster und Detmold in Nordrhein-Westfalen
Herr Seyed Mohammad Javad Rasouli, Generalkonsul [23.09.2002]

IRLAND

Botschaft von Irland:
Friedrichstraße 200, 10117 Berlin
Tel.: (0 30) 22 07 20 / Fax: (0 30) 22 07 22 99
E-Mail: berlin@iveagh.irlgov.ie / URL: www.botschaft-irland.de
Bürozeiten: Mo bis Fr 9.30 bis 12.30, 14.30 bis 16.45

S. E. **Herr Sean O'Huiginn,** außerordentlicher und bevollmächtigter Botschafter [26.09.2002]
Frau Bernadette O'Huiginn
Herr Kieran Dowling, Botschaftsrat [01.08.1999]
Frau Mary Jacqueline Dowling
Herr Dr. Seán Ó Riain, I. Sekretär (Presse, Kultur, Information) [20.08.2001]
Frau Suzanne Ó Riain-Hug
Herr Conor Long, I. Sekretär (Wirtschaft) [26.08.2002]
Frau Sheena Leeson
Herr Paul Savage, I. Sekretär (Landwirtschaft) [24.09.2001]
Frau Caroline Lyons
Frau Hilary O'Brien, II. Sekretär [12.09.2000]

Bergisch Gladbach, Honorarkonsulat
Frankenforster Straße 77, 51427 Bergisch Gladbach
Tel.: (0 22 04) 60 98 60 / Fax: (0 22 04) 60 98 61
E-Mail: iecon@attglobal.net
Bürozeiten: Mo bis Do 10.00 bis 14.00
Konsularbezirk: Nordrhein-Westfalen, Rheinland-Pfalz und Saarland
Frau Brigitte Wagner-Halswick, Honorarkonsulin [08.06.2001]

Frankfurt am Main, Honorarkonsulat
Oberlindau 5, 60323 Frankfurt am Main
Tel.: (0 69) 97 14 21 51 / Fax: (0 69) 97 14 21 55
Bürozeiten: Mo bis Fr 9.30 bis 12.30
Konsularbezirk: Hessen
Herr Klaus von Frieling, Honorarkonsul [18.03.2002]

Hamburg, Honorarkonsulat
Feldbrunnenstraße 43, 20148 Hamburg
Tel.: (0 40) 44 18 61 13 / Fax: (0 40) 4 10 80 50, 44 18 65 51
Bürozeiten: Mo bis Fr 9.00 bis 13.00
Konsularbezirk: Hamburg und Schleswig-Holstein
Herr Dr. Guido Michael Fisser, Honorarkonsul

München, Honorarkonsul
Denninger Straße 15, 81679 München
Tel.: (0 89) 20 80 59 90, 20 80 59 93 / Fax: (0 89) 20 80 59 89
Bürozeiten: Mo bis Fr 9.00 bis 12.00
Konsularbezirk: Bayern und Baden-Württemberg
Herr Erich J. Lejeune, Honorarkonsul [08.06.2001]

ISLAND

Botschaft der Republik Island:
Rauchstraße 1, 10787 Berlin
Tel.: (0 30) 50 50 40 00 / Fax: (0 30) 50 50 43 00

E-Mail: icemb.berlin@utn.stjr.is / URL: www.iceland.org,
www.nordischebotschaften.org, www.botschaft-island.de
Bürozeiten: Mo bis Fr 9.30 bis 12.00, 13.30 bis 17.00

S. E. Herr Jón Egill Egilsson, außerordentlicher und bevollmächtigter Botschafter [26.09.2001]
Frau Elín Flygenring, Gesandte-Botschaftsrätin, [25.08.2001]
Frau Vigdís Pálsdóttir, Attaché [04.06.2001]

Bremerhaven, Honorarkonsulat
Lengstraße 5, 27572 Bremerhaven
Tel.: (04 71) 9 73 21 00 / Fax: (04 71) 9 73 22 15
Bürozeiten: Mo bis Do 8.00 bis 15.00, Fr 8.00 bis 13.00
Konsularbezirk: Bremen
Herr Reinhard Meiners, Honorarkonsul

Cuxhaven, Honorarkonsulat
Leuchtturmweg 5, 27472 Cuxhaven
Tel.: (0 47 21) 57 13 11 / Fax: (0 47 21) 3 77 65
E-Mail: consul@PeterHein.de
Bürozeiten: Mo bis Fr 9.00 bis 17.00
Konsularbezirk: Große selbständige Stadt Cuxhaven und Landkreis Cuxhaven im
Reg.-Bez. Lüneburg in Niedersachsen
Herr Wolf-Rüdiger Dick, Honorarkonsul

Düsseldorf, Honorarkonsulat
Otto Hahn-Straße 2, 40699 Erkrath
Tel.: (02 11) 2 50 94 40 / Fax: (02 11) 2 50 94 97
E-Mail: p.hesse@solidartiy.com
Bürozeiten: Mo bis Do 9.00 bis 12.00, 13.00 bis 16.00
Konsularbezirk: Reg.-Bez. Düsseldorf, Detmold und Münster in Nordrhein-
Westfalen
Herr Peter J. Hesse, Honorarkonsul

Frankfurt am Main, Honorargeneralkonsulat
Roßmarkt 10, 60311 Frankfurt am Main
Tel.: (0 69) 2 99 97 24 / Fax: (0 69) 28 38 72
E-Mail: germany@icelandir.is
Bürozeiten: Mo bis Fr 10.00 bis 12.00
Konsularbezirk: Hessen, Thüringen
Herr Helmut K. Holz, Honorargeneralkonsul

Hamburg, Honorarkonsulat
Raboisen 5-13, 20095 Hamburg
Tel.: (0 40) 33 66 96 / Fax: (0 40) 33 13 47
Bürozeiten: Mo bis Do 10.00 bis 12.00 und nach Vereinbarung
Konsularbezirk: Hamburg
Herr Oswald Dreyer-Eimbcke, Honorarkonsul

Hannover, Honorarkonsulat
Längenfeldstraße 8, 30952 Hannover
Tel.: (05 11) 4 60 90 / Fax: (05 11) 4 60 91 20
Bürozeiten: Mo bis Fr 7.30 bis 15.30
Konsularbezirk: Niedersachsen mit Ausnahme des Kreises Cuxhaven
Herr Wolf Grütter, Honorarkonsul

Köln, Honorarkonsulat
Böcklinstraße 3, 50933 Köln
Tel.: (02 21) 2 50 72 07 / Fax: (02 21) 2 82 47 05

Bürozeiten: Di bis Fr 9.00 bis 12.00
Konsularbezirk: Reg.-Bez. Köln und Arnsberg in Nordrhein-Westfalen
Frau Bettina Adenauer-Bieberstein, Honorarkonsulin

Lübeck, Honorarkonsulat
Körnerstraße 18, 23564 Lübeck
Tel.: (04 51) 5 40 75 / Fax: (04 51) 5 13 37
Bürozeiten: Mo bis Do 9.00 bis 12.00, 15.00 bis 17.00, Fr 9.00 bis 13.00
Konsularbezirk: Schleswig-Holstein
Herr Jörg Hübner, Honorarkonsul

München, Honorarkonsulat
Mühldorfstraße 15, 81671 München
Tel.: (0 89) 41 29-122 14 / Fax: (0 89) 41 29-122 13
E-Mail: Friedrich.Schwarz@rsd.rohde-schwarz.com
Bürozeiten: Mo bis Fr 10.00 bis 12.00
Konsularbezirk: Bayern
Herr Friedrich N. Schwarz, Honorarkonsul

Rostock, Honorarkonsulat
Am Strom 112, 18119 Warnemünde
Tel.: (03 81) 54 81 50 / Fax: (03 81) 5 48 15 30
Bürozeiten: Mi 14.00 bis 17.00
Konsularbezirk: Mecklenburg-Vorpommern
Herr Detlef Ernst Thomaneck, Honorarkonsul

Stuttgart, Honorarkonsulat
Motorstraße 51, 70499 Stuttgart
Tel.: (07 11) 8 66 91 20 / Fax: (07 11) 8 66 91 15
Bürozeiten: Di, Mi, Do 11.00 bis 15.00
Konsularbezirk: Baden-Württemberg
Frau Emmy Hartmann, Honorarkonsulin

Wissen, Honorarkonsulat
St. Sebastianus Straße 6, 57537 Wissen
Tel.: (0 27 42) 72 39 23 / Fax: (0 27 42) 37 20
E-Mail: ulrich.schmalz@t-online.de
Bürozeiten: nach Vereinbarung
Konsularbezirk: Rheinland-Pfalz, Saarland
Herr Ulrich Schmalz, Honorarkonsul

ISRAEL

Botschaft des Staates Israel:
Auguste-Viktoria-Straße 74-76, 14193 Berlin
Tel.: (0 30) 89 04 55 00 / Fax: (0 30) 89 04 53 09
E-Mail: botschaft@israel.de, berlin@israel.org / URL: www.israel.de
Bürozeiten: Mo bis Do 8.30 bis 17.00, Fr 8.30 bis 14.30
Konsularabteilung:
Tel.: (0 30) 89 04 55 00 / Fax: (0 30) 89 04 55 19
Sprechzeiten: Mo bis Do 9.00 bis 12.00, Fr 9.00 bis 12.30
Presseabteilung:
Tel.: (0 30) 89 04 54 00 / Fax: (0 30) 89 04 54 09
Öffentlichkeitsarbeit:
Tel.: (0 30) 89 04 54 20
Wirtschaftsabteilung:
Tel.: (0 30) 20 64 49-0

ISRAEL

S. E. **Herr Shimon Stein Leshem**, außerordentlicher und bevollmächtigter Botschafter [11.01.2001]
Frau Carmela Stein
Herr Mordechay Lewy, Gesandter [27.07.2000]
Frau Rivka Lewy
Herr Arieh Danon, Gesandter (Verwaltungsleiter Zentral- und Osteuropa) [15.08.2000]
Frau Orit Danon, Vizekonsulin [16.09.2001]
Herr David Shoval, Gesandter (Technologie) [07.12.1997]
Frau Sigalit Shoval
Frau Dvora Ben David, Gesandte-Botschaftsrätin (Kultur) [25.07.2000]
Herr Joel Lion, I. Sekretär (Öffentlichkeitsarbeit) [05.08.2002]
Frau Rebeca Lion
Herr Eitan Nechostai Kuperstoch, Gesandter-Botschaftsrat (Handel und Wirtschaft, Direktor des Israel Trade Center) [07.08.2001]
Frau Rachel Nechostai Kuperstoch
Herr Yacov Livne, I. Sekretär (Politik) [04.07.1999]
Frau Sivan Livne
Herr Amit Gilad, II. Sekretär (Pressesprecher) [30.07.2002]
Frau Judith Raby-Mermer, Gesandte-Botschaftsrätin (Leiterin der Konsularabteilung) [02.09.2002]
Herr Avraham Mermer
Frau Orit Danon, Vizekonsul [06.09.2001]
Herr Itzhak Carmel Kagan, Botschaftsrat (Leiter der Verwaltung)[15.08.2000]
Frau Anat Carmel Kagan
Herr Hannan Moked, II. Sekretär [01.08.2000]
Frau Ilana Moked
Herr Avraham Kuritski, I. Sekretär
Frau Malca Kuritski
Herr Alon Maor, I. Sekretär [06.08.2000]
Frau Anat Maor
Herr Ziv Barak Bilaus, II. Sekretär [15.08.2000]
Frau Avivit Sarit Barak Bilaus
Herr Richard Nidar, I. Sekretär [09.08.2001]
Frau Nili Nidar
Herr Ram Cohen, II. Sekretär [16.07.2001]
Frau Hilit Hana Cohen
Frau Nitsan Danon, Attaché [24.07.2002]
Herr Yaron Gat, Attaché [01.07.2002]
Frau Otilia Gat
Herr Dov Lev Levkowitz, Attaché [01.07.1998]
Frau Norma Lev Levkowitz
Frau Ilana Lowi, Gesandte-Botschaftsrätin (Wissenschaft) [10.03.2002]
Herr Shalom Mantin, Attaché [02.10.2002]
Frau Inbar Mantin
Herr Israel Meiri, Botschaftsrat [08.04.2002]
Frau Sorina Meiri
Herr Brett Jonathan Miller, Botschaftsrat (Politik) [15.08.2002]
Frau Irene Irit Miller
Herr Gad Mishori, Verteidigungsattaché [05.08.2002]
Frau Michal Mishori
Herr Oren Notea, II. Sekretär [19.08.2002]
Frau Ornat Notea
Herr Oded Levin, Attaché [12.07.2001]
Frau Liora Levin
Herr Joram Dan Oppenheimer; Attaché [20.08.2001]
Frau Orit Oppenheimer
Herr Uri Marom, Attaché [13.08.2000]
Frau Tova Marom
Herr Mordechai Naftali, Attaché [03.06.1999]
Herr Yossi Gol Ben-Ami, Attaché [06.10.2000]

Frau Dalit Gol Ben-Ami
Herr **Eldar Shevach**, Attaché [25.02.2001]
Frau **Michal Tamari-Shevach**
Herr **Rahamim Aharon-Nov**, Attaché [02.07.2001]
Frau **Andrea Aharon-Nov**
Herr **Omri Gilboa**, Attaché [17.08.2001]
Frau **Merav Gilboa**
Herr **Daniel Esteban Dor**, Attaché [14.08.2001]
Frau **Dalia Dor**
Herr **Gilad Rafaeli**, Attaché [22.08.2000]
Frau **Tal Rafaeli**
Herr **Itzhak Ben David**, Attaché (Landwirtschaft) [07.10.1998] (Dienstsitz Brüssel)
Herr **Dadon Ofir**, Attaché [24.02.2003]

ITALIEN

Botschaft der Italienischen Republik:
Hiroshimastraße 1-7, 10785 Berlin-Tiergarten
Tel.: (0 30) 25 44 00 / Fax: (0 30) 25 44 01 20
URL: www.botschaft-italien.de
Bürozeiten: Mo bis Fr 8.30 bis 13.00, 14.30 bis 17.00
Büro des Botschafters:
Tel.: (0 30) 25 44 01 11, 25 44 01 12 / Fax: (0 30) 25 44 01 16
E-Mail: botschafter@botschaft-italien.de
Büro des Gesandten:
Tel.: (0 30) 25 44 01 14 / Fax: (0 30) 25 44 01 69
E-Mail: gesandter@botschaft-italien.de
Politische Abteilung:
Tel.: (0 30) 25 44 01 25 / Fax: (0 30) 25 44 01 20
E-Mail: polit.abt@botschaft-italien.de
Presseabteilung:
Tel.: (0 30) 25 44 01 24 / Fax: (0 30) 25 44 01 20
E-Mail: presse@botschaft-italien.de
Wirtschafts- und Handelsabteilung:
Tel.: (0 30) 25 44 01 37, 25 44 01 38 / Fax: (030) 25 44 01 30
E-Mail: economia@botschaft-italien.de
Sozial- und Arbeitsabteilung:
Tel.: (0 30) 25 44 01 48 / Fax: (0 30) 25 44 01 40
E-Mail: emigrazione@botschaft-italien.de
Konsularabteilung:
Tel.: (0 30) 25 44 01 00 / Fax: (0 30) 25 44 01 49
E-Mail: consolare@botschaft-italien.de
Sprechzeiten: Mo bis Fr 8.30 bis 12.30, Mi 14.00 bis 17.30
Verwaltungsabteilung:
Tel.: (0 30) 25 44 01 64, 25 44 01 66 / Fax: (0 30) 25 44 01 60
E-Mail: verwaltung@botschaft-italien.de
Kulturabteilung:
Tel.: (0 30) 26 00 41-0 / Fax: (0 30) 26 99 41 26
E-Mail: segreteria@iic-berlino.de
Militärabteilung:
Tel.: (0 30) 2 54 40 90 / Fax: (0 30) 23 00 51 93
E-Mail: difeitalia.berlino@t-online.de

S. E. Herr Silvio Fagiolo, außerordentlicher und bevollmächtigter Botschafter [05.02.2001]
Frau **Margret Fagiolo**
Frau **Anna Della Croce Brigante Colonna**, Gesandte-Botschaftsrätin (Politik) [15.07.2000]

ITALIEN

Herr **Pietro Benassi**, I. Botschaftsrat (Politik) [31.08.2002]
Herr **Filippo Scammacca del Murgo e dell'Agnone**, I. Botschaftsrat (Wirtschaft und Handel) [20.02.2002]
Frau **Martina Scammacca del Murgo e dell'Agnone**
Frau **Maria Consiglia Ascenzi Borghesi**, Botschaftsrätin (Verwaltung und Personalangelegenheiten) [08.10.2001]
Herr **Domenico La Spina**, Botschaftsrat (Sozial- und Arbeitsabteilung) [28.04.2000]
Frau **Alessandra La Spina**
Herr **Maurizio Greganti**, I. Sekretär (Wirtschaft und Handel) [10.10.2000]
Herr **Alfredo Conte**, I. Sekretär (Politik) [04.04.2001]
Frau **Catherine Flumiani**, I. Sekretär (Sozial- und Arbeitsabteilung) [15.01.2001]
Herr **Stefano Verrecchia**, I. Sekretär (Politik und Presse) [15.03.2001]
Frau **Miriam Altadonna**, II. Sekretär (Verwaltung) [24.09.1999]
Frau **Maria Novacovich Tovazzi**, Attaché (Konsularabteilung) [01.08.1999]
Frau **Ivella Marabissi**, Attaché (Sozial- und Arbeitsabteilung) [15.06.2001]
Frau **Christina Ruggeri Heinz**, Attaché (Wirtschaft und Handel) [04.07.2001]
Herr **Bernhard Heinz**
Herr **Fabio Dorigato**, Attaché (Konsularabteilung) [21.09.2002]
Herr **Marco Tirone**, Attaché (Verwaltung) [30.08.2002]
Herr **Antonio Tondi**, Attaché (Sozial- und Arbeitsabteilung) [03.11.1999]
Frau **Simonetta Gatti**, Attaché (Verwaltung) [18.09.2001]
Herr **Vincenzo Dovì**, Attaché (Wissenschaft) [09.09.2002]
Frau **Kostanze Dovì**
Herr **Marco Giovanni Marino**, Attaché (Sozial- und Arbeitsabteilung) [01.10.2001]
Frau **Petra Marino**
Herr **Prof. Ugo Perone**, Attaché (Kulturabteilung) [19.07.2001]
Frau **Annamaria Perone**
Frau **Clara Bencivenga Trillmich**, Attaché (Kultur) [05.07.1999]
Herr **Walter Trillmich**
Frau **Clorinda Lidia Canzio**, Attaché (Kultur) [03.09.2001]
Frau **Stefania Falone**, Attaché (Kultur) [05.05.2003]
Brigadegeneral Leandro De Vincenti, Verteidigungs- und Luftwaffenattaché [01.09.2001]
Frau **Miriam De Vincenti**
Oberst Maurizio Sulig, Heeresattaché [16.11.2002]
Frau **Hildegard Sulig**

> **Außenstelle Bonn** *(ab August Berlin)*
> *Militärabteilung:*
> Kronprinzenstraße 58, 53173 Bonn
> Tel.: (02 28) 36 76 30
> *Luftwaffenattaché*
> Tel.: (02 28) 3 67 63 11 / Fax: (02 28) 3 67 63 17
> E-Mail: aerit229@t-online.de
> *Heeresattaché:*
> Tel.: (02 28) 3 67 63 20 / Fax: (02 28) 3 67 63 27
> E-Mail: militalia@t-online.de
> *Marineattaché:*
> Tel.: (02 28) 3 67 63 30 / Fax: (02 28) 3 67 63 37
> E-Mail: navitaliabonn@t-online.de

Kapitän zur See Gianluca Turilli, Marineattaché [05.09.2001]
Frau **PatriziaTurilli**
Oberstleutnant Dario Coppola, Stellvertretender Luftwaffenattaché [09.07.2001]
Frau **Bruna Filomena Coppola**
Major Claudio Di Leone, Stellvertretender Heeresattaché [21.10.2001]

> **Bremen, Honorarkonsulat**
> Sielwall 54, 28203 Bremen

Tel.: (04 21) 70 20 30
Bürozeiten: Mo, Mi, Fr, Sa 9.30 bis 12.00
Konsularbezirk: Bremen
Frau Inge Beutler, Honorarkonsulin

Dortmund, Konsulat
Goebenstraße 14, 44135 Dortmund
Tel.: (02 31) 57 79 60 / Fax: (02 31) 55 13 79
E-Mail: italia.consolato.dortmund@t-online.de
Bürozeiten: Mo bis Fr 9.00 bis 12.00, Mi 15.00 bis 18.00
Konsularbezirk: Reg.-Bez. Arnsberg: Stadt Arnsberg und Sundern im Hochsauerland-Kreis und die Städte Iserlohn, Menden, Hemer und Balve im Märkischen Kreis u. die Regierungsbezirke Münster und Detmold in Nordrhein-Westfalen.
Herr Antonio Trinchese, Konsul

Frankfurt am Main, Generalkonsulat
Beethovenstraße 17, 60325 Frankfurt am Main
Tel.: (0 69) 7 53 10 / Fax: (0 69) 7 53 11 43
E-Mail: italia.consolato.francoforte@t-online.de
Bürozeiten: Mo bis Fr 8.30 bis 12.00, Mo und Mi 15.00 bis 18.00
Konsularbezirk: Hessen und Rheinland-Pfalz
Herr Sandro Maria Siggia, Generalkonsul

Freiburg im Breisgau, Konsulat
Schreiberstraße 4, 79098 Freiburg im Breisgau
Tel.: (07 61) 38 66 10 / Fax: (07 61) 3 86 61 61
E-Mail: italia.consolato.friburgo@t-online.de
Bürozeiten: Mo bis Fr 9.00 bis 12.30, Mo und Mi 15.00 bis 18.00
Konsularbezirk: Reg.-Bez. Freiburg im Breisgau in Baden-Württemberg
Herr Fernando Pallini, Konsul

Hamburg, Generalkonsulat
Feldbrunnenstraße 54, 20148 Hamburg
Tel.: (0 40) 4 14 00 70 / Fax: (0 40) 41 40 07 39
E-Mail: segreteria@italconsul-hamburg.de
Bürozeiten: Mo bis Fr 9.00 bis 12.00, Mi 15.00 bis 18.00
Konsularbezirk: Hamburg, Bremen, Mecklenburg-Vorpommern und Schleswig-Holstein
Herr Antonio Cardelli, Generalkonsul [16.11.2000]

Hannover, Generalkonsulat
Freundallee 27, 30173 Hannover
Tel.: (05 11) 28 37 90 / Fax: (05 11) 2 83 79 30
E-Mail: italia.consolato.hannover@t-online.de
Bürozeiten: Mo bis Fr 9.00 bis 12.00, Mo und Mi 15.00 bis 17.00
Konsularbezirk: Niedersachsen
Herr Renzo Pennacchioni, Generalkonsul

Köln, Generalkonsulat
Universitätsstraße 81, 50931 Köln
Tel.: (02 21) 40 08 70 / Fax: (02 21) 4 06 03 50
E-Mail: italcons.colonia@t-online.de
Bürozeiten: Mo bis Fr 8.30 bis 12.30, Mi 15.30 bis 18.00
Konsularbezirk: Reg.-Bez. Köln, Reg.-Bez. Düsseldorf sowie im Reg.-Bez. Arnsberg mit Ausnahme der Städte Arnsberg und Sundern im Hochsauerlandkreis und der Städte Iserlohn, Menden, Hemer und Balve im Märkischen Kreis in Nordrhein-Westfalen
Herr Gianfranco Colognato, Generalkonsul

ITALIEN

Kiel, Honorarkonsulat
Hardenbergstraße 11, 24105 Kiel
Tel.: (04 31) 80 41 67 / Fax: (04 31) 80 41 57
Bürozeiten: Di, Do und Fr 9.00 bis 13.00
Konsularbezirk: Landkreis Schleswig-Flensburg und kreisfreie Stadt Flensburg, Landkreis Rendsburg-Eckernförde und kreisfreie Stadt Kiel, Landkreis Nordfriesland in Schleswig-Holstein
Herr Sebastiano Caso, Honorarkonsul

Leipzig, Generalkonsulat
Löhrstraße 17, 04105 Leipzig
Tel.: (03 41) 98 42 70 / Fax: (03 41) 2 11 58 23
E-Mail: italia.consolato.lipsia@t-online.de
Bürozeiten: Mo bis Fr 9.00 bis 12.00, Do 15.00 bis 18.00
Konsularbezirk: Sachsen, Sachsen-Anhalt und Thüringen
Herr Fausto Brunetti, Generalkonsul [16.11.2000]

Mannheim, Konsularagentur
Die Konsularagentur untersteht dem Generalkonsulat Stuttgart
M 1, 5D, 68161 Mannheim
Tel.: (06 21) 1 78 90 90 / Fax: (06 21) 2 29 45
E-Mail: italconsul.mannheim@t-online.de
Bürozeiten: Mo bis Fr 9.30 bis 12.00, Di und Do 14.30 bis 17.30
Konsularbezirk: Kreise Mannheim, Heidelberg und Rhein-Neckar in Baden-Württemberg
Herr Salvatore Bonaventura, Konsularagent

München, Generalkonsulat
Möhlstraße 3, 81675 München
Tel.: (0 89) 4 18 00 30, 41 80 03 31 / Fax: (0 89) 47 79 99
E-Mail: italcons.monaco@t-online.de
Bürozeiten: Mo, Mi, Do, Fr 9.00 bis 12.30, Di 9.00 bis 12.00, 14.30 bis 18.00, Fr 14.00 bis 15.30
Konsularbezirk: Bayern mit Ausnahme der Reg.-Bez. Mittel-, Ober- und Unterfranken
Herr Francesco Scarlata, Generalkonsul (noch nicht angekommen)

Nürnberg, Konsulat
Gleißbühlstraße 10, 90402 Nürnberg
Tel.: (09 11) 20 53 60 / Fax: (09 11) 24 38 33
E-Mail: ital.konsulat.nbg@t-online.de
Bürozeiten: Mo bis Fr 9.00 bis 12.00, Do 14.00 bis 18.00
Konsularbezirk: Reg.-Bez. Mittel-, Ober- und Unterfranken in Bayern
Herr Martin Lorenzini, Konsul [21.01.2002]

Saarbrücken, Konsulat
Preußenstraße 19, 66111 Saarbrücken
Tel.: (06 81) 66 83 30 / Fax: (06 81) 6 68 33 35
E-Mail: italia.consolato.saarbruecken@t-online.de
Bürozeiten: Mo bis Fr 9.00 bis 12.30, Mi 14.30 bis 17.30
Konsularbezirk: Saarland
Frau Carmelina Ventriglia, Konsulin [31.08.2002]

Stuttgart, Generalkonsulat
Lenzhalde 46, 70192 Stuttgart
Tel.: (07 11) 2 56 30 / Fax: (07 11) 2 56 31 36
E-Mail: italia.consolato.stoccarda@t-online.de
Bürozeiten: Mo bis Fr 9.00 bis 12.00, Di und Do 14.30 bis 17.30

Konsularbezirk: Baden-Württemberg mit Ausnahme des Reg.-Bez. Freiburg im Breisgau
Herr Mario Musella, Generalkonsul

Wolfsburg, Konsularagentur
Die Konsularagentur untersteht dem Generalkonsulat in Hannover
Porschestraße 74, 38440 Wolfsburg
Tel.: (0 53 61) 2 30 77, 2 30 78 / Fax: (0 53 61) 2 13 58
E-Mail: agenzia.consolare.italia-wob@t-online.de
Bürozeiten: Mo bis Fr 9.00 bis 12.00, Di und Do 15.00 bis 17.00
Konsularbezirk: Städte Wolfsburg, Gifhorn und Helmstedt im Reg.-Bez. Braunschweig in Niedersachsen
Herr Massimiliano Guadagnoli, Stellvertretender Leiter der Konsularagentur

JAMAIKA

Botschaft von Jamaika:
Schmargendorfer Straße 32, 12159 Berlin
Tel.: (0 30) 8 59 94 50 / Fax: (0 30) 85 99 45 40
E-Mail: info@jamador.de / URL: www.jamaican-embassy-berlin.de
Bürozeiten: Mo bis Fr 9.00 bis 17.00
Konsularabteilung: Mo bis Fr 10.00 bis 14.00

I. E. Frau Marcia Yvette Gilbert-Roberts, außerordentliche und bevollmächtigte Botschafterin [13.05.2002]
Frau Chevannes Bembridge, I. Sekretärin [31.10.2002]

Hamburg, Honorarkonsulat
Ballindamm 1, 20095 Hamburg
Postfach 10 44 20, 20030 Hamburg
Tel.: (0 40) 30 29 92 32 / Fax: (0 40) 30 29 93 19
Bürozeiten: Mo bis Fr 10.00 bis 12.00
Konsularbezirk: Hamburg, Bremen, Mecklenburg-Vorpommern, Niedersachsen und Schleswig-Holstein
Herr Jens Kellinghusen, Honorarkonsul

München, Honorarkonsulat
Denninger Straße 104, 81925 München
Tel.: (0 89) 9 29 59 09 / Fax: (0 89) 92 37 96 771
Bürozeiten: Mo bis Fr 9.00 bis 13.00
Konsularbezirk: Bayern und Baden-Württemberg
Frau Gloria Elmendorff, Honorarkonsulin

Potsdam, Honorarkonsulat
Lindenstraße 35, 14532 Stahnsdorf
Tel.: (0 33 29) 69 01 45 / Fax: (0 33 29) 69 01 46
Bürozeiten: Di, Mi, Do 10.00 bis 14.00
Konsularbezirk: Brandenburg, Sachsen-Anhalt, Sachsen und Thüringen
Herr Hermann Gerbaulet, Honorakonsul [08.11.2001]

JAPAN

Botschaft von Japan:
Hiroshimastraße 6, 10785 Berlin

JAPAN 80

Tel.: (0 30) 210 94-0 / Fax: (0 30) 210 94-222
E-Mail: info@embjapan.de / URL: www.embjapan.de
Bürozeiten: Mo bis Fr 9.00 bis 12.30, 14.00 bis 17.30
Protokoll:
Tel.: (0 30) 210 94-350, 210 94-370
Konsularabteilung: Mo bis Fr 9.00 bis 12.15, 14.00 bis 16.30

S. E. **Herr Yushu Takashima**, außerordentlicher und bevollmächtigter Botschafter [10.12.2002]
Frau Aiko Takashima
Herr Takeshi Yagi, Gesandter (Stellvertreter des Botschafters) [09.09.2001]
Frau Akiko Yagi
Herr Kenji Okada, Gesandter (Politik) [11.08.2002]
Frau Keiko Okada
Herr Naoyuki Aoki, Gesandter (Finanzen) [02.07.2001]
Frau Seiko Aoki
Herr Ryoichi Horie, Gesandter (Leiter der Kanzlei) [05.09.2002]
Frau Yuko Horie
Herr Sadanobu Kusaoke, Botschaftsrat (Wirtschaft) [30.12.2000]
Frau Kumiko Kusaoke
Herr Takashi Nakamura, Botschaftsrat (Verwaltung) [30.04.2001]
Oberst i. G. Yutaka Kikuchi, Verteidigungsattaché [13.06.2000]
Frau Miyuki Kikuchi
Herr Tetsuya Kimura, Botschaftsrat (Politik und Wirtschaft) [08.03.2002]
Frau Natsuko Kimura
Frau Mitsuko Shino, I. Sekretär (Öffentlichkeitsarbeit und Kultur) [23.08.2000]
Herr Christoph Shino
Herr Masaaki Iuchi, I. Sekretär (Arbeit) (25.7.2000)
Frau Chiho Iuchi
Herr Atsushi Kaifu, I. Sekretär (Politik) [26.07.2001]
Frau Mika Kaifu
Herr Kohei Goto, I. Sekretär (Verkehr) [30.05.2000]
Frau Kyoko Goto
Herr Tamotsu Ando, I. Sekretär (Konsularangelegenheiten und Sicherheit) [07.08.2002]
Herr Masaaki Yoyasu, I. Sekretär (Verwaltung) [16.03.2001]
Frau Keiko Yoyasu
Herr Masanobu Morita, I. Sekretär (Öffentlichkeitsarbeit und Kultur) [15.03.2001]
Frau Kuriko Morita
Herr Tadashi Ueno, I. Sekretär (Innere Angelegenheiten) [22.02.2002]
Frau Kiyomi Ueno
Herr Yutaka Matsumoto, I. Sekretär (Justiz) [18.07.2001]
Frau Kazue Matsumoto
Herr Kensuke Uchida, I. Sekretär (Post und Telekommunikation) [30.05.2001]
Frau Yoko Uchida
Herr Tadayuki Akamatsu, I. Sekretär (Bau) [30.04.2001]
Frau Tomoko Akamatsu
Herr Shunichi Enomoto, I. Sekretär (Wirtschaft) [21.05.2002]
Frau Yuko Enomoto
Herr Yasuhiro Kobe, I. Sekretär (Politik, Wirtschaft, Umwelt) [31.08.2002]
Herr Yuichi Inoue, I. Sekretär (Wissenschaft) [15.06.2001]
Frau Kumiko Inoue
Herr Takao Shinobu, I. Sekretär (Landwirtschaft) [13.06.2001]
Frau Mikiko Shinobu
Herr Toshiyuki Suda, I. Sekretär (Gesundheit) [21.06.2002]
Frau Akiko Suda
Herr Tomio Sakamoto, I. Sekretär (Öffentlichkeitsarbeit und Kultur) [14.01.2002]
Frau Mayumi Sakamoto
Frau Kikuko Kato, I. Sekretär (Politik) [13.02.2003]
Herr Shuji Kikuchi, I. Sekretär (Verwaltung) [05.05.2001]

Herr Masashi Takahashi, I. Sekretär (Öffentlichkeitsarbeit und Kultur, Allgemeine Angelegenheiten) [13.09.2002]
Frau Hisae Takahashi
Herr Michinori Haba, II. Sekretär (Finanzen) [09.07.2002]
Frau Rikako Haba
Herr Tsutomu Iwasaki, II. Sekretär (Konsularangelegenheiten) [12.04.2002]
Frau Mari Iwasaki
Herr Takashi Hattori, II. Sekretär (Verwaltung) [02.02.2001]
Frau Hideko Hattori
Herr Masayuki Takeda, II. Sektretär (Öffentliche Sicherheit) [23.04.2003]
Herr Shinichi Tanaka, II. Sekretär (Öffentlichkeitsarbeit und Kultur) [24.01.2002]
Frau Minako Tanaka
Herr Mamoru Sato, II. Sekretär (Verwaltung) [06.09.2002]
Frau Masumi Sato
Herr Hirohito Amada, II. Sekretär (Wettbewerbsrecht) [14.03.2003]
Frau Naoko Amada
Herr Masahiko Fujita, II. Sekretär (Verwaltung) [02.08.2002]
Herr Aki Tsuda, II. Sekretär (Protokoll) [01.08.2001]
Herr Yoshikazu Kaneko, II.Sekretär (Konsularangelegenheiten und Sicherheit) [06.07.2001]
Frau Eriko Kaneko
Herr Shuichi Fukuoka, Attaché (Konsularangelegenheiten und Sicherheit) [20.03.2003]
Frau Sachiko Fukuoka
Herr Mizumoto Horii, III. Sekretär (Wirtschaft) [15.07.2002]
Frau Naoko Horii
Herr Tomonobu Hori, III. Sekretär (Politik) [12.08.2002]
Frau Keiko Arai, Attaché (Verwaltung) [22.05.2000]
Herr Shuichi Endo, Attaché (Verwaltung) [08.11.2001]
Frau Kanae Suzuki, Attaché (Verwaltung) [19.08.2000]

Düsseldorf, Generalkonsulat
Immermannstraße 45, 40210 Düsseldorf
Tel.: (02 11) 16 48 20 / Fax: (02 11) 35 76 50
Bürozeiten: Mo bis Fr 9.00 bis 11.30, 13.30 bis 16.00
Konsularbezirk: Nordrhein-Westfalen
Herr Dr. Takahiro Shinyo, Generalkonsul [28.02.2002]

Frankfurt am Main, Generalkonsulat
Taunustor 2, 60311 Frankfurt am Main
Tel.: (0 69) 2 38 57 30 / Fax: (0 69) 23 05 31
Bürozeiten: Mo bis Fr 9.00 bis 12.30, 14.30 bis 16.00
Konsularbezirk: Hessen, Rheinland-Pfalz und Saarland
Herr Masaki Okada, Generalkonsul [09.08.2001]

Hamburg, Generalkonsulat
Rathausmarkt 5, 20095 Hamburg
Tel.: (0 40) 3 33 01 70 / Fax: (0 40) 30 39 99 15
Bürozeiten: Mo bis Fr 9.30 bis 12.00, 14.00 bis 16.30
Konsularbezirk: Hamburg, Bremen, Niedersachsen und Schleswig-Holstein
Herr Hiroshi Sakurai, Generalkonsul [28.04.2001]

München, Generalkonsulat
Prinzregentenplatz 10, 81675 München
Tel.: (0 89) 4 17 60 40 / Fax: (0 89) 4 70 57 10
Bürostunden : Mo bis Fr 9.00 bis 12.00, 14.00 bis 16.00
Konsularbezirk: Bayern und Baden-Württemberg
Herr Yoichi Shimizu, Generalkonsul [26.07.2002]

Stuttgart, Honorarkonsulat
Am Hauptbahnhof 2, 70173 Stuttgart
Tel.: (07 11) 1 27 77 99 / Fax: (07 11) 1 27 78 00
Sprechzeit : Mo bis Fr 9.00 bis 12.00, 14.00 bis 16.00
Konsularbezirk: Baden-Württemberg
Herr Hans Dietmar Sauer, Honorarkonsul

JEMEN

Botschaft der Republik Jemen:
Rheinbabenallee 18, 14199 Berlin
Tel.: (0 30) 8 97 30 50 / Fax: (0 30) 89 73 05 62
E-Mail: info@botschaft-jemen.de / URL: www.botschaft-jemen.de
Bürozeiten: Mo bis Fr 9.00 bis 15.00
Konsularabteilung:
Tel.: (0 30) 83 22 59 01 / Fax: (0 30) 83 22 59 03
E-Mail: konsulat@botschaft-jemen.de

S. E. Herr Mohy A. Al-Dhabbi, außerordentlicher und bevollmächtigter Botschafter [10.09.1997]
Frau Alya Ali Abdullah Al-Matari
Herr Ali Ali Aqlan, Gesandter [01.07.2002]
Frau Barbara Aqlan
Herr Abdulkarim Ahmed Al-Khalidi, Botschaftsrat [01.07.2002]
Frau Najat Ali Mohamed Thabet
Herr Mohamed Badhurais, I. Sekretär [01.07.2001]
Frau Nadiah M. A. Sulaiman
Herr Abdullah Shuga'a Al-Din, I. Sekretär [01.07.2002]
Frau Rafa Mohamed Al-Eryani
Herr Dr. Faiz Ali M. Al-Edlah, Stellv. Verteidigungsattaché [05.03.2003]
Frau Hana Lutf Al-Rai

Frankfurt am Main, Konsulat
Oeder Weg 11, 60318 Frankfurt am Main
Tel.: (0 69) 9 59 24 80 / Fax: (0 69) 95 92 48 20
E-Mail: cons-yem.ffm@t-online.de
Herr Ahmed Ali Al-Maisari, Konsul [08.08.2002]
Frau Shama'a Salim Obadi
Herr Ali Mohamed Abdulla Al-Thaur, Vizekonsul [01.05.2001]
Frau Gamilah Sultan Gamel
Herr Abdulalim A. S. Al-Salamy, Attaché (medizinische Angelegenheiten) [01.05.2001]
Frau Lamis Naser Ali Mabkhot

JORDANIEN

Botschaft des Haschemitischen Königreichs Jordanien:
Heerstraße 201, 13595 Berlin
Tel.: (0 30) 3 69 96 0 / Fax: (0 30) 36 99 60 11
E-Mail: jordan@jordanembassy.de / URL: www.jordanembassy.de
Bürozeiten: Mo bis Fr 9.00 bis 15.00, im Fastenmonat Ramadan
Mo bis Fr 9.00 bis 14.00

S. E. Herr Dr. Saleh Rusheidat, außerordentlicher und bevollmächtigter Botschafter [2003]
Frau Muna Rusheidat
Herr Dr. Mohammad Al-Naimat, Botschaftsrat
Frau Nadya M. Al-Naimat

Herr **Adel Dudin**, I. Sekretär
Frau **Ola Dudin**
Herr **Haitham Abu Alfoul**, III. Sekretär
Frau **Haya Haitham Abu Alfoul**

Düsseldorf, Honorarkonsulat
Neuer Zollhof 1, 40221 Düsseldorf
Tel.: (02 11) 1 38 06 02, 1 38 06 22 / Fax: (02 11) 32 36 83 0
E-Mail: jordanischeskonsulat@gielisch.de
Bürozeiten: Mo bis Fr 10.00 bis 12.00
Konsularbezirk: Nordrhein-Westfalen
Herr **Claus Gielisch**, Honorarkonsul

Hannover, Honorarkonsulat
Andreastraße 1, 30159 Hannover
Tel.: (05 11) 32 38 34 / Fax: (05 11) 32 15 38
E-Mail: uihlein@aol.com
Bürozeiten: Mo bis Fr 11.00 bis 13.00, 15.00 bis 17.00, Sa 11.00 bis 14.00
Konsularbezirk: Niedersachsen
Herr **Kurt Uihlein**, Honorarkonsul

München, Honorarkonsulat
Barerstraße 37, 80799 München
Tel.: (0 89) 28 29 53 / Fax: (0 89) 23 17 10 55
Bürozeiten: Mo bis Fr 10.00 bis 13.00
Konsularbezirk: Bayern
Herr **Rudolf Neumeister**, Honorarkonsul

Wiesbaden, Honorarkonsulat
An der Ringkirche 6, 65197 Wiesbaden
Tel.: (06 11) 45 07 73 / Fax: (06 11) 4 50 77 750
Bürozeiten: Mo bis Do 10.00 bis 13.00
Konsularbezirk: Hessen
Herr **Helmut Hildebrand**, Honorarkonsul

KAMBODSCHA

Botschaft des Königreichs Kambodscha:
Benjamin-Vogelsdorff-Straße 2, 13187 Berlin
Tel.: (0 30) 48 63 79 01 / Fax: (0 30) 48 63 79 73
E-Mail: rec-berlin@t-online.de / URL: www.botschaft-kambodscha.de
Bürozeiten: Mo bis Do 8.30 bis 12.00, 13.30 bis 16.30, Fr 8.30 bis 12.00
Büro des Botschafters:
Tel.: (0 30) 49 76 08 30 / Fax: (0 30) 48 63 79 73
Konsularabteilung:
Tel.: (0 30) 48 63 79 01 / Fax: (0 30) 48 63 79 72
E-Mail: rec-berlin@t-online.de

S. E. Herr **Prinz Sisowath Phandaravong**, außerordentlicher und bevollmächtigter Botschafter [24.05.2002]
Frau **Hay Sonnarin**, Gesandte-Botschaftsrätin [22.04.2003]
Herr **Soth Vanna**, II. Sekretär [02.11.2000]
Frau **Puch Vira**
Frau **Phen Savny**, II. Sekretärin [03.08.2001]
Herr **Meas Savathy**
Frau **Op Sopheap**, Buchhalterin [03.08.2001]
Herr **Pen Sambath**

KAMERUN

Botschaft der Republik Kamerun:
Rheinallee 76, 53173 Bonn
Tel.: (02 28) 35 60 38 / Fax: (02 28) 35 90 58
E-Mail: botschaftkamerun@yahoo.fr
Bürozeiten: Mo bis Fr 9.00 bis 15.30

S. E. **Herr Jean Melaga,** außerordentlicher und bevollmächtigter Botschafter [24.10.1984]
Frau Odette Melaga
Herr Anatole Fabien Nkou, Gesandter-Botschaftsrat [14.01.1998]
Frau Thérèse Marie Nkou
Herr Régis Bruno Ndi Zambo, II. Botschaftsrat [10.05.1999]
Frau Alaine Léopoldine Ndi Zambo
Frau Brigitte Lucie Abessolo, I. Sekretär [24.02.1999]

Düsseldorf, Honorarkonsulat
Erkrather Straße 306, 40231 Düsseldorf
Tel.: (02 11) 7 30 82 30 / Fax: (02 11) 7 37 02 20
Bürozeiten: Mo bis Fr 9.00 bis 12.00
Konsularbezirk: Nordrhein-Westfalen
Herr Dr. Hans Walter, Honorarkonsul

Hanau, Honorarkonsulat
Heumarkt 8, 63450 Hanau
Tel.: (0 61) 8 19 39 02 11 / Fax: (0 61) 8 19 39 02 12
Bürozeiten: Fr 8.00 bis 12.00
Konsularbezirk: Hessen und Thüringen
Herr Walter Ebbinghaus, Honorarkonsul [13.04.2000]

KANADA

Botschaft von Kanada:
Friedrichstraße 95, 10117 Berlin
Tel.: (0 30) 20 31 20 / Fax: (0 30) 20 31 25 90
E-Mail: brlin@dfait-maeci.gc.ca / URL: www.kanada-info.de
Bürozeiten: Mo bis Fr 8.30 bis 12.30, 13.30 bis 17.00
Handelsabteilung:
Fax: (0 30) 20 31 21 15
E-Mail: brlin-td@maeci.gc.ca
Verwaltung:
Tel.: (0 30) 20 31 23 01 / Fax: (0 30) 20 31 21 12
E-Mail: brlin-ag@maeci.gc.ca
Protokoll:
Fax: (0 30) 20 31 21 16
Konsularabteilung:
Tel.: (0 30) 20 31 24 70 / Fax: (0 30) 20 31 24 57
E-Mail: brlin-cs@dfait-maeci.gc.ca
Bürozeiten: Mo bis Fr 9.00 bis 12.00 und nach Vereinbarung
Einwanderungsabteilung:
Fax: (0 30) 20 31 21 34
E-Mail: brlin-im@dfait-maeci.gc.ca
Presse + Kulturabteilung:
E-Mail: brlin-pa@maeci.gc.ca

KANADA

I. E. **Frau Marie Bernard-Meunier**, außerordentliche und bevollmächtigte Botschafterin [19.10.2000]
Herr Pierre Bernard
Herr Robert Vanderloo, Gesandter [03.09.2002]
Frau Caroline Luci Vanderloo
Herr Leonard St. Aubin, Gesandter-Botschaftsrat (Wirtschaft) [26.08.2002]
Frau Julea Boswell
Herr Christopher Greenshields, Gesandter-Botschaftsrat (Politik, Kultur und Öffentlichkeitsarbeit) [07.09.2000]
Frau Margaret Greenshields
Herr Colonel Richard Bourque, Verteidigungsattaché [26.07.2001]
Frau Anna Deschênes
Herr John Rose, Botschaftsrat (Einwanderung) [13.08.2001]
Herr Richard Hanley, Botschaftsrat und Konsul (Verwaltung) [20.08.2001]
Frau Adriana Michaels
Herr Jean Fredette, Botschaftsrat (Presse- und Öffentlichkeitsarbeit) [27.09.1999]
Herr Roman Waschuk, Botschaftsrat (Politik) [17.08.2002]
Frau Oksana Smerechuk
Herr Henry Mantsch, Botschaftsrat (Wissenschaft und Technik) [28.08.2002]
Frau Amy Mantsch
Herr Jean-François Tremblay, Botschaftsrat (Finanzen) [31.10.2002]
Herr Paul Joseph Connors, Botschaftsrat (Wirtschft) [06.09.1999]
Frau Sigrid Emmerich
Herr Clemens Imgrund, Botschaftsrat
Frau Leslie Peters, Botschaftsrätin [03.06.2002]
Herr Eric Strong
Frau Nathalie Niedoba, I. Sekretärin (Handel) [14.09.2002]
Herr David Weiner, I. Sekretär (Investment) [11.09.2001]
Frau Marilda Cunha
Frau Valerie Nabb, I. Sekretärin (Öffentlichkeitsarbeit) [16.08.1999]
Frau Lee-Anne Hermann, I. Sekretärin (Wirtschaft) [20.09.1999]
Herr Bruce Donald MacKay, I. Sekretär (Verwaltung) [14.08.2000]
Frau Julie Martin-MacKay
Herr Thomas Richter, I. Sekretär (Einwanderung) [10.09.2001]
Frau Beata Richter
Herr Paul Charlton, I. Sekretär (Politik) [19.11.2001]
Herr Brian Askett, Attaché [05.09.2002]
Frau Ginette Askett
Frau Monique Barsalou, I. Sekretärin und Konsulin (Konsularabteilung) [10.11.1999]
Herr Ralph Ehlebracht, II. Sekretär [02.03.2001]
Frau Lise Joubarne, I. Sekretärin und Vize-Konsulin (Verwaltung) [11.06.2001]
Herr Colin Peter Chestermann, Attaché (Verwaltung) [12.07.1999]
Herr Clayton Nelson Smith, Attaché [28.08.2000]
Frau Pamela Joy Rideot-Smith
Frau Danièle Dragon, Attaché (Verwaltung) [19.07.1999]
Herr Sylvain Savard, Attaché [10.07.2000]
Herr Gordon Monette, Attaché [12.02.2001]
Frau Lorraine Monette
Frau Bianca Müller, Attaché [09.07.2001]
Frau Oberfeldwebel Stephanie Conley, Attaché [09.07.2001]

> Düsseldorf, Konsulat
> Benrather Straße 8, 40213 Düsseldorf
> Tel.: (02 11) 17 21 70 / Fax: (02 11) 35 91 65
> E-Mail: ddorf@dfait-maeci.gc.ca
> Bürozeiten: Mo bis Fr 8.30 bis 12.30, 13.30 bis 17.00
> *Konsularbezirk:* Nordrhein-Westfalen, Hessen, Rheinland-Pfalz und Saarland

Herr Harold McNairnay, Konsul und Handelsbevollmächtigter
Frau Sol M. S. McNairnay

Hamburg, Konsulat
Ballindamm 35, 5. OG., 20095 Hamburg
Tel.: (0 40) 4 60 02 70 / Fax: (0 40) 46 00 27 20
E-Mail: Hmbrg@dfait-maeci.gc.ca
Bürozeiten: Mo bis Fr 10.00 bis 12.00 und nach Vereinbarung
Konsularbezirk: Hamburg, Bremen und Schleswig-Holstein
Herr George Phillips, Konsul und Handelsbevollmächtigter

München, Konsulat
Tal 29, 80331 München
Tel.: (0 89) 2 19 95 70 / Fax: (0 89) 21 99 57 57
E-Mail: munic@dfait-maeci.gc.ca
Bürozeiten: Mo bis Do 9.00 bis 12.00, 14.00 bis 17.00, Fr 9.00 bis 12.00
Konsularbezirk: Bayern und Baden-Württemberg
Herr Dr. Jon Scott, Konsul und Handelsbevollmächtigter
Frau Carolyn Lee Scott
Herr Brian Young, Vize-Konsul und Assistent des Handelsbevollmächtigten
Frau Ginette Young

Stuttgart, Honorarkonsulat
Lange Straße 51, 70174 Stuttgart
Tel.: (07 11) 2 23 96 78 / Fax: (07 11) 2 23 96 79
E-Mail: schweiker@consulate-canada.de
Bürozeiten: Mo und Mi 9.00 bis 13.00, Do 14.00 bis 18.00
Konsularbezirk: Baden-Württemberg
Herr Theo Rudolf Schweiker, Honorarkonsul

KAP VERDE

Botschaft der Republik Kap Verde:
Dorotheenstraße 43, 10117 Berlin
Tel.: (0 30) 20 45 09 55 / Fax: (0 30) 20 45 09 66
E-Mail: info@embassy-capeverde.de / URI: www.embassy-capeverde.de
Bürozeiten: Mo bis Fr 9.00 bis 17.00

S. E. Herr Olívio Melício Pires, außerordentlicher und bevollmächtigter Botschafter [04.10.2001]
Herr Antonio Nascimento, II. Sekretär [28.11.1997]
Frau Beata Wasilewska Nascimento

Dresden, Honorarkonsulat
Königstraße 5, 01097 Dresden
Tel.: (03 51) 8 19 27 00 / Fax: (03 51) 8 19 26 99
Konsularbezirk: Sachsen, Brandenburg, Mecklenburg-Vorpommern, Sachsen-Anhalt und Thüringen
Herr Peter Dussmann, Honorarkonsul [06.12.2000]

Eschborn, Honorarkonsulat
Unterortstraße 30, 65760 Eschborn
Postfach 11 06,
Tel.: (0 61 96) 777 59 24 / Fax: (0 61 96) 777 59 22
E-Mail: jose_alves@t-online.de
Bürozeiten: Mo bis Fr 9.00 bis 12.00, 14.00 bis 16.00
Sprechzeiten: 14.00 bis 16.00 und nach Vereinbarung
Konsularbezirk: Hessen und Rheinland-Pfalz
Herr Jose Medina Alves, Honorarkonsul

Saarbrücken, Honorarkonsulat
Saargemünder Straße 136, 66119 Saarbrücken
Tel.: (06 81) 39 80 98 / Fax: (06 81) 390 50 60
E-Mail: info@honorarkonsulat-kapverde.de
Bürozeiten: Mo bis Fr 10.00 bis 12.00, 14.00 bis 18.00
Konsularbezirk: Saarland
Herr Dipl.-Ing. Rolf-Dieter Müller, Honorarkonsul

Stuttgart, Honorarkonsulat
Azenbergstraße 31, 70174 Stuttgart
Tel.: (07 11) 6 07 15 58 / Fax: (07 11) 60 66 10 50
E-Mail: sip@vjz.de
Bürozeiten: Mo bis Fr 10.00 bis 12.00
Konsularbezirk: Baden-Württemberg und Bayern
Herr Helmut Schweimler, Honorarkonsul

KASACHSTAN

Botschaft der Republik Kasachstan:
Nordendstraße 14-17, 13156 Berlin
Tel.: (0 30) 47 00 70, 47 00 71 10 / Fax: (0 30) 47 00 71 25
E-Mail: kasger @ndh.net / URL: www.botschaft-kasachstan.de
Bürozeiten: Mo bis Fr 9.00 bis 13.00, 14.30 bis 18.30
Konsularabteilung:
Tel.: (0 30) 47 00 71 40, 47 00 71 38, 47 00 71 30
Fax: (0 30) 47 00 71 31

S. E. Herr Wjatscheslav Hamenovich Gizzatov, außerordentlicher und bevollmächtigter Botschafter [11.09.2000]
Frau Gulsum Gizzatova
Herr Bulat Sultanov, Gesandter [27.06.2002]
Frau Olga Zakkzherskaja
Herr Adilbek Alzhanov, Botschaftsrat [18.03.1999]
Frau Aliya Alzhanova
Herr Sergey Derzhijev, I. Sekretär (Leiter der Konsularabteilung) [12.05.2001]
Frau Olga Derzhiyeva
Herr Sitenko Valerj, I. Sekretär [13.01.2002]
Frau Alija Sitenko
Herr Alexandr Pustobajev, I. Sekretär [21.09.2000]
Frau Natalja Pustobajeva
Herr Ismailov Erbol, III. Sekretär [07.04.2002]
Herr Nurlan Abzhanov, Attaché [02.08.2000]
Frau Nazgul Abzhanova
Herr Dennis Rogow, III. Sekretär [11.03.2001]
Herr Anuar Omarkhodjaen, Attaché

Außenstelle Bonn
Elsa-Brändström-Straße 15, 53225 Bonn
Tel.: (02 28) 40 38 70, 4 03 87 13 / Fax: (02 28) 4 03 87 20
Bürozeiten: Mo bis Fr 9.00 bis 13.00, 14.30 bis 18.30

Frau Gauhar Beyseyeva, Botschaftsrätin [15.10.2000]
Frau Okazchan Muckaschev, II. Sekretär (Konsularische Fragen) [12.08.2001]

Düsseldorf, Honorarkonsulat
Moerserstraße 57, 40667 Meerbusch

Tel.: (0 21 32) 93 16 40, 93 16 41 / Fax: (0 21 32) 93 16 42
E-Mail: konsulat_duesseldorf@t-online.de
Bürozeiten: Mo bis Fr 9.00 bis 13.00, 14.30 bis 18.30
Konsularbezirk: Nordrhein-Westfalen, Rheinland-Pfalz und Saarland
Herr Eugen Warkentin, Honorarkonsul
Herr Kerim Kozhamberdiev, Vizekonsul [25.10.2002]

Frankfurt am Main, Generalkonsulat
Untermainkai 44, 60329 Frankfurt am Main
Tel.: (0 69) 9 71 46 70, 97 14 67 21, 97 14 67 16 / Fax: (0 69) 97 14 67 18
E-Mail: kaz@genconsulf.uunet.de
Bürozeiten: Mo bis Fr 9.00 bis 13.00, 14.30 bis 18.30
Konsularbezirk: Hessen, Baden-Württemberg, Bayern, Thüringen
Herr Anarbek Kakaschew, Generalkonsul

Hannover, Honorarkonsulat
Königstraße 55, 30175 Hannover
Tel.: (05 11) 30 18 68 80 / Fax: (05 11) 30 18 68 88
E-Mail: kz.konsulhannover@t-online.de
Bürozeiten: Mo bis Fr 9.00 bis 13.00, 14.30 bis 18.30
Konsularbezirk: Niedersachsen, Bremen, Hamburg und Schleswig-Holstein
Herr Dieter Kindermann, Honorarkonsul
Herr Nurlan Seitimow, Konsul

KATAR

Botschaft des Staates Katar:
Brunnenallee 6, 53177 Bonn
Postfach 48, 53132 Bonn
Tel.: (02 28) 95 75 20 / Fax: (02 28) 9 57 52 55
E-Mail: qatarbonn@compuserve.com
Bürozeiten: Mo bis Fr 9.00 bis 15.00
Ab 2004:
Hagenstraße 56 / Teplitzer Straße 29, 14193 Berlin
Konsularabteilung:
Ubierstraße 88, 53173 Bonn
Tel.: (02 28) 36 78 50 / Fax: (02 28) 36 30 06

S. E. Herr Saleh Mohamed Al-Nesef, außerordentlicher und bevollmächtigter Botschafter [04.10.2001]
Frau Amina Al-Nesef
Herr Ali Ahmed Jassim Al-Kawari, Gesandter [01.08.1996]
Frau Tafida Georges T. Younes
Herr Mubarak Ibrahim Mubarak Al-Saed, Botschaftsrat [12.07.2002]
Frau Fatima Mohamed Zaid Al-Sada
Herr Abdulla Ali Abdulla Al-Anssari, Attaché (Gesundheitsabteilung) [18.12.1997]
Frau Einas Madyouf Al-Farra

KENIA

Botschaft der Republik Kenia:
Markgrafenstraße 63, 10969 Berlin
Tel.: (0 30) 2 59 26 60 / Fax: (0 30) 25 92 66 50
E-Mail: office@embassy-of-kenya.de
Bürozeiten: Mo bis Fr 9.00 bis 13.00, 14.00 bis 17.00
Konsularabteilung: Mo bis Fr 9.00 bis 13.00

S. E. Herr Frost Josiah, außerordentlicher und bevollmächtigter Botschafter [22.03.2001]
Frau Akinyi Ogada Josiah
Herr Moochi Isaboke Omurwa, II. Sekretär
Frau Susan Barisa Omurwa
Herr Joseph Nyonje Kosure, Gesandter (Handel) [01.10.1999]
Frau Betty Mindraa Nyonje
Herr Obadiah Kipsang Morogo, Attaché (Einwanderung) [29.05.1999]
Frau Joyce Jepchirchir Morogo
Frau Helen Njeri Maina, Attaché (Verwaltung) [15.06.2002]
Herr Kamata Muthaa, II. Sekretär
Herr Fred Ronald Eshikuta Ohutso, III. Sekretär
Frau Betty Njeri Njogu
Herr Charles Muru Muiruri, Attaché (Finanzen)
Herr Mande Mohammed Jumanne, Attaché (Verwaltung) [02.06.2000]
Frau Wanjiku Kisomo Jumanne
Herr Charles Mokonge Ondieki, Attaché (Verwaltung)
Frau Pauline Mokonge Ondieki
Frau Zelippah Wanjiru Gathungu, Attaché (Verwaltung)

Hamburg, Honorarkonsulat
Rathausstraße 6, 20095 Hamburg
Tel.: (0 40) 30 30 42 29 / Fax: (0 40) 30 30 43 33
Bürozeiten: Mo bis Fr 9.00 bis 12.00
Konsularbezirk: Hamburg, Bremen, Mecklenburg-Vorpommern, Niedersachsen und Schleswig-Holstein
Herr Dr. Jens Peter Breitengross, Honorarkonsul

KIRGISISTAN

Botschaft der Kirgisischen Republik:
Otto-Suhr-Allee 146, 10585 Berlin
Tel.: (0 30) 34 78 13 38 / Fax: (0 30) 34 78 13 62
E-Mail: info@botschaft-kirgisien.de / URL. www.botschaft-kirgisien.de
Bürostunden: Mo bis Fr 8.30 bis 13.00, 14.30 bis 17.30
Konsularabteilung:
Tel.: (0 30) 34 78 13 37
Wirtschaftsabteilung:
Tel.: (0 30) 34 78 13 61

S. E. Herr Askar Sarygulov, außerordentlicher und bevollmächtigter Botschafter [14.04.2003]
Frau Irina Sarygulova
Herr Tolendy Makeev, Gesandter-Botschaftsrat (Politik und Kultur) [15.01.2001]
Frau Gulnara Ashimova
Herr Islan Ryskulov, Botschaftsrat [04.07.2001]
Frau Guldschan Ryskulova
Herr Urmat Saralaev, Botschaftsrat (Leiter der Konsularabteilung) [27.07.2001]
Frau Kumusch Turumova
Herr Maksat Tentimischov, I. Sekretär (Wirtschaft) [15.05.2003]
Frau Asel Kubanytschbek Kysy
Frau Chinara Toktakieva, II. Sekretärin (Konsul) [01.04.2003]
Herr Kamil Kartanbaev
Herr Daniar Tologonov, Attché [10.06.2002]
Frau Nazgul Maatkulova

Aussenstelle Bonn
Friesdorferstraße 194 a, 53175 Bonn

Tel.: (02 28) 36 52 30
Bürozeiten: Mo bis Fr 8.30. bis 13.00, 14.30 bis 17.30
Herr Talant Omuraliev, Attaché (Konsul) [13.04.2001]
Frau Ainura Isakova

Frankfurt am Main, Konsulat
Brönnerstraße 20, 60313 Frankfurt am Main
Tel: / Fax: (0 69) 95 40 39 26
Bürozeiten: Mo bis Fr 8.30 bis 13.00, 14.30 bis 17.30
Konsularbezirk: Hessen, Baden-Württemberg, Rheinland-Pfalz und Saarland
Herr Akkaziev Kubanytschbek, I. Sekretär [15.07.2002]
Frau Asanalieva Ainura

KIRIBATI

Ministry of Foreign Affairs and international Trade
P.O. Box 68, Bairiki, Tarawa, Kiribati
Tel.: (0 06 86) 2 13 42 / Fax: (0 06 86) 2 14 66
E-Mail: mfa@tskl.net.ki

Hamburg, Honorarkonsulat
Rödingsmarkt 16, 20459 Hamburg
Tel.: (0 40) 36 14 61 12 / Fax: (0 40) 36 14 61 23
E-Mail: konsul.kiribati@leonhardt-blumberg.com
Bürozeiten: Mo bis Do 10.00 bis 13.00, 15.00 bis 17.00
Konsularbezirk: Hamburg
Herr Frank Leonhardt, Honorarkonsul

KOLUMBIEN

Botschaft der Republik Kolumbien:
Kurfürstenstraße 84, 5. OG, 10787 Berlin
Tel.: (0 30) 2 63 96 10 / Fax: (0 30) 26 39 61 25
E-Mail: emcol@t-online.de
Bürozeiten: Mo bis Fr 8.30 bis 13.00, 14.00 bis 17.30
Konsularabteilung:
Tel.: (0 30) 26 39 61 61 / Fax: (0 30) 26 55 70 54
Sprechzeiten: Mo bis Fr 9.00 bis 13.00

I. E. **Frau Dr. Victoriana Mejía-Marulanda**, außerordentliche und bevollmächtigte Botschafterin [01.03.2003]
Frau Dr. Estela Vargas Suarez, Gesandte [01.04.2003]
Herr Howell-Ricardo Quimbaya-Morales, I. Serkretär (Konsularbeauftragter) [06.03.2000]
Frau Aracely Ocampo-Valencia
Herr Felipe Gómez-Gonzalez, II. Sekretär (Umweltschutz) [03.08.2000]
Frau Yadir Salazar-Mejía, II. Sekretär (Wirtschaft) [10.06.1999]
Herr Juan Carlos Guzmán-Hidalgo
Frau Esperanza Castro-Castro, II. Sekretär (Kultur) [05.06.2000]

Bremen, Honorarkonsulat
Parkallee 32, 28209 Bremen
Tel.: (04 21) 34 95 31 / Fax: (04 21) 3 49 80 51
E-Mail: pizarrero@t-online.de
Bürozeiten: Mo bis Fr 10.00 bis 12.00

Konsularbezirk: Bremen
Herr Klaus Müller-Leiendecker, Honorarkonsul

Frankfurt am Main, Generalkonsulat
Fürstenberger Straße 223, 60323 Frankfurt am Main
Tel.: (0 69) 5 96 30 50 / Fax: (0 69) 5 96 20 80
E-Mail: cfrankfurt@t-online.de
Bürozeiten: Mo bis Fr 9.00 bis 13.00, 14.00 bis 16.00
Konsularbezirk: Hessen, Rheinland-Pfalz, Saarland und Baden Württemberg
Frau Elsa Martínez-Antolínez, Generalkonsulin

Hamburg, Honorarkonsulat
Eröffnung ca. Juli 2003
EDUARD RINGEL & Co., Import-Export
Wendenstraße 29, 20097 Hamburg
Tel.: (0 40) 23 37 41 / Fax: (0 40) 23 19 70
Bürozeiten: Mo bis Fr 9.00 bis 13.00
Konsularbezirk: Hamburg, Niedersachsen und Schleswig-Holstein
Herr Reginald Schlubach, Honorarkonsul
Herr Dr. Axel Winand Bueren Domínguez, Attaché (Handel)

Stuttgart, Honorarkonsulat
Plieninger Straße 58, 70567 Stuttgart
Tel.: (07 11) 6 74 75 85 / Fax: (07 11) 6 74 75 84
E-Mail: m.schmid@sakosta.de
Bürozeiten: Mo bis Fr 9.00 bis 12.00
Konsularbezirk: Baden-Württemberg
Herr Michael Schmidt, Honorarkonsul

KOMOREN

Botschaft der Islamischen Bundesrepublik Komoren:
20 Rue Marbeau, F-75116 Paris
Tel.: (00 33) - 1 - 40 67 90 54 / Fax: (00 33) - 1 - 40 67 72 96
URL: www.parisrfic-ambassade.org

Köln, Honorargeneralkonsulat
Löwenburgstraße 10, 50939 Köln
Tel. / Fax: (02 21) 46 21 61
Herr Dr. Karlhans Körbel, Honorargeneralkonsul

KONGO, DEMOKRATISCHE REPUBLIK (FRÜHER ZAÏRE)

Botschaft der Demokratischen Republik Kongo:
Im Meisengarten 133, 53179 Bonn
Postfach 20 02 62, 53177 Bonn
Tel.: (02 28) 85 81 60 / Fax: (02 28) 9 34 92 37
E-Mail: tukalakiese@aol.com
Bürozeiten: Mo bis Fr 9.30 bis 15.00

Herr Lhelo Boloto, Attaché (Geschäftsträger a.i.) [23.10.1989]
Frau Tukalakiese Lhelo

Bremen, Honorargeneralkonsulat
Bornstraße 16-17, 28195 Bremen
Tel.: (04 21) 1 58 20 / Fax: (04 21) 3 04 22 09
Bürozeiten: Mo bis Fr 9.00 bis 13.00
Konsularbezirk: Bremen, Hamburg, Niedersachsen und Schleswig-Holstein
Herr Ansgar Werner, Honorargeneralkonsul

Düsseldorf, Honorarkonsulat
Königsallee 14, 40212 Düsseldorf
Tel.: (02 11) 13 86 64 10 / Fax: (02 11) 1 38 66
Bürozeiten: Mo bis Fr 9.00 bis 16.00
Konsularbezirk: Nordrhein Westfalen
Herr Norbert Schorn, Honorarkonsul

KONGO

Botschaft der Republik Kongo:
Rheinallee 45, 53173 Bonn
Tel.: (02 28) 35 83 55 / Fax: (02 28) 3 69 86 23
E-Mail: botschaft.kongobrz@t-online.de
Bürozeiten: Mo bis Fr 10.00 bis 16.00

Herr Sege-Michel Odzocki, Gesandter (Geschäftsträger a.i.) [10.12.1997]
Frau Philomène Odzocki
Frau Joséphine Ngourou, I. Botschaftsrat
Herr Barnabé Dihoulou, II. Botschaftsrat
Frau Victoire Dihoulou
Herr Cyrille Bienvenu Otsenguet-Irchambot, I. Sekretär
Frau Lydia Elodie Nadège Otsenguet
Herr Georges Malonga-Balembonkazi, II. Sekretär
Frau Marcelline Malonga-Balembonkazi

KOREA, DEMOKRATISCHE VOLKSREPUBLIK (NORD)

Botschaft der Demokratischen Volksrepublik Korea
Glinkastraße 5-7, 10117 Berlin
Tel.: (0 30) 2 29 31 89 / Fax: (0 30) 2 29 31 91
E-Mail: 520002652692-0001@t-online.de

S. E. Herr Pak Hyon Bo, außerordentlicher und bevollmächtigter Botschafter
Herr Ju Wang Hwan, Gesandter
Herr Ham Son Hun, Botschaftsrat
Herr Ri Hyon Yong, I. Sekretär
Herr Choe Pong Rak, Attaché
Herr Li Yong I., Botschaftsrat (Handel)
Herr Kim Ryong Bong, I. Sekretär (Handel)
Herr Choe Jun Sok, II. Sekretär (Handel)
Herr Kim Song Gil, II. Sekretär (Wirtschaft)
Herr Choe Jong Song, III. Sekretär (Wirtschaft)
Herr Kim Han Chol, Attaché (Handel)

KOREA, REPUBLIK (SÜD)

Botschaft der Republik Korea:
Schöneberger Ufer 89-91, 10785 Berlin
Tel.: (0 30) 26 06 50 / Fax: (0 30) 2 60 65 51
E-Mail: webmaster@korea-botschaft.de / URL: www.koreaemb.de
Bürozeiten: Mo bis Fr 8.30 bis 12.00, 13.30 bis 16.30 (Sommerzeit),
Mo bis Fr 9.00 bis 12.30, 14.00 bis 17.00 (Winterzeit)
Konsularabteilung:
Kurfürstenstraße 72-74, 10787 Berlin
Tel.: (0 30) 26 06 5-432 bis -434 / Fax: (0 30) 2 60 65 57
Bürozeiten: Mo bis Fr 9.00 bis 12.00, 14.00 bis 16.00
Presse- und Kulturabteilung:
Lützowufer 26, 10787 Berlin
Tel.: (0 30) 26 95 20 / Fax: (0 30) 26 95 21 34
E-Mail: kois@koreaheute.de / URL: www.koreaheute.de/kois
Bürozeiten: Mo bis Fr 8.30 bis 12.00, 13.30 bis 16.30 (Sommer),
Mo bis Fr 9.00 bis 12.30, 14.00 bis 17.00 (Winter)

S. E. **Herr Hwang, Won-tak,** außerordentlicher und bevollmächtigter Botschafter [08.11.2000]
Frau Um, Sung-Won
Herr Yim, Chang-Soon, Gesandter [19.02.2001]
Frau Baek, Ill-Soon
Herr Lee, Jong-Shin, Gesandter [10.07.2002]
Frau Kim, Hae-Suk
Frau Dr. Kim, Young-Hee, Gesandte-Botschaftsrätin [30.08.2000]
Herr Prof. Dr. George Heffernan
Herr Dr. Kim, Dong-myung, Verteidigungsattaché [01.10.2002]
Frau Hwang, Soonja
Herr Kim, Sun-Kiu, Botschaftsrat [06.08.2002]
Frau Kim Park, Ae-Na
Herr Kim, Eun-Joong, Botschaftsrat [15.03.2000]
Frau Kim, Hyo-Sook
Herr Fregattenkapitän Kim, Seok-Kon [25.04.2002]
Frau Jin, Sun-Hee
Herr Kim, Hyung-Soo, Botschaftsrat [19.07.2001]
Frau Lee, Young-Ran
Herr Han, Hyun, Botschaftsrat und Konsul [15.09.2000]
Frau Park, Tae-Kyung
Herr Nam, Chang-Hyun, Botschaftsrat [17.08.1999]
Frau Park, Sang-Bong
Herr Kim, Soo-Gwon, I. Sekretär und Konsul [19.08.2001]
Frau Kim, Hee-Young
Herr Lee, Doo-Young, II. Sekretär [03.07.2000]
Frau Park, Joo-Won
Herr Park, Hoon-Dong, II. Sekretär [19.07.2001]
Frau Ryu, Meong-Hee
Herr Im, Hyun-Sik, III. Sekretär [19.08.2002]
Frau Jung, Young-Hee
Herr Kim, Pyong-Ho, III. Sekretär [19.08.2002]
Frau Im, Jeong-Hee
Herr Shin, Cheol-Shik, Attaché [19.08.2002]
Frau Lee, Bog-Sil
Herr Lee, Hyeon-Pyo, Botschaftsrat (Kultur und Presse) [20.02.1999]
Frau Park, Soo-Hee
Herr Dr. Han, Woo-Chang, I. Sekretär (Kultur und Presse) [04.08.1999]
Frau Park, Kyung-Ae

KOREA, REPUBLIK (SÜD)

Außenstelle Bonn
Mittelstraße 43, 53175 Bonn
Tel.: (02 28) 94 37 90 / Fax: (02 28) 3 72 78 94
Bürozeiten: Mo bis Fr 9.00 bis 12.30, 14.00 bis 17.00
Konsularabteilung:
Tel.: (02 28) 9 43 79 21
Sprechzeiten: Mo bis Fr 9.00 bis 12.00, 14.00 bis 16.00,
Mi nachmittag geschlossen

Herr Lee, Choong-Seok, Gesandter-Botschaftsrat und Generalkonsul (Leiter der Außenstelle) [08.08.2002]
Frau Hwang, Kyoung-Sook
Herr Lee, Kyoung-Cheol, Botschaftsrat und Konsul (Arbeit) [21.01.1999]
Frau Kim, Young-Nam
Herr Chung, Ki-Tae, I. Sekretär und Konsul [12.08.2002]
Frau Kim, Hyun-Joo
Herr Kang, Yong-Ho, I. Sekretär (Wissenschaft und Technologie) [21.02.2001]
Frau Lim, Sang-Hee
Herr Park, Jong-Hwa, Attaché (Bildung) [24.08.1999]
Frau Suh, Mal-Soon
Herr Kim, Hyung-tae, I. Sekretär und Konsul [17.02.2001]
Frau Kim, Mi-Ran
Herr Yoon, Ock-Chae, Attaché und Vizekonsul [17.02.2000]
Frau Kim, Hyo-Won

Düsseldorf, Honorarkonsulat
Gruner Straße 74, 40239 Düsseldorf
Tel.: (02 11) 63 46 36 / Fax: (02 11) 62 24 45
Bürozeiten: Mo bis Fr 8.30 bis 11.00
Konsularbezirk: Nordrhein-Westfalen und Rheinland-Pfalz
Herr Michael Storm, Honorarkonsul

Frankfurt am Main, Generalkonsulat
Eschersheimer Landstraße 327, 60320 Frankfurt am Main
Tel.: (0 69) 9 56 75 20 / Fax: (0 69) 56 98 14
E-Mail: wfk@euko.de / URL: www.wfk.euko.de
Bürozeiten: Mo bis Fr 14.00 bis 17.00
Konsularbezirk: Hessen, Baden-Württemberg und Bayern
Herr Kim, Young-Won, Generalkonsul

München, Honorarkonsulat
Auerfeldstraße 22, 81541 München
Tel.: (0 89) 66 99 10 / Fax: (0 89) 66 47 66
Bürozeiten: Di, Mi und Do 10.00 bis 13.00
Konsularbezirk: Bayern
Herr Rudolf Walter Wulf Sacher, Honorarkonsul

Stuttgart, Honorarkonsulat
Sigmaringer Straße 107, 70567 Stuttgart
Tel.: (07 11) 7 18 91 55 / Fax: (07 11) 1 61 44 64
Bürozeiten: Mo bis Fr 10.00 bis 12.00
Konsularbezirk: Baden-Württemberg
Herr Wolfram Göhring, Honorarkonsul

KROATIEN

Botschaft der Republik Kroatien:
Ahornstraße 4, 10787 Berlin
Tel.: (0 30) 21 91 55 14 / Fax: (0 30) 23 62 89 65
E-Mail: info@kroatische-botschaft.de / URL: www.kroatische-botschaft.de
Bürozeiten: Mo bis Fr 9.00 bis 17.00
Konsularabteilung:
Tel.: (0 30) 23 62 89 55, 23 62 89 53 / Fax: (0 30) 23 62 89 67
Sprechzeiten: Mo bis Do 9.30 bis 14.00, Di 16.00 bis 18.00,
Fr 9.30 bis 12.30

I. E. **Frau Dr. Vesna Cvjetković-Kurelec**, außerordentliche und bevollmächtigte Botschafterin [16.05.2003]
Herr Slavko Novokmet, Gesandter [08.07.2002]
Frau Jelica Novokmet
Oberstleutnant Mladen Labaš, Verteidigungsattaché [18.12.2000]
Frau Vesna Labaš
Herr Dražen Karaman, Botschaftsrat (Politik und Öffentlichkeitsarbeit) [04.09.2001]
Frau Seadeta Midžić, Botschaftsrätin (Kultur, Sport und Wissenschaft) [05.11.2001]
Herr Marko Šimat, Botschaftsrat (Wirtschaft) [01.03.2003]
Herr Mirko Knežević, I. Sekretär (Konsularabteilung) [17.07.2000]
Frau Dragica Janković, III. Sekretär (Schulwesen) [08.03.1999]

Außenstelle Bonn
Rolandstraße 52, 53179 Bonn
Tel.: (02 28) 95 29 20 / Fax: (02 28) 33 21 54
Bürozeiten: Mo bis Do 8.30 bis 17.00, Fr 8.30 bis 14.00
Besucher: Mo, Di, Mi u. Fr 8.30 bis 12.30, Do 8.30 bis 13.00,
15.00 bis 17.00
Konsularbezirk: Nordrhein-Westfalen

Frau Sanja Javor, Botschaftsrätin (Leiterin der Außenstelle) [01.2002]

Frankfurt am Main, Generalkonsulat
Am Weingarten 25, 60487 Frankfurt am Main
Tel.: (0 69) 7 07 10 12 / Fax: (0 69) 7 07 10 16
Bürozeiten: Mo, Mi 9.00 bis 12.30, Di und Do 9.00 bis 12.30, 14.30 bis 16.30,
Fr 9.00 bis 12.00
Konsularbezirk: Hessen, Rheinland-Pfalz und Saarland

Hamburg, Generalkonsulat
Hermannstraße 16, 20095 Hamburg
Tel.: (0 40) 3 17 40 39 / Fax: (0 40) 3 17 50 38
Bürozeiten: Mo bis Fr 8.30 bis 12.30, Do auch 14.30 bis 17.30
Konsularbezirk: Hamburg, Bremen, Mecklenburg-Vorpommern, Schleswig-Holstein, Niedersachsen
Herr Žarko Plevnik, Generalkonsul

München, Generalkonsulat
Oberföhringer Straße 6, 81679 München
Tel.: (0 89) 98 25 21, 98 25 22 / Fax: (0 89) 2 60 87 51
Bürozeiten: Mo bis Fr 8.30 bis 13.00, jeden 1. Sa im Monat 9.00 bis 12.00
Konsularbezirk: Bayern
Herr Zvonko Plećaš, Generalkonsul

Stuttgart, Generalkonsulat
Liebenzeller Straße 5, 70372 Stuttgart
Tel.: (07 11) 95 57 10, 9 55 71 32, 9 55 71 34 / Fax: (07 11) 9 55 71 12
Bürozeiten: Mo und Mi 8.00 bis 16.00, Di und Do 8.00 bis 17.30,
Fr 8.00 bis 13.00
Konsularbezirk: Baden-Württemberg
Frau Dr. Vera Tadić, Generalkonsulin

KUBA

Botschaft der Republik Kuba:
Stavanger Straße 20, 10439 Berlin
Tel.: (0 30) 91 61 18 13, 44 71 73 19 / Fax: (0 30) 9 16 45 53
E-Mail: embacuba-berlin@t-online.de / URL: www.botschaft-kuba.de
Bürozeiten: Mo bis Fr 9.00 bis 13.00, 14.00 bis 17.00
Büro des Botschafters:
Tel.: (0 30) 91 61 18 13, 44 71 49 92 / Fax: (0 30) 9 16 45 53
Konsulat:
Tel.: (0 30) 44 73 70 23 / Fax: (0 30) 44 73 70 38
E-Mail: consulberlin@t-online.de
Bürozeiten: Mo bis Fr 9.00 bis 12.00

S. E. Herr Marcelino Medina, außerordentlicher und bevollmächtigter Botschafter [11.01.2001]
Frau Ana Belkis Rodríguez de Medina
Frau Juana Martínez, Botschaftsrätin, Stellvertretende Leiterin der Botschaft [04.04.2002]
Herr Raúl Becerra, Botschaftsrat (Handel) [27.06.2001]
Frau Elena Dolores Morán
Herr Ismael Palau, Wirtschaftsrat [20.07.2002]
Frau Victoria Fernández
Herr Gustavo Tristá, I. Sekretär [05.07.1999]
Frau Mayra Reyes
Herr Adelfo Martín, II. Sekretär (Konsularangelegenheiten) [27.06.2001]
Frau Isabel Martín
Herr Jesús Sierra, III. Sekretär [04.12.2000]
Frau Nancy Vázquez
Herr Adel Sardiñas, Attaché (Verwaltung) [04.04.2002]

Außenstelle Bonn
Kennedyallee 22/24, 53175 Bonn
Tel.: (02 28) 30 90 / Fax: (02 28) 30 92 44
E-Mail: ofidip-bonn@t-online.de

Frau Marieta García, I. Sekretärin (Kultur) Leiterin der Außenstelle [24.03.2003]
Herr Ismark Pérez, II. Sekretär (Presse) [24.03.2003]
Frau Natalia de Armas Rodríguez, I. Sekretär [01.07.2000]
Herr José Ricardo Gutiérrez

KUWAIT

Botschaft des Staates Kuwait:
Griegstraße 5-7, 14193 Berlin
Tel.: (0 30) 8 97 30 00 / Fax: (0 30) 89 73 00 10
E-Mail: info@ kuwait-botschaft.de / URL: www.kuwait-botschaft.de
Bürozeiten: Mo bis Fr 9.00 bis 15.00

Konsularabteilung:
Tel.: (0 30) 89 73 00 57 / Fax: (0 30) 89 73 00 56
Sprechzeiten: Mo bis Fr 9.00 bis 12.00

S. E. Herr Jamal Mubarak Al-Nesafi, außerordentlicher und bevollmächtigter Botschafter [12.03.2003]
Frau Fatima Al-Khashab
Herr Asaad Abdulazeez Al-Bahar, I. Sekretär
Frau Amnah Al-Bahar
Herr Faisal Al-Sabah, II. Sekretär
Herr Adel Al-Ghenaiman, III. Sekretär
Frau Dalai Al-Nouri
Herr Jamal Albahar, Attaché
Frau Ofnon Albahar

LAOS

Botschaft der Demokratischen Volksrepublik Laos:
Bismarckallee 2 A, 14193 Berlin
Tel.: (0 30) 89 06 06 47 / Fax: (0 30) 89 06 06 48
E-Mail: hong@laos-botschaft.de
Bürozeiten: Mo bis Fr 9.00 bis 12.00 und 14.00 bis 17.00
Konsularabteilung: Mo bis Fr 9.00 bis 12.00

S. E. Herr Khouanta Phalivong, außerordentlicher und bevollmächtigter Botschafter [21.03.2002]
Frau Bouakheua Phalivong
Herr Vithayapradith Khennavong, II. Sekretär [17.10.2001]
Herr Vilapranom Vongsaly, Attaché (Konsularabteilung) [15.09.2002]
Frau Bouathong Sayasouk, Attaché [07.01.2002]

LESOTHO

Botschaft des Königreichs Lesotho:
Dessauer Straße 28-29, 10963 Berlin
Tel.: (0 30) 2 57 57 20 / Fax: (0 30) 25 75 72 22
E-Mail: lesoembger@aol.com
Bürozeiten: Mo bis Fr 9.00 bis 13.00, 14.00 bis 16.00

S. E. Herr Seymour R. Kikine, außerordentliche und bevollmächtigte Botschafterin [22.11.2001]
Frau Teboho Malichaba Kikine
Frau Ellen M. Makatse, Botschaftsrätin [25.08.1999]
Frau Qenehelo Tsokeli, I. Sekretärin [2003]
Frau Nelly Mosebo, Attaché [31.07.2001]

Frankfurt am Main, Honorarkonsulat
Schieferstein 6, 65439 Flörsheim
Tel.: (0 61 45) 70 75 / Fax: (0 61 45) 78 95
Bürozeiten: Mo, Mi, Fr 10.00 bis 13.00
Konsularbezirk: Hessen
Herr Jürgen Lorenz, Honorarkonsul

Hannover, Honorarkonsulat
Leinstraße 8, 30159 Hannover
Tel.: (05 11) 32 66 74 / Fax: (05 11) 32 66 76
Bürozeiten: Mo, Mi, Fr 10.00 bis 13.00

Konsularbezirk: Niedersachsen, Berlin, Brandenburg, Bremen und Sachsen-Anhalt
Herr A. David Grojnowski, Honorarkonsul

München, Honorarkonsulat
Münchner Straße 14, 85774 Unterföhring
Tel.: (0 89) 9 57 68 01 / Fax: (0 89) 99 29 20 20
Bürozeiten: Mo bis Fr 9.00 bis 17.00
Konsularbezirk: Bayern
Herr Dr. Jochen Conradi, Honorarkonsul

LETTLAND

Botschaft der Republik Lettland:
Reinerzstraße 40/41, 14193 Berlin
Tel.: (0 30) 82 60 02-0, 82 60 02 22 / Fax: (0 30) 82 60 02 33
E-Mail: latembger@mfa.gov.lv / URL: www. botschaft-lettland.de
Bürozeiten: Mo bis Fr 9.00 bis 12.30, 13.30 bis 17.00
Visa- und Konsularabteilung:
Tel.: (0 30) 82 60 02 11 / Fax: (0 30) 82 60 02 44
E-Mail: latconsger@mfa.gov.lv
Sprechzeiten: Mo, Di, Fr 10.00 bis 13.00, Do 13.00 bis 16.00

S. E. Herr Dr. Mārtiņš Virsis, außerordentlicher und bevollmächtigter Botschafter [26.09.2002]
Frau Dr. Ingrīda Virse
Frau Iveta Sers, Botschaftsrätin [01.10.2001]
Frau Daiga Krieva, I. Sekretär (Politik) [01.12.1999]
Frau Ruta Baltause, II. Sekretär (Leiterin der Konsularabteilung) [25.09.2001]
Herr Tobias Stricker
Frau Vija Lemberga, II. Sekretärin (Konsularabteilung)
Frau Solvita Martinsone, II. Sekretärin (Kultur, Presse)
Herr Jānis Raciņš, Militärattaché [01.11.1999]
Frau Dzintra Raciņa
Frau Dagnija Lāce, Attaché (Verwaltung)

Düsseldorf, Honorarkonsulat
Vogelsanger Weg 6, 40470 Düsseldorf
Tel.: (02 11) 6 35 42 71 / Fax: (02 11) 6 35 42 77
Bürozeiten: Mo bis Fr 10.00 bis 12.00, 14.00 bis 16.00
Konsularbezirk: Nordrhein-Westfalen und Rheinland-Pfalz
Herr Prof. Dr. Bruno Braun, Honorarkonsul

Hamburg, Honorarkonsulat
Neuer Wall 72, 20354 Hamburg
Tel.: (0 40) 36 55 33 / Fax: (0 40) 36 96 56 56,
(außerhalb der Bürozeiten: 6 07 27 89)
Bürozeiten: Di 9.00 bis 11.00 und nach Vereinbarung
Konsularbezirk: Hamburg
Frau Dr. Sabine Sommerkamp-Homann, Honorarkonsulin

Künzelsau, Honorarkonsulat
Kapellenweg 2, 74653 Künzelsau
Tel.: (0 79 40) 5 46 05 08 / Fax: (0 79 40) 98 24 33
E-Mail: h.sigloch@sigloch.de
Konsularbezirk: Baden-Württemberg
Herr Helmut Werner Sigloch, Honorarkonsul

München, Honorarkonsulat
Brienner Straße 20, 80333 München
Tel.: (0 89) 21 71 55 00 / Fax: (0 89) 21 71 10 74
Bürozeiten: Mo 10.00 bis 12.00, und nach Vereinbarung
Konsularbezirk: Bayern
Herr Dr. Dietrich Wolf, Honorarkonsul

Rostock, Honorarkonsulat
Lise Meitner-Ring 2, 18059 Rostock
Tel.: / Fax: (03 81) 4 05 58 55
Bürozeiten: Nach Vereinbarung
Konsularbezirk: Mecklenburg-Vorpommern und Schleswig-Holstein
Herr Dr. Fritz Schulze, Honorarkonsul

LIBANON

Botschaft der Libanesischen Republik:
Berliner Straße 127, 13187 Berlin
Tel.: (0 30) 4 74 98 60 / Fax: (0 30) 47 48 78 58
E-Mail: Lubnan@t-online.de
Bürozeiten: Mo bis Fr 8.30 bis 15.15
Besucher: Mo bis Fr 9.00 bis 12.00

Herr Wajib Abdel Samad, Botschaftsrat (Geschäftsträger a.i.)
Frau Rola El-Doweik
Frau Aleen Younes, I. Sekretärin
Herr Walid Haidar, I. Sekretär

Frankfurt am Main, Honorarkonsulat
Mainzer Landstraße 268, 60326 Frankfurt am Main
Tel.: (0 69) 7 39 22 44 / Fax: (0 69) 7 30 61 65
Bürozeiten: Mo bis Fr 10.00 bis 12.00
Konsularbezirk: Hessen
Herr Marwan Kallab, Honorarkonsul

LIBERIA

Botschaft der Republik Liberia:
Mainzer Straße 259, 53179 Bonn
Tel./Fax:: (02 28) 34 08 22
Bürozeiten: Mo bis Fr 9.00 bis 16.00

S. E. Herr Rufus Webster Simpson, außerordentlicher und bevollmächtigter Botschafter [29.06.1998]
Frau Matilda E. King-Simpson
Herr Ibrahim K. Nyei, Gesandter-Botschaftsrat [12.04.1987]
Frau Saadatu D. Nyei
Herr Morris M. Karneh, I. Sekretär [06.07.1998]
Frau Sarah D. Karneh
Herr Paul W. Tate, II. Sekretär [29.05.1998]
Frau Annie C. Tate

Berlin, Honorarkonsulat
Puecklerstraße 8, 14195 Berlin
Tel.: (0 30) 84 10 90 07 / Fax: (0 30) 84 10 90 08
Bürozeiten: Mo bis Fr 11.00 bis 12.00

Konsularbezirk: Berlin und Brandenburg
Herr Joachim Meier, Honorarkonsul

Bremen, Honorarkonsulat
Martinstraße 29, 28195 Bremen
Tel.: (04 21) 3 37 99 14, 33 94 60 / Fax: (04 21) 3 37 99 14, 3 37 82 88
E-Mail: sta-bremen@t-online.de
Bürozeiten: Mo bis Fr 9.00 bis 13.00, 14.00 bis 17.30
Konsularbezirk: Bremen
Herr Bernd Hansing, Honorarkonsul

Frankfurt am Main, Honorargeneralkonsulat
Bernusstraße 7, 60487 Frankfurt am Main
Tel.: (0 69) 7 07 24 09 / Fax: (0 69) 77 80 87
Bürozeiten: Mo bis Fr 9.00 bis 12.00
Konsularbezirk: Hessen, Rheinland-Pfalz und Saarland
Herr Dr. Gerhard Holland, Honorargeneralkonsul

Freiburg im Breisgau, Honorarkonsulat
Am Schloßpark 21, 79252 Stegen
Tel.: (0 76 61) 70 10 / Fax: (0 76 61) 16 25
Bürozeiten: Mo bis Fr 15.00 bis 18.00
Konsularbezirk: Baden-Württemberg
Herr Hellmuth Dettinger, Honorarkonsul

München, Honorarkonsulat
Nymphenburger Straße 118, 80636 München
Tel.: (0 89) 1 29 53 88 / Fax: (0 30) 18 77 73
Bürozeiten: Mo bis Fr 9.00 bis 12.00, 13.00 bis 16.00
Konsularbezirk: Bayern und Sachsen
Herr Josef Peter Eggen, Honorarkonsul

LIBYEN

Volksbüro der Großen Sozialistischen Libysch-Arabischen Volksjamahiria:
Schützenstraße 15-17, 10117 Berlin
Tel.: (0 30) 2 00 59 60 / Fax: (0 30) 20 05 96 98, 20 05 96 99
E-Mail: libysch.arab.volksbuero@t-online.de
Bürozeiten: Mo bis Fr 10.00 bis 12.00
Konsularabteilung: Mo und Do 9.00 bis 12.00

S. E. Herr Dr. Said Mohamed Abdulaati, außerordentlicher und bevollmächtigter Botschafter
Frau Fauzia H. Elazouzi
Herr Fathi M. A. Shihema, Botschaftsrat
Frau Shihema
Herr Abdullatif M. A. El Bush, Botschaftsrat (Verwaltung)
Frau Lutfia R. S. Elfead
Herr Tamim M. El Bakshishi, Attaché (Leiter der Finanzabteilung) [07.01.1997]
Frau Naima Salem Mahmoud Bakshishi
Herr Abdulrachman Abuaisha, Assistent der Konsularabteilung
Frau Abuaisha
Herr Saad H. M. Bakar, II. Sekretär (Wirtschaftsberater)
Frau Bakar
Frau Maha Othman, III. Sekretärin (Konsularabteilung)
Herr Mohamed El Hatab, Attaché

Frau El Hatab
Herr El-masri M. A. Lazreg, Attaché
Frau Lazreg

Bonn, Generalkonsulat
Beethovenallee 12 a, 53173 Bonn
Tel.: (02 28) 82 00 90 / Fax: (02 28) 36 42 60
Visaabteilung:
Tel.: (02 28) 8 20 09 48 / Fax: (02 28) 36 42 60
Herr Mohamed O. A. Atarban, Generalkonsul
Frau Rabea S. H. Shengeer
Herr Belaid Abuzeid, Vizekonsul
Herr Abdelhamed El Merwas, Attaché (Gesundheit)
Herr Rasheed Ghuader, Botschaftsrat (Verwaltung)
Herr Abdulmagid A. Abuelkasem, Botschaftsrat (Kultur)
Herr Hisain Khalil Smaiow, Assistent des Finanzverwalters
Frau Embarka Mohamed Adalla, Botschaftsrätin (Presse)
Herr Ali I. M. Elkilabi, Attaché (Verwaltung)
Herr Abdulhamid F. Ammar, Botschaftsrat (Presse)
Herr Omar Eshaibani, Attaché (Kultur)

LIECHTENSTEIN

Botschaft des Fürstentums Liechtenstein
Mohrenstraße 42, 6. OG, 10117 Berlin
Tel.: (0 30) 52 00 06 30 / Fax: (0 30) 52 00 06 31
E-Mail: vertretung@be.rep.llv.li /URL: www.liechtenstein.li

S. E. Herr Dr. **Josef Wolf**, außerordentlicher und bevollmächtigter Botschafter [10.12.2002]

LITAUEN

Botschaft der Republik Litauen
Charitéstraße 9, 10117 Berlin
Tel.: (0 30) 89 06 81-0 / Fax: (0 30) 89 06 81 15
E-Mail: info@botschaft-litauen.de / URL: http://de.urm.lt
Büroszeiten: Mo bis Fr 9.00 bis 13.00, 14.00 bis 17.00
Konsularabteilung:
Tel.: (0 30) 89 06 81 21 (Visastelle) / Fax: (0 30) 89 00 95 93
Besucher: Mo bis Fr 10.00 bis 13.00

S. E. Herr Prof. Dr. habil. **Vaidievutis Geralavičius**, außerordentlicher und bevollmächtigter Botschafter [29.03.2000]
Frau Vyta Danutė Geralavičienė
Herr Vytautas Gudaitis, Gesandter (Politik)
Frau Enrika Gudaitienė
Herr Tauras Pajaujis, Botschaftsrat (Konsularabteilung)
Herr Giedrius Kazakevičius, Botschaftsrat (Wirtschaft)
Frau Diana Kazakevičienė
Herr Saulius Kalvelis, I. Sekretär (Wirtschaft)
Herr Vytas Gudavičius, I. Sekretär (Politik) [10.11.1999]
Frau Alvyda Gudavičienė
Herr Vytautas Leškevičius, I. Sekretär (Konsularabteilung) [23.10.2000]
Frau Jurgita Apanavičiūtė

LUXEMBURG

Herr Ernestas Mickus, II. Sekretär (Politik)
Frau Jurgita Apanavičiūtė, II. Sekretärin (Konsularabteilung) [23.10.2000]
Herr Vytautas Leškevičius
Herr Oberst Vytautas Jonas Žukas, Verteidigungsattaché

Außenstelle Bonn
Konstantinstraße 25 A, 53179 Bonn
Tel.: (02 28) 914 91-0 / Fax: (02 28) 914 91 15
E-Mail: botschaftlt@t-online.de
Bürozeiten: Mo bis Fr 9.00 bis 13.00, 14.00 bis 17.00
Besucher: Mo bis Fr 10.00 bis 13.00

Herr Andrius Pulokas, I. Sekretär (Wirtschaft) [05.02.2001]
Frau Vaidilë Pulokienë
Frau Eglë Raduðytë, I. Sekretär [18.02.2002]

Düsseldorf, Honorarkonsulat
Felix-Klein-Straße 6, 40474 Düsseldorf
Tel.: (02 11) 43 61 86 30, 43 61 86 60 / Fax: (02 11) 43 61 86 16
E-Mail: inea-gramke@t-online.de
Bürozeiten: Mo bis Fr 9.00 bis 17.00
Konsularbezirk: Nordrhein-Westfalen, Niedersachsen und Bremen
Herr Prof. Dr. Jürgen Gramke, Honorarkonsul

Dresden, Honorarkonsulat
Königsbrücker Straße 61, 01099 Dresden
Tel.: (03 51) 8 14 06-0 / Fax: (03 51) 8 14 06-88
Konsularbezirk: Sachsen und Brandenburg
Herr Hans-Jörg Derra, Honorarkonsul

Frankfurt am Main, Honorarkonsulat
Gutleutstraße 163-167, 60327 Frankfurt am Main
Tel.: (0 69) 23 23 33 / Fax: (0 69) 23 91 63
Bürozeiten: Mo bis Fr 9.00 bis 12.00
Konsularbezirk: Hessen, Rheinland-Pfalz und Saarland
Herr Karl Rothenberger, Honorarkonsul

Erfurt, Honorarkonsulat
Melchendorfer Straße 64, 99096 Erfurt
Tel.: (03 61) 4 28 31 13 / Fax: (03 61) 3 73 55 62
Konsularbezirk: Sachsen-Anhalt und Thüringen
Herr Bernd Moser, Honorarkonsul

Hamburg, Honorarkonsulat
Brodschrangen 4, 20457 Hamburg
Tel.: (0 40) 3 75 017 70 / Fax: (0 40) 37 65 53 34
Bürozeiten: Di und Do 11.00 bis 14.00
Konsularbezirk: Hamburg, Mecklenburg-Vorpommern und Schleswig-Holstein
Herr Hans-Friedrich Saure, Honorarkonsul

LUXEMBURG

Botschaft des Großherzogtums Luxemburg:
Klingelhöferstraße 7, 10785 Berlin
Tel.: (0 30) 2 63 95 70 / Fax: (0 30) 26 39 57 27
E-Mail: berlin.amb@mae.etat.lu
Bürozeiten: Mo bis Fr 9.00 bis 17.00

LUXEMBURG

S. E. Herr Dr. Julien Alex, außerordentlicher und bevollmächtigter Botschafter [23.04.1996]
Frau Dr. Jeanne Alex
Herr Conrad Bruch M.A., Botschaftsrat [31.07.1998]
Herr Raymond Dutreux, I. Sekretär (Konsular- und Verwaltungsangelegenheiten) [03.09.2001]
Frau Nadine Dutreux

Aachen, Honorarkonsulat
Borngasse 34, 52064 Aachen
Tel.: (02 41) 40 36 56 / Fax: (02 41) 17 56 04
Bürozeiten: Mo bis Fr 10.00 bis 12.00
Konsularbezirk: Stadt Aachen, Kreise Aachen, Düren und Heinsberg in Nordrhein-Westfalen
Herr Ottomar Braun, Honorarkonsul

Bremen, Honorarkonsulat
Auf den Delben 35, 28237 Bremen
Tel.: (04 21) 648 44 84 / Fax: (04 21) 648 41 17
Bürozeiten: Mo bis Fr 9.00 bis 12.00
Konsularbezirk: Bremen
Herr Dr. Alphonse Schoder, Honorarkonsul

Dresden, Honorarkonsulat
Hohe Straße 12, 01069 Dresden
Tel.: (03 51) 4 70 09 16 / Fax: (03 51) 4 70 09 17
Bürozeiten: Mo bis Fr 10.00 bis 13.00
Konsularbezirk: Sachsen
Herr Dr. Heribert Heckschen, Honorarkonsul

Düsseldorf, Honorarkonsulat
Jägerhofstraße 10, 40479 Düsseldorf
Tel.: (02 11) 4 98 13 36 / Fax: (02 11) 4 98 64 76
Bürozeiten: Mo bis Fr 9.00 bis 12.00
Konsularbezirk: Nordrhein-Westfalen mit Ausnahme der Stadt Aachen, sowie der Kreise Aachen, Düren und Heinsberg
Herr Christian von Bassewitz, Honorarkonsul

Frankfurt am Main, Honorargeneralkonsulat
Theodor-Heuss-Allee 108, 60486 Frankfurt am Main
Tel.: (0 69) 97 20 47 47 / Fax: (0 69) 97 20 47 48
Bürozeiten: Mo bis Fr 10.00 bis 12.00
Konsularbezirk: Hessen sowie Rheinland-Pfalz mit Ausnahme der Reg.-Bez. Koblenz und Trier
Herr Dr. Heinrich Focke, Honorargeneralkonsul

Hamburg, Honorarkonsulat
Elbchaussee 249, 22605 Hamburg
Tel.: (0 40) 82 30 32 / Fax: (0 40) 82 89 87
Bürozeiten: Mo bis Fr 9.30 bis 11.30
Konsularbezirk: Hamburg, Mecklenburg-Vorpommern und Schleswig-Holstein
Herr Dr. Volker Neumann-Schniedewind, Honorarkonsul

Hannover, Honorarkonsulat
Rathenaustraße 7, 30159 Hannover
Tel.: (05 11) 64 91 75 / Fax: (05 11) 3 01 22 05
Bürozeiten: Mo bis Fr 9.00 bis 12.00
Konsularbezirk: Niedersachsen und Sachsen-Anhalt
Herr Dr. Erwin Möller, Honorarkonsul

München, Honorargeneralkonsulat
Klenzestraße 101, 80469 München
Tel.: (0 89) 20 24 22 02 / Fax: (0 89) 20 24 22 27
Bürozeiten: Mo bis Fr 9.00 bis 12.00
Konsularbezirk: Bayern und Thüringen
Herr Dr. Hanns Maier, Honorargeneralkonsul

Potsdam, Honorarkonsulat
Holzmarktstraße 12, 14467 Potsdam
Tel.: (03 31) 23 37 65 25 / Fax: (03 31) 2 70 89 82
Bürozeiten: Mo bis Fr 10.00 bis 12.00
Konsularbezirk: Brandenburg
Herr Werner Gegenbauer, Honorarkonsul

Saarbrücken, Honorarkonsulat
Bismarckstraße 57, 66333 Völklingen
Tel.: (0 68 98) 10 34 98 / Fax: (0 68 98) 10 40 01
Bürozeiten: Mo bis Fr 10.00 bis 12.00
Konsularbezirk: Saarland
Herr Michel Obertin, Honorarkonsul

Stuttgart, Honorarkonsulat
Königstraße 28, 70173 Stuttgart
Tel.: (07 11) 2 29 22 36 / Fax: (07 11) 22 16 98
Bürozeiten: Mo bis Fr 10.00 bis 12.00
Konsularbezirk: Baden-Württemberg
Herr Dr. Peter Linder, Honorarkonsul

Trier, Honorarkonsulat
Herzogenbuscher Straße 12, 54292 Trier
Tel.: (06 51) 9 77 79 00 / Fax: (06 51) 9 77 79 05
Bürozeiten: Mo bis Fr 10.00 bis 12.00
Konsularbezirk: Reg.-Bez. Trier und Koblenz in Rheinland-Pfalz
Herr Horst Langes, Honorarkonsul

MADAGASKAR

Botschaft der Republik Madagaskar:
Seepromenade 92, 14612 Falkensee
Tel.: (0 33 22) 23 14-0 / Fax: (0 33 22) 23 14-29
E-Mail: bomdgskr@aol.com
Bürozeiten: Mo bis Fr 9.00 bis 12.30 und 13.30 bis 16.00

S. E. Herr Dr. Denis Andriamandroso, PhD außerordentlicher und bevollmächtigter Botschafter [26.09.2002]
Frau Mamiarivelo Andriamandroso
Frau Léa Raholinirina, Gesandte-Botschaftsrätin [01.01.2003]
Herr Andriamanarivo Ratzotendramica
Frau Sabine Aridy, Assistentin (Protokoll) [22.10.1998]
Frau Henriette Razanarisoa, (Konsularabteilung) [1992]
Herr Pascal Andriambololona, (Konsularabteilung) [01.03.2002]
Herr Alfred Randriambololona, Attaché (Finanzen) [23.11.1989]
Frau Marie Gabrielle Randriambololona
Frau Flavie Simone Horace, Attaché (Handel) [07.05.1998]
Frau Tsilanihasy Lebezara, Assistentin [2000]
Frau Elsa Rajemison, (Wirtschaft) [01.11.2002]

Frau Brigitte Dorothée Rasoanirina, Botschaftsrätin (Internationale Beziehungen, Tourismus und Soziales) [11.11.1998]
Herr Marie Abel Andriamanga
Frau Dr. Sarah Heydenreich, Referentin für die Öffentlichkeitsarbeit, Kultur- und Umweltabteilung [01.10.2002]
Frau Laetitia Andriamiadana, Assistentin [01.10.2002]
Frau Dr. Yolande Dera, Attaché (Technologie) [08.01.2003]
Frau Dr. lary Ravaoarimanane, Botschaftsrätin (Technologie und Umwelt) [01.04.2003]

Düsseldorf, Honorargeneralkonsulat
Wilhelm-Busch-Straße 5, 40474 Düsseldorf
Tel.: (02 11) 43 26 43 / Fax: (02 11) 84 01 1
Bürozeiten: Mo bis Fr 9.00 bis 12.00, 15.00 bis 16.00
Konsularbezirk: Nordrhein-Westfalen und Hessen
Herr Dr. Hans Heil, Honorargeneralkonsul

Freiburg im Breisgau, Honorarkonsulat
Alte Straße 83, 79249 Freiburg im Breisgau
Tel.: (07 61) 2 50 31, 40 94 26
Bürozeiten: Mo bis Fr 9.00 bis 12.00, 15.00 bis 16.00, Sa 9.00 bis 11.00
Konsularbezirk: Baden-Württemberg
Herr Helmut W. Dyllick-Brenzinger, Honorarkonsul

Hamburg, Honorargeneralkonsulat
Osterbekstraße 90 a, 22083 Hamburg
Tel.: (0 40) 27 83 93 53 / Fax: (0 40) 2 79 00 77
Bürozeiten: Di und Do 10.00 bis 12.00 und nach Vereinbarung
Konsularbezirk: Hamburg, Bremen, Mecklenburg-Vorpommern, Niedersachsen und Schleswig-Holstein
Herr Eckhard Koll, Honorargeneralkonsul

München, Honorarkonsulat
Akademiestraße 7-8, 80799 München
Tel./Fax: (0 89) 38 19 07 82
Bürozeiten: Mo bis Fr 9.00 bis 14.00
Konsularbezirk: Bayern
Herr Ingo Wallner, Honorarkonsul

Völklingen, Honorarkonsulat
Straße des 13. Januar 273, 66333 Völklingen
Tel.: (0 68 98) 85 21 11/ Fax: (068 98) 87 06 11
E-Mail: zanatany@freenet.de
Bürozeiten: Mo bis Fr 11.00 bis 13.00
Konsularbezirk: Saarland
Herr Dr. Rainer Ruffing, Honorarkonsul

MALAWI

Botschaft der Republik Malawi:
Westfälische Straße 86, 10709 Berlin
Tel.: (0 30) 37 34 06 09 / Fax: (0 30)
Bürozeiten: Mo bis Fr 9.00 bis 12.00, 13.00 bis 16.30
Sprechzeiten: Mo bis Fr 9.00 bis 16.30

S. E. Herr Dr. Silas S. Ncozana, außerordentlicher und bevollmächtigter Botschafter [10.12.1999]
Frau Margaret Ncozana

Frau Brenda J. Thomson-Surtee, Botschaftsrat [16.09.2001]
Herr Shabir A. Surtee
Herr Thoko M. Banda, Gesandter [29.01.1999]
Herr George Ngaunje, I. Sekretär [03.09.2000]
Frau Madalitso J. Ngaunje
Herr Osman Useni Fatch, II. Sekretär [21.08.1994]
Frau Elinete Fatch
Frau Rosemary Ng'ombe, II. Sekretär [31.07.1996]
Herr Kazembe, Gesandter [01.11.2000]
Frau Martha Kazembe

Hamburg, Honorarkonsulat
Elbchaussee 419, 22609 Hamburg
Tel.: (0 40) 8 81 01 00 / Fax: (0 40) 88 91 32 23
Bürozeiten: nach Vereinbarung
Konsularbezirk: Hamburg, Bremen, Niedersachsen und Schleswig-Holstein
Herr Manfred Mehr, Honorarkonsul

Leipzig, Honorarkonsulat
Erich-Zeigner-Allee 64, 04229 Leipzig
Tel.: / Fax: (0341) 4 78 19 62
Bürozeiten: Mo bis Do 8.00 bis 16.00, Fr 8.00 bis 12.00
Konsularbezirk: Sachsen, Berlin, Brandenburg, Mecklenburg-Vorpommern, Sachsen-Anhalt und Thüringen
Herr Bernd Berger, Honorarkonsul

München, Honorarkonsulat
Ulrichstraße 68, 82057 München
Tel.: (0 81 78) 74 92 / Fax: (0 81 78) 83 98
Bürozeiten: Mo bis Fr 9.00 bis 12.00
Konsularbezirk: Bayern
Herr Hanns Reich, Honorarkonsul

Stuttgart, Honorarkonsulat
Butzenmannweg 7-11, 73733 Eßlingen
Tel.: (07 11) 37 41 64 / Fax: (07 11) 3 70 53 08
Bürozeiten: Mo bis Fr 8.00 bis 17.00
Konsularbezirk: Baden-Württemberg und Hessen
Herr Rudi Ernst Karl Bieller, Honorarkonsulat [01.08.2000]

MALAYSIA

Botschaft von Malaysia:
Klingelhöferstraße 6, 10785 Berlin
Tel.: (0 30) 88 57 49-0 / Fax: (0 30) 88 57 49 50
E-Mail: mwberlin@compuserve.com
Konsularabteilung:
Fax: (0 30) 88 57 49 55
Bürozeiten: Mo bis Fr 9.00 bis 13.00, 14.00 bis 17.00
Konsularabteilung: Mo bis Fr 9.00 bis 12.00

S. E. **Herr Dato' Md. Kamal Ismaun**, außerordentlicher und bevollmächtigter Botschafter [01.06.2003]
Herr Long Rashid, Botschaftsrat (Geschäftsträger a.i.) [05.01.2001]
Frau Aidah Rahman
Herr Mohd Razdan Jamil, II. Sekretär [18.08.2001]
Frau Noor Azah Mohammed Ali Azizan

Frau Saraya Arbi, II. Sekretär (Bildung, Erziehung) [02.04.2001]
Herr Hares Lisot, II. Sekretär (Verwaltung, Konsularabteilung) [11.04.2001]
Frau Junaidah Bujang

> **Handels- und Investitionsabteilung:**
> 6. Etage, Rolex Haus,
> Dompropst-Ketzer-Straße 1-9, 50667 Köln
> Tel.: (02 21) 12 40 07, 12 40 09 / Fax: (02 21) 13 61 98 (Investitionen),
> Fax: (02 21) 1 39 04 16 (Handel)
> E-Mail: mida.cologne@t-online.de
> Bürozeiten: Mo bis Fr 9.00 bis 13.00, 14.00 bis 17.00

Herr Wan Latiff Wan Musa, Attaché (Handel) [25.08.1999]
Frau Juana Batty Tarihhudin
Herr Jaswant Singh, Attaché (Investitionen) [04.12.2000]
Frau Ravinder Kaur

> **Hamburg, Honorargeneralkonsulat**
> Kajen 2, 20459 Hamburg
> Tel.: (0 40) 37 21 72 / Fax: (0 40) 3 68 72 49
> Bürozeiten: Mo-Do 10.00 bis 12.00 und nach Vereinbarung
> *Konsularbezirk:* Hamburg, Bremen, Niedersachsen und Schleswig-Holstein

Herr Edgar E. Nordmann, Honorargeneralkonsul

> **München, Honorarkonsulat**
> Leopoldstraße 236, 80807 München
> Tel.: (0 89) 35 87 43 00 / Fax: (0 89) 6 41 08 29
> Bürozeiten: Mo bis Fr 9.30 bis 12.00
> *Konsularbezirk:* Bayern

Herr Dr. Jürgen Heidemann, Honorarkonsul

> **Stuttgart, Honorargeneralkonsulat**
> Sicherstraße 12, 71069 Sindelfingen
> Tel.: / Fax: (07 11) 6 07 10 15
> Bürozeiten: Mo bis Fr 9.00 bis 12.00 und nach Vereinbarung
> *Konsularbezirk:* Baden-Württemberg, Rheinland-Pfalz und Saarland

Herr Dr. Helmut Baur, Honorargeneralkonsul

MALEDIVEN

Botschaft der Republik Malediven
22 Nottingham Place, GB-London W1U 5NJ
Tel.: (00 44) - 207 - 2 24 21 35 / Fax: (00 44) - 207 - 2 24 21 57
E-Mail: maldives.high.commission@virgin.net

> **Bad Homburg v.d.H, Honorargeneralkonsulat**
> Immanuel Kant-Straße 16, 61350 Bad Homburg v.d.H.
> Tel. / Fax: (0 61 72) 86 78 33
> E-Mail: ccmaldives@aol.com
> Bürozeiten: Mo bis Fr 9.00 bis 12.00, telefonisch: 14.00 bis 17.00
> *Konsularbezirk:* Bundesgebiet

Herr Gottfried Mücke, Honorargeneralkonsul

MALI

Botschaft der Republik Mali:
Kurfürstendamm 72, 10709 Berlin
Tel.: (0 30) 319 98 83 / Fax: (0 30) 31 99 88 48
E-Mail: ambamali@01019freenet.de
Bürozeiten: Mo bis Fr 9.00 bis 16.00

I. E. **Frau Soumare Aminata Sidibé**, außerordentliche und bevollmächtigte Botschafterin [09.03.2001]
Herr Sadio Soumare
Herr Bounafou Sidibe, Gesandter Botschaftsrat [30.10.1999]
Frau Fatoumata Sidibe
Herr Seiboo Ba, Botschaftsrat [01.04.2000]
Frau Yattassaye Ba
Herr Ousmane Traore, I. Sekretär [30.11.1995]
Frau Oumov Sow Traore

Kamp-Lintfort, Honorarkonsulat
Dachsberger Weg 15, 47475 Kamp-Lintfort
Tel.: (0 28 42) 64 98 / Fax: (0 28 42) 83 81
Tel.: (02 11) 7 30 82 30 / Fax: (02 11) 7 37 02 20
Bürozeiten: Di und Fr 10.00 bis 12.00 und nach Vereinbarung
Konsularbezirk: Nordrhein-Westfalen
Herr Bernd Schulz, Honorarkonsul

Erfurt, Honorarkonsulat
Kettenstraße 6, 99084 Erfurt
Tel.: (03 61) 5 66 96 60 / Fax: (03 61) 5 66 96 62
Bürozeiten: Mo und Di 9.00 bis 12.00
Konsularbezirk: Thüringen, Sachsen und Sachsen-Anhalt
Herr Volker Heitland, Honorarkonsul

Frankfurt am Main, Honorarkonsulat
Esperantostraße 61, 60598 Frankfurt am Main
Tel.: / Fax: (0 69) 63 86 57
Bürozeiten: Mo 9.00 bis 12.00, Mi 14.00 bis 16.00, Fr 9.00 bis 12.00
und nach Vereinbarung
Konsularbezirk: Hessen und Rheinland-Pfalz
Herr Reinhold Joest, Honorarkonsul

Hamburg, Honorargeneralkonsulat
Hamburger Straße 11, VI. Etage, 22083 Hamburg
Tel.: (0 40) 2 27 80 39 / Fax: (0 40) 2 27 98 69
Bürozeiten: Di und Do 10.00 bis 12.30 und nach Vereinbarung
Konsularbezirk: Hamburg, Bremen, Mecklenburg-Vorpommern, Niedersachsen
und Schleswig-Holstein
Herr Dr. Hans-Georg Graichen, Honorargeneralkonsul

MALTA

Botschaft der Republik Malta:
Klingelhöferstraße 7, 10785 Berlin
Tel.: (0 30) 2 63 91 10 / Fax: (0 30) 26 39 11 23
E-Mail: maltaembgrm@ndh.net
Bürozeiten: Mo bis Fr 9.00 bis 17.00

MALTA

S. E. Herr William C. Spiteri, außerordentlicher und bevollmächtigter Botschafter [21.09.1999]
Frau Dolores Spiteri
Herr Dr. Andrew Azzopardi, Botschaftsrat [05.02.2003]
Herr Manuel Mifsud, Botschaftsrat [15.04.2000]

       Bremen, Honorarkonsulat
       Westerstraße 17, 28199 Bremen
       Tel.: (04 21) 50 52 50 / Fax: (04 21) 59 10 59
       Bürozeiten: Mo, Di 8.00 bis 12.00, 15.00 bis 18.00, Mi 8.00 bis 12.00,
       Do 8.00 bis 12.00, 15.00 bis 20.00, Fr 8.00 bis 13.00
       Konsularbezirk: Bremen, Niedersachsen
Herr Dr. Thomas Stöcker, Honorarkonsul

       Köln, Honorargeneralkonsulat
       Friedrichstraße 5, 50676 Köln
       Tel. / Fax: (02 21) 208 09 48
       Bürozeiten: Mo bis Do 8.00 bis 17.00, Fr 8.00 bis 15.45
       Konsularbezirk: Nordrhein-Westfalen und Hessen mit Ausnahme des
       Regierungsbezirks Darmstadt
Herr Paul R. Kraemer, Honorargeneralkonsul

       Hamburg, Honorarkonsulat
       Palmaille 120, 22767 Hamburg
       Tel.: (0 40) 68 10 10 / Fax: (0 40) 689 08 09
       Bürozeiten: Mo bis Fr 10.00 bis 12.00, 14.00 bis 16.00
       Konsularbezirk: Hamburg, Schleswig-Holstein und Mecklenburg-Vorpommern
Herr Johann Stephan Reith, Honorarkonsul

       Magdeburg, Honorarkonsulat
       c/o Rechtsanwaltskammer des Landes Sachsen-Anhalt
       Gerhard-Hauptmann-Straße 5, 39108 Magdeburg
       Tel.: (03 91) 252 72 10, 733 39 65 / Fax: (03 91) 252 72 03
       Für Visaanträge:
       c/o Connex
       Augustastraße 6-8, 06108 Halle (Saale)
       Tel.: (03 45) 21 78-460 / Fax: (03 45) 21 78-466
       Bürozeiten: Mo bis Fr 9.00 bis 16.00 und nach telefonischer Vereinbarung
       Konsularbezirk: Sachsen-Anhalt
Herr Detlef Bischoff, Honorarkonsul

       Mainz, Honorargeneralkonsulat
       Orchideenweg 3, 55126 Mainz
       Tel.: (0 61 31) 47 82 82 / Fax: (0 61 31) 47 03 67
       Bürozeiten: Mo bis Fr 9.00 bis 12.00, telefonische Beratung bis 16.00
       Konsularbezirk: Rheinland-Pfalz und Saarland
Frau Senatorin Hannetraut Schultheiss, Honorargeneralkonsulin

       München, Honorarkonsulat
       Konrad-Celtis-Straße 79, 81369 München
       Tel.: (0 89) 71 09 18 00 / Fax: (0 89) 71 09 18 09
       Bürozeiten: Mo bis Fr 9.00 bis 17.00
       Konsularbezirk: Bayern
Herr Bernhard Müller-Menrad, Honorarkonsul

       Potsdam, Honorarkonsulat
       Schopenhauerstraße 24, 14467 Potsdam
       Tel.: (0 30) 881 38 13 / Fax: (030) 881 38 13
       Tel.: (03 31) 9 79 25 41 / Fax: (03 31) 9 72 25 22

Bürozeiten: nach Vereinbarung Mo, Di oder Do 9.00 bis 12.00
Konsularbezirk: Brandenburg
Frau Ingrid Christine Möbus, Honorarkonsulin

Stuttgart, Honorargeneralkonsulat
c/o Südwestdeutsche Landesbank
Am Hauptbahnhof 7, 70173 Stuttgart
Tel.: (07 11) 226 25 70 / Fax: (07 11) 226 25 79
Bürozeiten: Di 9.00 bis 12.00, Do 14.00 bis 16.00,
Telefonische Beratung: Mo bis Fr 9.00 bis 12.00, 13.00 bis 16.00
Konsularbezirk: Baden-Württemberg
Herr Prof. h.c. Dr. Viktor Dulger Senator e.h., Honorargeneralkonsul

MAROKKO

Botschaft des Königreichs Marokko:
Niederwallstraße 39, 10117 Berlin
Tel.: (0 30) 20 61 24-0 / Fax: (0 30) 20 61 24 20
E-Mail: marokko-botschaft@t-online.de / URL: www.marokko.com
Bürozeiten: Mo bis Do 9.00 bis 16.00, Fr: 9.00 bis 15.00
Sekretariat des Botschafters:
Tel.: (0 30) 20 61 24 11, 20 61 24 12
E-Mail: b.botschafter-marokko@t-online.de
Verwaltungsabteilung:
Tel: (0 30) 20 61 24 29, 20 61 24 31
Wirtschaftsabteilung:
Tel: (0 30) 20 61 24 17, 20 61 24 28
E-Mail: marokwirtschaft@t-online.de
Kulturabteilung:
Tel: (0 30) 20 61 24 27
Konsular- und Sozialabteilung:
Tel: (0 30) 20 61 24 34, 20 61 24 35, 20 61 24 38
Büro des Verteidigungsattachés:
Tel: (0 30) 20 61 24 21, 20 61 24 22
Erziehungsattaché:
Tel: (0 30) 20 61 24 32

S. E. Herr Dr. **Abdeladim Lhafi**, außerordentlicher und bevollmächtigter Botschafter [19.10.1999]
Frau Dr. Andrea Gaitzsch-Lhafi
Herr **Réda El Fassi**, Gesandter [01.09.1999]
Frau Monia El Fassi
Herr **Réda El Merini**, Botschaftsrat (Wirtschaft) [04.09.1998]
Frau Renata El Merini
Herr **Salahddine Mansouri**, Botschaftsrat (Verwaltung) [02.09.2002]
Herr **Kamal El Mahdaoui**, Botschaftsrat [02.09.2002]
Frau Nadia Hajbouk
Herr **Chakib Lemhandez-Imani**, Botschaftsrat [01.09.2000]
Frau Ilham Lemhandez-Imani
Frau Btissam Fechtali, I. Sekretär [01.09.2000]
Herr **Ahmed Sarf**, Attaché [14.11.2000]
Frau Doumdoum Samira
Oberst **Ben El Ahmar**, Verteidigungsattaché [18.09.2001]
Frau Jamila Ben El Ahmar
Herr **Mohamed El M´Hamdi**, Botschaftsrat (Konsular- und Sozialabteilung) [01.09.2000]
Frau Aziza El M´Hamdi
Herr **Brahim Raïss**, I. Sekretär (Konsulat) [01.10.1999]

Frau Naïma Raïss
Herr Mohamed Bouaich, Attaché (Erziehung) [25.04.1990]
Frau Fakhita Bouaich
Herr Mohamed Banana, Attaché (Buchhaltung) [01.10.1999]
Frau Aicha Banana
Herr Driss Aridal, Attaché [09.02.1998]
Frau Khaddouj Aridal

Bremen, Honorarkonsulat
Mozartstraße 19, 28203 Bremen
Tel.: (04 21) 3 30 73 85 / Fax: (04 21) 32 65 85
Bürozeiten: Di 15.00 bis 17.30
Konsularbezirk: Bremen
Herr Axel Adamietz, Honorarkonsul

Düsseldorf, Generalkonsulat
Cecilienallee 14, 40474 Düsseldorf
Tel.: (02 11) 45 10 41 / Fax: (02 11) 45 10 42
Bürozeiten: Mo bis Fr 9.00 bis 15.00
Konsularbezirk: Nordrhein-Westfalen
Herr Abderrahim Sassi, Generalkonsul

Frankfurt am Main, Generalkonsulat
Mittelweg 49, 60318 Frankfurt am Main
Tel.: (0 69) 9 55 01 23 / Fax: (0 69) 95 50 12 55
E-Mail: consumarfrank@arcor.de
Bürozeiten: Mo bis Fr 9.00 bis 15.00
Konsularbezirk: Hessen, Baden-Württemberg, Bayern, Rheinland-Pfalz und
 Saarland
Herr Driss Chabi, Generalkonsul

Kassel, Honorarkonsulat
Hainbuchenstraße 27, 34128 Kassel
Tel.: (05 61) 6 21 03 / Fax: (05 61) 6 60 65
Bürozeiten: nach Vereinbarung
Konsularbezirk: Hessen
Frau Anneliese Augustin, Honorarkonsulin

München, Honorarkonsulat
Ganghoferstraße 29, 80339 München
Tel.: (0 89) 92 82 13 60 / Fax: (0 89) 92 82 13 70
Konsularbezirk: Bayern
Herr Hans Bäumler, Honorarkonsul

MARSHALLINSELN

Botschaft der Republik Marshallinseln
2433 Massachusetts Avenue, NW, Washington DC 20008, USA
Tel.: (0 01) - 202 - 2 34 54 14 / Fax: (0 01) - 202 - 2 32 32 36
E-Mail: info@rmiembassyus.com / URL: www.rmiembassyus.com

MAURETANIEN

Botschaft der Islamischen Republik Mauretanien:
Kommandantenstraße 80, 10117 Berlin

Tel.: (0 30) 2 06 58 83 / Fax: (0 30) 20 67 47 50
E-Mail: ambarimberlin@aol.com
Bürozeiten: Mo bis Do 9.00 bis 15.00, Fr 9.00 bis 13.00

S. E. Herr Ould Moctar Neche Melainine, außerordentlicher und bevollmächtigter Botschafter [01.06.2000]
Frau Oum Keltoum Melainine
Herr Badra Aly Toure, Botschaftsrat [08.03.1996]
Frau Elena Toure
Herr Ahmédou Ould Teyah, [11.10.2002]
Frau Khadijekou Teyah

Düsseldorf, Honorarkonsulat
Königsallee 34a, 40104 Düsseldorf
Postfach 20 07 44, 40104 Düsseldorf
Tel./Hotline: (01 73) 2 92 14 93
E-Mail: mauretanienkons@aol.com / URL: www.konsulspieker.de
Bürozeiten: Mo bis Fr 8.00 bis 17.00
Nebelstelle des Konsulats:
Widukindstraße 36, 33098 Paderborn
Tel.: (0 52 51) 16 66-0 / Fax: (0 52 51) 16 66-40
Konsularbezirk: Nordrhein-Westfalen
Herr Hubertus Spieker, Honorarkonsul

MAURITIUS

Botschaft der Republik Mauritius:
Kurfürstenstraße 84, 10787 Berlin
Tel.: (0 30) 2 63 93 60 / Fax: (0 30) 26 55 83 23
E-Mail: mu.embln.3@t-online.de
Bürozeiten: Mo bis Fr 9.00 bis 16.30

S. E. Herr Mohurrlall Haton, außerordentlicher und bevollmächtigter Botschafter

Düsseldorf, Honorarkonsulat
Wasserstraße 3, 40213 Düsseldorf
Tel.: (02 11) 13 62 90 / Fax: (02 11) 13 17 16, 13 25 04
E-Mail: mail@securs.de / URL: http://www.honorarkonsulat.de
Konsularbezirk: Nordrhein-Westfalen, Bremen, Hamburg, Niedersachsen und Schleswig-Holstein
Herr Dipl.-Kfm. Claus C. Securs, Honorarkonsul [01.08.2000]

München, Honorargeneralkonsulat
Landwehrstraße 10, 80336 München
Tel.: (0 89) 55 55 15 / Fax: (0 89) 55 35 04
Bürozeiten: Di, Mi, Do 10.00 bis 13.00
Konsularbezirk: Bayern, Baden-Württemberg, Hessen, Rheinland-Pfalz und Saarland
Herr Dr. Johannes Kneifel, Honorargeneralkonsul

MAZEDONIEN

Botschaft der ehemaligen jugoslawischen Republik Mazedonien:
Koenigsallee 2-4, 14193 Berlin

Tel.: (0 30) 8 90 69 50 / Fax: (0 30) 89 54 11 94
E-Mail: amba.berlin@t-online.de
Bürozeiten: Mo bis Fr 8.30 bis 16.30
Konsularabteilung:
Hubertusallee 5, 14193 Berlin
Tel.: (0 30) 89 06 95 11 / Fax: (0 30) 89 09 41 41
Sprechzeiten: Mo bis Fr 9.00 bis 13.00

S. E. Herr Dr. **Goran Rafajlovski**, außerordentlicher und bevollmächtigter Botschafter [05.09.2001]
Frau Vesna Rafajlovska
Herr Gorgi Misajlovski, Gesandter-Botschaftsrat [01.08.2001]
Frau Borislava Misajlovska
Herr Šukri Sabriv, I. Sekretär (Konsularabteilung) [24.03.2003]
Frau Šakire Sabriv
Herr Vasko Grkov, II. Sekretär [01.08.2002]
Frau Biljana Grkova
Frau Ani Handziska, III. Sekretär (Kultur und Presse) [17.09.2001]
Herr Vlado Handziski

Außenstelle Bonn
Sträßchensweg 6, 53113 Bonn
Tel.: (02 28) 92 36 90, 23 09 71, 23 79 86 / Fax: (02 28) 23 10 25
Bürozeiten: Mo bis Fr 8.30 bis 16.30
Sprechzeiten: Mo bis Fr 9.00 bis 13.00

Herr Jasmin Kahil, Botschaftsrat (Leiter der Außenstelle)
Frau Jadranka Petrova
Herr Sejdi Demiri, II. Sekretär [07.10.2000]
Frau Turkijan Demiri
Frau Magdalena Gjorgjievska, Attaché [01.04.2001]

Hannover, Honorarkonsulat
Schierholzstraße 27, 30655 Hannover
Tel.: (05 11) 9 56 99 57 / Fax: (05 11) 9 56 99 33
Bürozeiten: Mo bis Fre 9.00 bis 12.00, 14.00 bis 16.00
Konsularbezirk: Niedersachen, Bremen und Hamburg
Herr Jürgen Stahlhuth, Honorarkonsul

MEXIKO

Botschaft der Vereinigten Mexikanischen Staaten:
Klingelhöferstraße 3, 10785 Berlin
Tel.: (0 30) 2 69 32 30 / Fax: (0 30) 2 69 32 37 00
E-Mail: mail@embamexale.de / URL: www.embamex.de
Bürozeiten: Mo bis Fr 9.00 bis 13.00, 14.00 bis 17.00
Büro des Botschafter:
Tel.: (0 30) 2 69 32 33 05
Büro des Gesandten:
Tel.: (0 30) 2 69 32 33 03
Presse und Information, Menschenrechte:
Tel.: (0 30) 2 69 32 33 23, 2 69 32 33 24, 2 69 32 33 26
Fax: (0 30) 2 69 32 33 25
Konsularabteilung:
Tel.: (0 30) 2 69 32 33 32, 2 69 32 33 34 / Fax: (0 30) 2 69 32 33 33
Bürozeiten: Mo bis Fr 9.00 bis 13.00
Kulturabteilung:

MEXIKO

Tel.: (0 30) 2 69 32 33 28, 2 69 32 33 29
Politik:
Tel.: (0 30) 2 69 32 33 09, 2 69 32 16
Wirtschaft:
Tel.: (0 30) 2 69 32 33 15, 2 69 32 33 22
Tourismus, Wissenschaft, Technologie, Erziehung:
Tel.: (0 30) 2 69 32 33 21, 2 69 32 33 18
Verwaltung:
Tel.: (0 30) 2 69 32 33 13, 2 69 32 33 14
Betreuung der mexikanischen Gemeinden in Deutschland:
Tel.: (0 30) 2 69 32 33 20
Heeres- und Luftwaffenattaché:
Tel.: (0 30) 2 69 32 34 02 bis 2 69 32 34 04 / Fax: (0 30) 26 55 74 84
Marineattaché:
Tel.: (0 30) 2 69 32 34 01, 2 69 32 34 05 / Fax: (0 30) 25 79 78 41

S. E. Herr Jorge Castro-Valle Kühne, außerordentlicher und bevollmächtigter Botschafter [ernannt]
Frau Greta Shelly Castro-Valle
Herr Dr. Miguel Angel Padilla Acosta, Gesandter [14.12.2002]
Frau Silvia Pagel de Padilla
Herr Eduardo Ruiz Mazón, I. Sekretär (Politik) [06.01.1998]
Frau Karin Böhmanova
Frau Natalia Fortuny Jerez, II. Sekretärin (Leiterin der Konsularabteilung) [15.10.1996]
Herr Lino Santacruz Moctezuma, II. Sekretär (Presse und Information, Menschenrechte) [05.10.1998]
Herr Francisco Romero Bock, II. Sekretär (Tourismus, Wissenschaft, Technologie, Erziehung) [03.11.1997]
Herr Carlos Fernández Dittmann, II. Sekretär (Wirtschaft) [28.03.2002]
Frau Maria Elena Rosas Carrasco, Attaché (Verwaltung) [03.04.2000]
Frau Norma Sánchez-Aranda, Attaché (Verwaltung, Betreuung mexikanischer Gemeinden) [18.03.2002]
Brigadegeneral i. G. Mario Mota García, Heeres- und Luftwaffenattaché [20.05.2002]
Frau Alma Rosa Fajardo de Mota
Oberst i. G. Raúl Gámez Segovia, Stellvertretender Heeres- und Luftwaffenattaché [ernannt]
Frau Roxana Ivonne Sala de Gámez
Kapitän zur See i. G. Luis Arturo Torres Valverde, Marineattaché [01.10.2002]
Frau Leonarda Rergis de Torres

Mexikanische Handelsmission:
Rüsterstraße 1, 60325 Frankfurt am Main
Tel.: (0 69) 9 72 69 80 / Fax: (0 69) 97 26 98 11
E-Mail: frankfurt@bancomext.de
Herr Francisco Nicolás González Díaz, Leiter

Mexikanisches Fremdenverkehrsbüro:
Taunusanlage 21, 60325 Frankfurt am Main
Tel.: (0 69) 25 35 09 (Information), 71 03 34 03 (Büro der Leiterin)
Fax: (0 69) 25 37 55
E-Mail: mexiconline@compuserve.com / URL: www.mexiko-reisetipps.de
Frau Nicole Inge Félix Huesca, Leiterin

Frankfurt am Main, Generalkonsulat
Taunuslage 21, 60325 Frankfurt am Main.
Tel.: (0 69) 2 99 87 50 / Fax: (0 69) 29 98 75 75
E-Mail: consulmexf@t-online.de
Bürozeiten: Mo bis Fr 9.00 bis 17.00
Besucher: Mo bis Fr 9.00 bis 13.00
Konsularbezirk: Hessen, Baden-Württemberg, Bayern, Rheinland-Pfalz, Nordrhein-Westfalen und Saarland
Herr Bernhard von Wobeser, Generalkonsul

Hannover, Honorarkonsulat
Landschaftstraße 6, 30159 Hannover
Tel.: (05 11) 32 81 88 / Fax: (05 11) 32 81 89
E-Mail: info@consulmex-haj.de
Bürozeiten: Di bis Do 9.00 bis 12.00
Konsularbezirk: Niedersachsen
Herr Dr. Ulrich von Jeinsen, Honorarkonsul

München, Honorarkonsulat
Herzog-Heinrich-Straße 13, 80336 München
Tel.: (0 89) 54 88 38 77, 54 88 38 78 / Fax: (0 89) 54 88 38 79
E-Mail: mexiko-hk-muc@bbw.de
Bürozeiten: Mo bis Do 9.00 bis 13.00, Mi auch 13.30 bis 16.00
Konsularbezirk: Bayern
Herr Dr. Manfred Scholz, Honorarkonsul

Stuttgart, Honorarkonsulat
Am Hauptbahnhof 2, 70173 Stuttgart
Tel.: (07 11) 1 27 47 30 / Fax: (07 11) 1 27 47 32
E-Mail: mex.honorarkonsulat@lbbw.de
Bürozeiten: Di und Do 9.00 bis 12.00, Mi 12.00 bis 17.00
Konsularbezirk: Baden-Württemberg
Herr Dr. Siegfried Jaschinski, Honorarkonsul

MIKRONESIEN

Botschaft des Föderativen Staates Mikronesien
1725 N. Street, NW, Washington DC 20036 USA
Tel.: (0 01) - 202 - 2 23 43 83 / Fax: (0 01) - 202 - 2 23 43 91
E-Mail: fsm@fsmembassy.org
URL: www.fsmembassy.org

MOLDAU

Botschaft der Republik Moldau:
Gotlandstraße 16, 10439 Berlin
Tel.: (0 30) 44 65 29 70 / Fax: (0 30) 44 65 29 72
E-Mail: botschaft_moldova_berlin@compuserve.com;
E-Mail: moldamb@t-online.de
Bürozeiten: Mo bis Fr 9.00 bis 18.00
Konsularabteilung:
Tel.: (0 30) 2 83 52 37
Bürozeiten: Mo bis Fr 9.00 bis 13.00

S. E. Herr Nicolae Tăbăcaru, außerordentlicher und bevollmächtigter Botschafter [12.03.2001]
Frau Valentina Tăbăcaru
Herr Vitalie Părnău, I. Sekretär [01.08.2001]
Frau Natalia Stegărescu
Herr Sergiu Lopata, III. Sekretär (Konsularabteilung) [06.09.2002]

Außenstelle Bonn
Adenauerallee 13 b, 53111 Bonn
Tel.: / Fax: (02 28) 2 42 35 30
E-Mail: aussenstelle_bonn_moldova@t-online.de

Herr Aureliu Ciocoi, I. Sekretär [01.06.2001]
Frau Tatiana Ciocoi

Frankfurt am Main, Generalkonsulat
Adelheidstraße 8, 60433 Frankfurt am Main
Tel.: (0 69) 52 78 08 / Fax: (0 69) 53 10 07
E-Mail: congenmold@aol.com
Bürozeiten: Mo, Mi, Fr 9.30 bis 13.00, 14.00 bis 16.00
Konsularbezirk: Hessen, Baden-Württemberg, Bayern, Rheinland-Pfalz, Saarland und Thüringen
Herr Dumitru Socolan, Generalkonsul

Hamburg, Honorarkonsulat
Haldesdorferstraße 46, 22179 Hamburg
Tel.: (0 40) 63 64 73 89 / Fax: (0 40) 63 64 73 96
E-Mail: info@jahncke.de
Bürozeiten: Mo bis Fr 9.00 bis 13.00
Konsularbezirk: Hamburg und Niedersachsen
Herr K. K. Alfred Jahncke, Honorarkonsul

MONACO

Botschaft des Fürstentums Monaco:
Klingelhöfer Straße 7, 10785 Berlin
Tel.: (0 30) 2 63 90 33
Fax: (0 30) 26 39 03 44
E-Mail: ambassedemonaco@aol.com
Bürozeiten: Mo bis Do 9.00 bis 13.00, 14.30 bis 17.00, Fr 9.00 bis 14.00

S. E. Herr Rainier Imperti, außerordentlicher und bevollmächtigter Botschafter [04.10.2000]

Düsseldorf, Honorarkonsulat
Freiligrathstraße 1, 40479 Düsseldorf
Tel.: (02 11) 4 97 91 41
Bürozeiten: Mo bis Fr 10.00 bis 13.00
Konsularbezirk: Nordrhein-Westfalen
Herr Dr. Bernd Kunth, Honorarkonsul

Frankfurt am Main, Honorarkonsulat
Frauenlobstraße 86, 60487 Frankfurt am Main
Tel.: (0 69) 7 07 46 63 / Fax: (0 69) 70 47 90
Bürozeiten: Mo bis Do 10.00 bis 12.00, 14.00 bis 16.00, Fr 10.00 bis 12.00
Konsularbezirk: Hessen, Rheinland-Pfalz und Saarland
Herr Prof. Dr. Gerhard Eisenbach, Honorarkonsul

Hamburg, Honorarkonsulat
Neuer Jungfernstieg 20, 20354 Hamburg
Tel.: (0 40) 35 06 02 07 / Fax: (0 40) 34 31 22
Bürozeiten: Mo bis Fr 9.00 bis 13.00
Konsularbezirk: Hamburg, Bremen, Niedersachsen und Schleswig-Holstein
Herr Hans-Joachim von Berenberg-Consbruch, Honorarkonsul

München, Honorarkonsulat
Brienner Straße 28, 80333 München
Tel.: (0 89) 28 62 81 09 / Fax: (0 89) 28 27 18
Bürozeiten: Mo bis Fr 9.00 bis 12.00, 14.00 bis 16.00

Konsularbezirk: Bayern und Sachsen
Herr Dr. Alexander Liegl, Honorarkonsul

Potsdam, Honorarkonsulat
Jägerallee 16, 14469 Potsdam
Tel.: (03 31) 27 94 40 / Fax: (03 31) 2 79 44 44
Bürozeiten: Mo bis Fr 9.00 bis 12.00, außer Mi
Konsularbezirk: Brandenburg, Mecklenburg-Vorpommern, Sachsen-Anhalt und Thüringen
Herr Dr. Wolf Wegener, Honorarkonsul

Stuttgart, Honorarkonsulat
Uhlandstraße 13, 70182 Stuttgart
Tel.: (07 11) 23 45 91 / Bürozeiten: Mo u. Fr 9.00 bis 12.00
Konsularbezirk: Baden-Württemberg
Herr Simon van Kempen, Honorarkonsul

MONGOLEI

Botschaft der Mongolei:
Dietzgenstraße 31,13145 Berlin
Tel.: (0 30) 47 48 06-0 / Fax: (0 30) 47 48 06-16
E-Mail: mongolbot@aol.com / URL: www.mongolian-embassy.de
Bürozeiten: Mo bis Fr 8.00 bis 12.00, 13.00 bis 17.00
Konsularabteilung: Mo, Di und Do 8.00 bis 12.00
Herr Birvaa Mandahhbileg, I. Sekretär (Kultur, Politik, Presse, Protokoll) [14.08.2000]
Frau Jugder Enkhburd
Herr Erdenetsogt Nyamaa, Attaché (Wirtschaft und Handel)
Frau Lhavgatsend Munkh-Ochir
Frau Tsevegmid Khulan, I. Sekretärin (Handel und Wirtschaft) [01.12.2001]
Herr Dorjzovd Disdaabazar

Bremen, Honorarkonsulat
Schlachte 39-40, 28195 Bremen
Tel.: (04 21) 1 76 92 30 / Fax: (04 21) 1 76 93 15
E-Mail: fischer@melchers.de
Bürozeiten: Mo bis Fr 9.00 bis 13.00
Konsularbezirk: Bremen, Hamburg, Niedersachsen und Schleswig-Holstein
Herr Henning Melchers, Honorarkonsul

Frankfurt am Main, Honorarkonsulat
Eschersheimer Landstraße 60-62, 60322 Frankfurt am Main
Tel.: (0 69) 15 30 96 10 / Fax: (0 69) 15 30 96 66
E-Mail: pfeil-dirk@t-online.de
Bürozeiten: Mo bis Fr 9.00 bis 16.00
Konsularbezirk: Hessen, Rheinland-Pfalz und Thüringen
Herr Dirk Pfeil, Honorarkonsul

Köln, Honorarkonsulat
Hermann-Kausen-Straße 38, 50737 Köln
Tel.: (02 21) 130 15 97 / Fax: (02 21) 130 16 26
Bürozeiten: Di, Do 15.00 bis 17.00
Konsularbezirk: Nordrhein-Westfalen
Herr Heinrich A. Grosse-Sender, Honorarkonsul

München, Honorarkonsulat
Reitmorstraße 13, 80538 München
Tel.: (0 89) 29 36 16 / Fax: (0 89) 98 10 56 09
E-Mail: mongolia@pitum.de, E-Mail: hon_consul@mongolia.com
Bürozeiten: Mo, Mi, Fr 9.00 bis 13.00
Konsularbezirk: Bayern und Baden-Württemberg
Herr Dr. Andreas Pitum, Honorarkonsul

MOSAMBIK

Botschaft der Republik Mosambik:
Stromstraße 48, 10551 Berlin
Tel.: (0 30) 39 87 65 00 / Fax: (0 30) 39 87 65 03
E-Mail: emoza@aol.com / URL: www.africa.de
Bürozeiten: Mo bis Fr 9.00 bis 13.00, 14.00 bis 16.00
Konsularabteilung: Mo bis Fr 9.30 bis 12.30

S. E. **Herr Antonio Correia Fernandes Sumbana**, außerordentlicher und bevollmächtigter Botschafter [26.09.2002]
Frau Lucia Morgado Sumbana
Herr Fernando Torcida, I. Sekretär [13.03.2000]
Frau Vitoria Torcida
Herr Fernando Conselho, I. Sekretär [20.08.2002]
Herr Albino Ernesto Lemos, II. Sekretär [01.08.1997]
Frau Dr. Amalia Alexandre Uamusse
Herr Inacio Filimone Jeje, Attaché (Finanzen) [26.10.1998]
Herr Fernando Wachave, Attaché (Konsularabteilung) [08.07.1999]
Herr Paulo Mutemba, Botschaftssekretär [01.06.2000]
Frau Maria Hofiço

München, Honorarkonsulat
Bayerstraße 33, 80335 München
Tel.: (0 89) 55 15 05 25 / Fax: (0 89) 55 15 05 28
E-Mail: honorarkonsulat.mosambik@merkur-bank.de
Bürozeiten: Mo bis Fr 9.00 bis 12.00, 14.00 bis 16.00
Konsularbezirk: Bayern, Sachsen, Thüringen und Sachsen-Anhalt
Herr Siegfried Anton Lingel, Honorarkonsul

MYANMAR

Botschaft der Union Myanmar:
Zimmerstraße 56, 10117 Berlin
Tel.: (0 30) 206 15 70 / Fax: (0 30) 20 64 97 57
E-Mail: emb.my.berlin@t-online.de
Bürozeiten: Mo bis Fr 9.30 bis 16.30

S. E. **Herr U Nyunt Maung Shein**, außerordentlicher und bevollmächtigter Botschafter [10.07.2002]
Frau Daw Thandar Swe
Herr U Wynn Thein, Gesandter-Botschaftsrat [11.05.2000]
Frau Daw Aye Aye Naing
Frau Daw Aye Mya Hman, II. Botschaftssekretärin [15.08.1999]
Frau Daw Khin Nilar Soe, II. Botschaftssekretärin [12.07.2002]
Herr U Zaw Tun Win, Attaché [15.08.1999]
Herr U Tin Win Aung, Attaché [01.09.2002]

Frau Daw San Kay Khine
Herr U Aung Naing Soe, Attaché [03.11.2002]
Frau Daw San San Win

NAMIBIA

Botschaft der Republik Namibia:
Wichmannstraße 5, 10787 Berlin
Tel.: (0 30) 2 54 09 50 / Fax: (0 30) 25 40 95 55
E-Mail: namibiaberlin@aol.com / URL: www.namibia-botschaft.de
Wirtschaftsabteilung:
E-Mail: commerce@namibia-botschaft.de
Bürozeiten: Mo bis Fr 9.00 bis 13.00, 14.00 bis 17.00

S. E. Herr Hanno B. Rumpf, außerordentlicher und bevollmächtigter Botschafter [16.05.2003]
Herr David M. Amutenya, I. Sekretär (Politik) [03.02.2003.]
Colonel Leonard Nambahu, Militärattaché [13.09.2000]
Frau Elizabeth Nambahu
Frau Dagmar Honsbein, Botschaftsrätin (Handel) [28.04.1997]
Herr Bonny Vainó Idhenga, I. Sekretär [01.11.1999]
Frau Linda Idhenga
Frau Laimi N. Schikwambi, II. Sekretär [17.10.1999]
Frau Mary N. Hamukwaya, III. Sekretär [01.05.2000]

Baden-Württemberg, Honorarkonsulat
Hauptstraße 2, 1. OG., 78647 Trossingen
Tel.: (0 74 25) 2 25 44 / Fax: (0 74 25) 48 45
Bürozeiten: Mo bis Fr 8.00 bis 12.00 und 14.00 bis 16.00
Konsularbezirk: Baden-Württemberg
Herr Georg Quandt, Honorarkonsul

Frankfurt am Main, Honorarkonsulat
Eschenbachstraße 28, 60596 Frankfurt am Main
Tel.: (0 69) 96 31 50 10 / Fax: (0 69) 63 58 13
Bürozeiten: Mo bis Fr 9.00 bis 12.00
Konsularbezirk: Hessen
Herr Eike Becker-Krüger, Honorarkonsul

Hamburg, Honorarkonsulat
An der Alster 82, 20099 Hamburg
Tel.: (0 40) 30 39 91 29 / Fax: (0 40) 30 39 91 69
Bürozeiten: Mo bis Fr 9.00 bis 12.00
Konsularbezirk: Hamburg
Herr Klaus Thesenfitz, Honorarkonsul

NAURU

Department of External Affairs
Goverment Buildings, Yaren District, Republik of Nauru
Tel.: (0 06 74) 4 44 31 91 / Fax: (0 06 74) 4 44 31 05
E-Mail: foreignaffaiers@cenpac.net.nr

Honorarkonsulat
Near Seven Oaks, Kent TN15 OSD

Tel.: (00 44) - 1732 - 74 60 61 / Fax: (00 44) – 1732 – 45 41 36
E-Mail: nauru@weald.co.uk
Herr Martin W. L. Westen, Honorarkonsul

NEPAL

Botschaft des Königreichs Nepal:
Guerickestraße 27, 2. Etage, 10587 Berlin
Tel.: (0 30) 34 35 99 20 bis 34 35 99 22 / Fax: (0 30) 34 35 99 06
E-Mail: rneberlin@t-online.de / URL: www.nepalembassy-germany.com
Bürozeiten: Mo bis Fr 8.30 bis 13.00, 14.00 bis 16.30
Konsularabteilung: Mo bis Fr 9.00 bis 12.30

S. E. Herr Balram Singh Malla, außerordentlicher und bevollmächtigter Botschafter [10.12.1999]
Frau Jamuna Malla
Herr Prahlad Kumar Prasai, Gesandter-Botschaftsrat und Stell. Leiter der Botschaft
Frau Sita Kumari Prasai
Herr Narottam Luintel, III. Sekretär
Frau Rampyari Luintel
Herr Bhupendra Prasad Ghimire, Attaché
Frau Sabita Ghimire

Frankfurt am Main, Honorarkonsulat
Johanna-Melber-Weg 4, 60599 Frankfurt am Main
Tel.: (0 69) 62 70 06 08 / Fax: (0 69) 62 70 06 11
Herr Bodo Krüger, Honorarkonsul

Hamburg, Honorarkonsulat
Große Theaterstraße 7, 20354 Hamburg
Tel.: (0 40) 35 71 33 40 / Fax: (0 40) 35 71 33 41
Bürozeiten: Mo bis Fr 10.00 bis 12.00, außer Mi
Konsularbezirk: Hamburg, Bremen, Niedersachsen und Schleswig-Holstein
Herr Dr. Peter Breiholdt, Honorarkonsul

Köln, Honorarkonsulat
Hohenzollernring 26, 50672 Köln
Postfach 1903 39, 50500 Köln
Tel.: (02 21) 2 33 83 81 / Fax: (02 21) 2 33 83 82
E-Mail: konsul@konsulatnepal.de / URL: www.konsulatnepal.de
Bürozeiten: Mo, Di, Do u. Fr 9.30 bis 12.30
Konsularbezirk: Nordrhein-Westfalen
Herr Ram Pratap Thapa, Honorarkonsul

München, Honorarkonsulat
Ottostraße 9, 80333 München
Tel.: (0 89) 44 10 92 59 / Fax: (0 89) 45 87 25 25
Bürozeiten: Mo bis Fr 9.00 bis 12.00, 14.00 bis 16.00
Konsularbezirk: Bayern
Herr Ludwig Alexander Greissl, Honorarkonsul

Stuttgart, Honorargeneralkonsulat
Schloßstraße 21, 70174 Stuttgart
Tel.: (07 11) 1 81 26 84 / Fax: (07 11) 1 81 26 85
Bürozeiten: Di bis Do 9.00 bis 13.00
Konsularbezirk: Baden-Württemberg, Rheinland-Pfalz und Saarland
Frau Ann-Katrin Bauknecht, Honorargeneralkonsulin [16.08.2000]

NEUSEELAND

Botschaft von Neuseeland:
Friedrichstraße 60, 10117 Berlin
Tel.: (0 30) 20 62 10 / Fax: (0 30) 20 62 11 14
E-Mail: nzembassy.berlin@t-online.de
URL: www.nzembassy.com/germany
Bürozeiten: Mo bis Do 9.00 bis 13.00, 14.00 bis 17.30, Fr 9.00 bis 16.30
Einwanderungs- und Visafragen:
Tel.: (0 30) 20 62 10 / Sprechzeiten: Mo bis Fr 9.00 bis 12.00

S. E. Herr Peter William Hamilton, außerordentlicher und bevollmächtigter Botschafter [2003]
Frau Nattaya Hamilton
Frau Eleanor Anne Thomson, Botschaftsrätin [15.01.2001]
Herr Hamuera Orupe McLeod
Frau Deborah Louise Prowse, II. Sekretär
Frau Kura Hakaraia, II. Sekretär
Herr Flottillenadmiral Alan John Peck
Frau Patricia Anne Peck

Hamburg, Generalkonsulat
Domstraße 17-21, Zürich-Haus, 20095 Hamburg
Tel.: (0 40) 4 42 55 50 / Fax: (0 40) 44 25 55 49
E-Mail: hamburg@tradenz.govt.nz
Bürozeiten: Mo bis Do 9.00 bis 13.00, 14.00 bis 17.30, Fr 9.00 bis 13.00, 14.00 bis 16.30
Konsularbezirk: Hamburg, Bremen, Niedersachsen und Schleswig-Holstein
Frau Marta Mager, Generalkonsulin

NICARAGUA

Botschaft der Republik Nicaragua:
Joachim-Karnatz Allee 45, 2. OG., 10557 Berlin
Tel.: (0 30) 2 06 43 80 / Fax: (0 30) 22 48 78 91
E-Mail: embanic-berlin@t-online.de
Bürozeiten: Mo bis Fr 9.00 bis 16.00
Büro der Gesandten:
E-Mail: karla.embanic-berlin@t-online.de
Büro des Sekretärs:
E-Mail: cristobal.embanic-berlin@t-online.de
Konsularabteilung:
Tel.: (0 30) 20 64 38 11 / Fax: (0 30) 22 48 78 91
E-Mail: Consulnic-Berlin@t-online.de
Sprechzeiten: Mo bis Fr 9.00 bis 13.00

I. E. Frau Lic. Suyapa Indiana Padilla Tercero, außerordentliche und bevollmächtigte Botschafterin [19.10.1999]
Herr Peter Schlifke
Frau Karla Luzette Beteta Brenes, Gesandte-Botschaftsrätin [15.08.1999]
Herr Wilhelm Ulloa
Herr Cristóbal José Cómez Rodríguez, I. Sekretär [25.01.2001]
Frau Ina Jentsch

Frankfurt am Main, Honorarkonsulat
Bertha von Suttner-Ring 20, 60598 Frankfurt am Main
Tel.: (0 69) 68 60 89 31 / Fax: (0 69) 68 60 89 32

Bürozeiten: Mo bis Fr 8.00 bis 12.00
Konsularbezirk: Hessen
Frau Martha Lucia Albir Buhl, Honorarkonsulin

Hamburg, Honorarkonsulat
Wolferskamp 25, 22559 Hamburg
Tel.: (0 40) 81 75 77, 36 71 05 / Fax: (0 40) 81 75 96
E-Mail: Senator.Grobrecht@t-online.de
Bürozeiten: nach Vereinbarung
Konsularbezirk: Hamburg
Herr Senator a. D. Horst Gobrecht, Honorarkonsul

Potsdam, Honorarkonsulat
Friedrich-Ebert-Straße 57, 14469 Potsdam
Tel.: (03 31) 2 37 01 07 / Fax: (03 31) 2 70 57 47
Bürozeiten: Mo, Mi, Fr 9.00 bis 12.00
Konsularbezirk: Brandenburg und Sachsen-Anhalt
Herr Dr. Andreas Gerl, Honorarkonsul

NIEDERLANDE

Königlich Niederländische Botschaft
Friedrichstraße 95, 10117 Berlin
Tel.: (0 30) 20 95 60 / Fax: (0 30) 20 95 64 41
E-Mail: nlgovbln@bln.nlamb.de / URL: www.niederlandeweb.de
Bürozeiten: Mo bis Fr 9.00 bis 13.00
Politische Abteilung:
Tel.: (0 30) 20 95 63 10, 20 95 63 05 / Fax: (0 30) 20 95 64 11
E-Mail: nlgovbln.pa@bln.nlamb.de
Konsularabteilung:
Tel.: (0 30) 20 95 64 35 / Fax: (0 30) 20 95 64 95
E-Mail: nlgovbln.ca@bln.nlamb.de
Wirtschaftsabteilung:
Tel.: (0 30) 20 95 64 60 / Fax: (0 30) 20 95 64 61
E-Mail: nlgovbln.ea@bln.nlamb.de
Justizabteilung:
Tel.: (0 30) 20 95 62 39 / Fax: (0 30) 20 95 64 86
E-Mail: nlgovbln.just@bln.nlamb.de
Kulturabteilung:
Tel.: (0 30) 20 95 64 20 / Fax: (0 30) 20 95 64 21
E-Mail: nlgovbln.icb@bln.nlamb.de
Verkehrsabteilung:
Tel.: (0 30) 20 95 64 50 / Fax: (0 30) 20 95 64 51
E-Mail: nlgovbln.venw@bln.nlamb.de
Militärabteilung:
Tel.: (0 30) 20 95 64 90 / Fax: (0 30) 20 95 64 91
E-Mail: nlgovbln.def@bln.nlamb.de
Landwirtschaftsabteilung:
Tel.: (0 30) 20 95 64 80 / Fax: (0 30) 20 95 64 81
E-Mail: nlgovbln.lnv@bln.nlamb.de
Technisch-Wissenschaftliche Abteilung:
Tel.: (0 30) 20 95 62 19 / Fax: (0 30) 20 95 64 71
E-Mail: nlgovbln.twa@bln.nlamb.de / URL: www.technieuws.org
Verwaltung:
Tel.: (0 30) 20 95 64 30 / Fax: (0 30) 20 95 64 31
E-Mail: nlgovbln.az@bln.nlamb.de

Presse, Bildung und Öffentlichkeitsarbeit
Tel.: (0 30) 20 95 64 15 / Fax: (0 30) 20 95 64 11
E-Mail: nlgovbln.pvo@bln.nlamb.de
Zollabteilung:
Tel.: (0 30) 20 95 64 65 / Fax: (0 30) 20 95 64 66
E-Mail: bln-douane@minbuza.nl
Abteilung für Immigration und Grenzpolizeiangelegenheiten:
Tel.: (0 30) 20 95 64 75 / Fax_: (0 30) 20 95 64 76
E-Mail: rick.weijermans@minbuza.nl

S. E. Herr Dr. Nikolaos van Dam, außerordentlicher und bevollmächtigter Botschafter [09.02.1999]
Frau Marinka van Dam
Herr Ron van Dartel, Gesandter (Politik) [30.07.1998]
Frau van Dartel
Herr Norbert Both, I. Sekretär (Politik)
Frau Graciela Both
Herr Wilhelmus P. Henskens, I. Sekretär (Leiter der Verwaltung) [17.08.1998]
Frau Cornelia A.P. Henskens
Herr Tineke Mulder, II. Sekretär (Politik)
Herr Dr. Wim Maarse, Gesandter (Leiter der Wirtschaft) [16.08.1998]
Frau Catharina A. Maarse
Herr Reinout Vos, Botschaftsrat (Wirtschaft) [01.08.2001]
Frau Vos
Herr Jan E. Boeles, Botschaftsrat (Presse)
Herr Dr. Matthijs H. Spigt, Botschaftsrat (Wissenschaft) [18.03.2003]
Frau Hendrika Horstink
Herr E. V. Sjerp, Botschaftsrat (Verkehr)
Herr George Lawson, Botschaftsrat (Presse und Kultur) (1. 9.2000)
Frau Geertruida Bleeker
Herr Ton van Zeeland, I. Sekretär (Kultur) [01.08.2001]
Oberst i.G. Roger in het Weld, (Verteidigungsattaché)
Frau Maja in het Weld
Oberstleutnant Rudolf J. W. Schoonderwoerd, stellvertretender Verteidigungsattaché und Militärischer Rechtsberater [05.03.2001]
Frau Henriette Schoonderwoerd
Fregattenkapitän Marcel Hendriks Vettehen
Frau Monique Hendriks Vettehen
Herr Dipl.-Ing. Jaap J. Pape, Botschaftsrat (Landwirtschaft, Naturschutz und Fischerei) [16.06.1998]
Frau Rien Pape
Frau Sylvia M. C. Deepen, Attaché (Landwirtschaft) [02.06.2003]
Herr Hermann Deepen
Herr Nico Mastenbroek, Botschaftsrat (Justiz)
Frau Annet A. Klappe-Herkert, Attaché (Zollwesen) [15.01.2000]
Herr Bernard Klappe
Herr Rick H. M. Weijermans, Attaché (Immigration und Grenzpolizeiangelegenheiten) [01.01.2000]

Aachen, Honorarkonsulat
Theaterstraße 6-8, IHK, 52062 Aachen
Tel.: (02 41) 3 32 53 / Fax: (02 41) 4 46 02 59, 4 46 02 01
E-Mail: nl-konsulat@aachen.ihk.de
Bürozeiten: Mo bis Fr 9.00 bis 12.00
Konsularbezirk: Stadt Aachen, Kreise Aachen, Düren und Heinsberg in Nordrhein-Westfalen
Herr Prof. Dr. Helmut Breuer, Honorarkonsul

Bremen, Honorarkonsulat
Domhof 17, 28195 Bremen
Tel.: (04 21) 32 37 26 / Fax: (04 21) 3 60 92 65

NIEDERLANDE

E-Mail: konsulat@schiffsbank.com
Bürozeiten: Mo bis Fr 9.00 bis 12.00
Konsularbezirk: Bremen und in Niedersachsen Reg.-Bez. Weser-Ems, Landkreis Wesermarsch, kreisfreie Stadt Delmenhorst, selbständige Gemeinde Stadt Nordenham, sowie im Reg.- Bez. Lüneburg Landkreise Cuxhaven und Osterholz, Stadt Cuxhaven
Herr Hylke Boerstra, Honorarkonsul

Dresden, Honorarkonsulat
Palaisplatz 3, 01097 Dresden
Bürozeiten: Mo bis Fr 9.00 bis 17.00
Konsularbezirk: Dresden im Sachsen
Herr Dr. Georg Prinz zur Lippe-Weißenfeld

Düsseldorf, Generalkonsulat
Oststraße 10, Wehrhahn-Center, 40211 Düsseldorf
Tel.: (02 11) 3 61 30 55 / Fax: (02 11) 35 90 40
E-Mail: nlgovdus@aol.com / URL: www.niederlandeweb.de
Bürozeiten: Mo bis Fr 9.00 bis 12.00
Konsularbezirk: Nordrhein-Westfalen
Herr Dr. C. G. J. van Honk, Generalkonsul [08.08.2000]

Duisburg, Honorarkonsulat
Mülheimer Straße 100, 47057 Duisburg
Tel.: (02 03) 35 10 91 / Fax: (02 03) 36 28 18
Bürozeiten: Mo bis Fr 9.00 bis 12.00
Konsularbezirk: Städte Duisburg und Oberhausen sowie im Kreis Wesel die Städte Dinslaken, Kamp-Lintfort, Moers, Neukirchen-Vluyn, Rheinberg und Voerde in Nordrhein-Westfalen
Herr Dr. Gerd Wilhelm Hulsman, Honorarkonsul

Emden, Honorarkonsulat
Klunderburgstraße 15, 26721 Emden
Tel.: (0 49 21) 2 14 04 / Fax: (0 49 21) 3 44 92
Bürozeiten: Mo bis Fr 9.00 bis 12.00 und nach Vereinbarung
E-Mail: nlkonsemd@freenet.de
Konsularbezirk: Im Reg.-Bez. Weser-Ems die Landkreise Ammerland, Aurich, Cloppenburg, Friesland, Leer, Oldenburg, Vechta und Wittmund, die Städte Emden und Willhelmshaven, sowie die selbständigen Gemeinden Städte Norden in Niedersachsen
Herr Johannes Riepma, Honorarkonsul

Frankfurt am Main, Generalkonsulat
Bockenheimer Landstraße 39, 60325 Frankfurt am Main
Tel.: (0 69) 9 71 20 10 / Fax: (0 69) 97 12 01 55
E-Mail: nlgovfra@t-online.de / URL: www.niederlandeweb.de
Bürozeiten: Mo bis Fr 9.00 bis 12.00
Konsularbezirk: Hessen, Rheinland-Pfalz und Saarland
Herr Jøn Zaadhof, Generalkonsul

Hamburg, Generalkonsulat
Alsterufer 10, 20354 Hamburg
Tel.: (0 40) 4 50 33 80 / Fax: (0 40) 45 03 50 73
E-Mail: nlgovham@t-online.de / URL: www.niederlandeweb.de
Bürozeiten: Mo bis Fr 9.00 bis 12.00, nachmittags nach Vereinbarung
Konsularbezirk: Hamburg, Bremen, Niedersachsen und Schleswig-Holstein
Herr Robert G. J. Sterneberg, Generalkonsul

Hannover, Honorarkonsulat
Schiffgraben 36, 30175 Hannover
Tel.: (05 11) 8 50 53 80 / Fax: (05 11) 8 50 53 45
E-Mail: hannover@hollandinhamburg.de
Bürozeiten: Mo bis Fr 9.00 bis 12.00
Konsularbezirk: Niedersachsen mit Ausnahme des Reg.-Bez. Weser-Ems, der
 Landkreise Cuxhaven und Osterholz sowie im Reg.-Bez. Lüneburg der Stadt
 Cuxhaven
Herr Dr. Peter Haverbeck, Honorarkonsul

Kleve, Honorarkonsulat
Große Straße 47, 47533 Kleve
Tel.: (0 28 21) 2 40 06 / Fax: (0 28 21) 5 07 57
E-Mail: hermann-vonameln@commerzbank.com
Bürozeiten: Mo bis Fr 9.00 bis 12.00
Konsularbezirk: Im Reg.-Bez. Düsseldorf der Kreis Kleve, im Kreis Wesel die
 Städte Hamminkeln, Wesel und Xanten, die Gemeinden Alpen, Hünxe,
 Schermbeck und Sonsbeck in Nordrhein-Westfalen
Herr Hermann von Ameln, Honorarkonsul

Koblenz, Honorarkonsulat
Carl-Spaeter-Straße 10, 56070 Koblenz
Tel.: (02 61) 89 14 43 / Fax: (02 61) 80 06 88
Bürozeiten: Mo bis Fr 9.00 bis 12.00
Konsularbezirk: Rheinland-Pfalz
Herr Gerhard Rudolf Buddenbaum

Köln, Honorarkonsulat
Richard-Strauß-Straße 2, 50931 Köln
Tel.: (02 21) 40 08 43 00 / Fax: (02 21) 40 08 41 48
E-Mail: nl@bauwens.de
Bürozeiten: Mo bis Fr 9.00 bis 12.00
Konsularbezirk: Reg.-Bez. Köln mit Ausnahme der Städte Aachen und Bonn sowie
 der Kreise Aachen, Düren, Heinsberg und des Rhein-Sieg-Kreises
Herr Paul Bauwens-Adenauer, Honorarkonsul

München, Generalkonsulat
Dachauer Straße 37, 80335 München
Tel.: (0 89) 54 55 82 95 / Fax: (0 89) 54 55 82 72
E-Mail: nlgovmun@onlinehome.de / URL: www.niederlandeweb.de
Bürozeiten: Mo bis Fr 9.00 bis 12.00
Konsularbezirk: Bayern
Herr K. W. Spaans, Generalkonsul [07.09.1998]

Münster/Westf., Honorarkonsulat
Prinzipalmarkt 13-14, 48143 Münster/Westf.
Tel.: (02 51) 4 52 60 / Fax: (02 51) 4 36 99
Bürozeiten: Mo bis Fr 9.00 bis 12.00
Konsularbezirk: Reg.-Bez. Münster in Nordrhein-Westfalen
Herr Dr. Paul Hüffer, Honorarkonsul

Nürnberg, Honorarkonsulat
Gustav Adolf-Straße 18, 90513 Zirndorf
Tel.: (09 11) 9 96 00 40 / Fax: (09 11) 99 60 21
Bürozeiten: Mo bis Fr 9.00 bis 17.00
Konsularbezirk: Reg.-Bez. Mittel-, Ober-, Unterfranken und Oberpfalz in Bayern
Herr Dr. Wolfgang Bühler, Honorarkonsul

Osnabrück, Honorarkonsulat
Neuer Graben 38, 49074 Osnabrück
Tel.: (05 41) 2 43 63 / Fax: (05 41) 35 31 71
E-Mail: osnabrück@hollandinhamburg.de
Bürozeiten: Mo bis Fr 9.00 bis 12.00
Konsularbezirk: Im Reg.-Bez. Weser-Ems die Landkreise Emsland, Grafschaft Bentheim und Osnabrück, kreisfreie Stadt Osnabrück, Stadt Lingen, selbständige Gemeinden Städte Georgsmarienhütte, Melle und Nordhorn in Niedersachsen
Herr Dipl.-Kfm. Gerd-Christian Titgemeyer, Honorarkonsul

Rendsburg, Honorarkonsulat
Kieler Straße 10, 24790 Schacht-Audorf
Tel.: (0 43 31) 9 22 05 / Fax: (0 43 31) 9 11 47
E-Mail: raegrothfuersen@t-online.de
Bürozeiten: Mo bis Fr 8.00 bis 12.00, 14.30 bis 16.00
Konsularbezirk: Landkreise Dithmarschen und Rendsburg-Eckernförde, sowie die Stadt Kiel in Schleswig-Holstein
Herr Dr. Ernst J. Fürsen, Honorarkonsul

Saarbrücken, Honorarkonsulat
Betzenstraße 9, 66111 Saarbrücken
Tel.: (06 81) 9 38 52 14 / Fax: (06 81) 39 74 93
Bürozeiten: Mo bis Fr 9.00 bis 12.00, außer Mi
Konsularbezirk: Saarland
Frau B. von Boch-Galhau, Honorarkonsul

Stuttgart, Honorargeneralkonsulat
Herdweg 60, 70174 Stuttgart
Tel.: (07 11) 29 70 80 / Fax: (07 11) 2 26 48 20
E-Mail. nlgovstu@t-online.de
Bürozeiten: Mo bis Fr 9.00 bis 12.00
Konsularbezirk: Baden-Württemberg
Herr Stephan Ziegler, Honorargeneralkonsul

NIGER

Botschaft der Republik Niger:
Dürenstraße 9, 53173 Bonn
Sekretariat:
Tel.: (02 28) 3 50 27 82 / Fax: (02 28) 3 50 27 68
Büro des Botschafters:
Tel.: (02 28) 3 68 18 36
E-Mail: ambaniger@t-online.de
Bürozeiten: Mo bis Fr 9.00 bis 12.00, 13.00 bis 17.00

S. E. Herr Amadou Toure, außerordentlicher und bevollmächtigter Botschafter [05.09.2001]
Frau Marion Toure
Herr Ali Illiassou, Botschaftsrat [25.10.2002]
Frau Ali Aissa Illiassou
Herr Abdoulaye Mayaki Mohamed, I. Sekretär [29.05.1994]
Frau Faiji Mohamed

Kiel, Honorarkonsulat
Bertha von Suttner-Weg 8, 24340 Eckernförde
Tel.: / Fax: (0 43 51) 61 81

Bürozeiten: Nach Vereinbarung
Konsularbezirk: Schleswig-Holstein, Bremen, Freie und Hansestadt Hamburg, Niedersachsen und Nordrhein-Westfalen
Herr Dr. Joachim Krumhoff, Honorarkonsul

Mannheim, Honorarkonsulat
Besselstraße 26, 68219 Mannheim
Tel.: (06 21) 87 95 60 / Fax: (06 21) 8 79 03 65
Bürozeiten: Mo bis Fr 9.00 bis 16.00
Konsularbezirk: Baden-Württemberg, Rheinland-Pfalz und Saarland
Herr Dr. Heinz Braun, Honorarkonsul

München, Honorarkonsulat
Ludwig Thoma Straße 13, 82031 Grünwald
Tel.: (0 89) 6 49 20 82 / Fax: (0 89) 6 49 23 46
Bürozeiten: Mo bis Fr 10.00 bis 13.00
Konsularbezirk: Bayern und Hessen
Herr Carl Wiedmeyer, Honorarkonsul

NIGERIA

Botschaft der Bundesrepublik Nigeria:
Neue Jakobstraße 4, 10179 Berlin
Tel.: (0 30) 21 23 00 / Fax: (0 30) 21 23 02 12
E-Mail: embassynigeria@yahoo.com / URL: www.nigeria-online.de
Bürozeiten: Mo bis Fr 9.00 bis 16.00

Herr Baba Gana Wakil, Gesandter (Geschäftsträger a. i.) [24.12.1998]
Frau Habiba Ammah Wakil
Herr Salihu Abubakar Atimah, Gesandter [17.05.2003]
Frau Ruphina O. Atimah
Herr Anthony Emezie Eze, Gesandter [22.04.2003]
Frau Bridget Eze
Herr Mohammed Kudu Yahaya, Gesandter-Botschaftsrat [12.06.1999]
Frau Fatima Ladidi Yahaya
Herr Aniefiok Udo Johnson, Gesandter-Botschaftsrat [26.04.2000]
Frau Bassey Johnson
Herr Emanuel Nnamdi Akeh, Gesandter-Botschaftsrat [30.04.2000]
Frau Grace Obiageli Akeh
Herr Babatunde Ayinla Nurudeen, Gesandter-Botschaftsrat [14.05.2003]
Frau Haleemat Abolore Nurudeen
Frau Beatrice Bosede Adetona, Botschaftsrätin [26.01.2002]
Frau Aishatu Aliyu Musa, Botschaftsrätin [03.05.2003]
Herr Cletus Amaefule, Attaché (Finanzen) [18.04.2003]
Frau Euphrasia Chika Amaefule
Frau Agnes E. Okolie-Kingsley, Attaché [25.04.2003]
Herr John Ndubuisi Ugwu, Attaché [28.04.2003]
Frau Esther Udemezue Ugwu
Herr Honorus Ezekwem Obasi, Attaché [05.06.1999]
Frau Caroline C. Obasi
Frau Florence Adeola, Attaché [03.06.1999]
Herr Matthew Haruna, Attaché (Information) [06.01.2001]
Frau Rebecca Haruna
Frau Monilola Abudu, Attaché (Information) [15.01.2001]
Herr Lateff Abudu

NORWEGEN

Botschaft des Königreichs Norwegen:
Rauchstraße 1, 10787 Berlin
Tel.: (0 30) 50 50 50 / Fax: (0 30) 50 50 55
E-Mail: emb.berlin@mfa.no / URL: www.norwegen.org
Bürozeiten: Mo bis Fr 9.00 bis 16.00
Büro des Botschafters:
Tel.: (0 30) 50 50 50
Büro des Gesandten:
Tel.: (0 30) 50 50 51 02
Konsularabteilung:
Tel.: (0 30) 50 50 56 10, 50 50 56 11
Sprechzeiten: Mo bis Fr 9.00 bis 12.00
Konsularbezirk: Berlin
Militärabteilung:
Tel.: (0 30) 50 50 57 00

S. E. Herr Bjørn Tore Godal, außerordentlicher und bevollmächtigter Botschafter [16.05.2003]
Frau Gro Balas
Herr Petter Ølberg, Gesandter (Stellvertreter des Botschafters) (Leiter der Wirtschaftsabteilung) [11.10.1999]
Herr Carl P. Salicath, Gesandter (Leiter der politischen Abteilung) [13.08.2001]
Frau Iris Salicath
Frau Ingrid Norstein, I. Botschaftssekretärin (Politik) [07.08.2000]
Herr Dr. Wolfgang Biermann
Frau Anne-Kirsti Wendel Karlsen, Botschaftssekretärin (Politik)
Herr Stein Iversen, I. Botschaftssekretär (Wirtschaftsabteilung) [21.08.2001]
Oberst i.G. Arne Skjærpe, Verteidigungsattaché [01.08.2000]
Frau Unni Grimsmo Skjærpe
Fregattenkapitän Terje Andersen, Stellvertretender Verteidigungsattaché [01.08.2000]
Frau Bjørg Blystad
Herr Johan K. Meyer, Botschaftsrat (Leiter der Presse- und Kulturabteilung) [12.08.2002]
Frau Laila Thuestad
Frau Ingrid Schøyen, I. Botschaftssekretär (Presse)
Frau Anne Grete Usnarsky, (Kultur und Information)
Herr Rüdiger Alms, (Kultur und Infomation)
Herr Harald van Rees Rotler, Botschaftsrat (Leiter der Verwaltungs- und Konsularabteilung) [18.11.2002]
Frau Anne-Lise Slettvoll
Frau Inger Helene Jølle, Konsulin
Frau Marie Louise Hansen, Attaché (Verwaltung/Buchhaltung) [07.05.2001]
Herr Øystein Egeberg, Attaché (Polizeiangelegenheiten) [01.10.2002]
Frau Vigdis Ilona Egeberg

Bremen, Honorarkonsulat
Faulenstraße 2/12, 28195 Bremen
Tel.: (04 21) 3 03 42 93 / Fax: (04 21) 3 03 42 94
Bürozeiten: Mo und Do 9.00 bis 12.00
Konsularbezirk: Bremen sowie im Reg.-Bez. Weser-Ems des Landes
 Niedersachsen die Städte Delmenhorst, Emden, Oldenburg, Osnabrück und
 Wilmhelmshaven sowie die Landkreise Ammerland, Aurich, Emsland,
 Friesland, Grafschaft Bentheim, Leer, Oldenburg, Osnabrück, Wesermarsch
 und Wittmund
Herr Hans Christian Specht, Honorarkonsul

Düsseldorf, Honorargeneralkonsulat
E.ON-Platz 1, 40479 Düsseldorf
Tel.: (02 11) 457 94 49 / Fax: (02 11) 457 95 01

E-Mail: gk.duesseldorf@eon.com
Öffnungszeiten: Mo bis Fr 9.00 bis 12.00
Bürozeiten: Mo bis Fr 9.00 bis 15.00
Konsularbezirk: Nordrhein-Westfalen, Rheinland-Pfalz und Saarland
Herr Ulrich Hartmann, Honorargeneralkonsul

Handels- und Technologieabteilung:
Postfach 30 07 17, 40407 Düsseldorf
Tel. (02 11) 45 89 0 / Fax: (02 11) 45 89 11 0
E-Mail: dusseldorf@ntc.no
Bürozeiten: Mo bis Do 8.30 bis 12.00, 13.00 bis 16.30, Fr 8.30 bis 15.30
Herr Knut Nesse, Konsul

Frankfurt am Main, Honorarkonsulat
Bethmannstraße 56, 60311 Frankfurt am Main
Tel.: (0 69) 131 08 15 / Fax: (0 69) 29 90 81 08
E-Mail: norwegisches.konsulat-frankfurt@bakernet.com
Bürozeiten: Mo bis Fr 13.00 bis 16.00
Konsularabteilung: Mo bis Mi und Fr 9.00 bis 12.00, Do 12.00 bis 15.00
Konsularbezirk: Hessen
Herr Dr. Karl-L. Koenen, Honorarkonsul

Norwegisches Fremdenverkehrsamt
Neuer Wall 41, 20354 Hamburg
Tel.: (0 18 05) 00 15 48 / Fax: (0 40) 22 71 08 15
URL: www.ntr.no
Herr Stein-Ove Rolland, Geschäftsführer

Hannover, Honorarkonsulat
Herrenhäuser Straße 83, 30419 Hannover
Tel.: (05 11) 790 72 12 / Fax: (05 11) 2 79 57 33
E-Mail: konsulatnorwegenhannover@herrenhaeuser.de
Bürozeiten: Mo bis Fr 9.00 bis 12.00, 13.00 bis 15.00
Konsularbezirk: Reg.-Bez. Hannover, Braunschweig und Lüneburg sowie im Reg.-Bez. Weser-Ems die Landkreise Cloppenburg und Vechta in Niedersachsen
Herr Manfred Middendorff, Honorarkonsul [30.11.2002]

Jena, Honorargeneralkonsulat
c/o Jenoptik GmbH
Carl Zeiss-Straße 1, 07743 Jena
Tel.: (0 36 41) 65 22 02 / Fax: (0 36 41) 65 24 83
Öffnungszeiten: Mo bis Fr 9.00 bis 12.00
Bürozeiten: Mo bis Fr 8.00 bis 18.00
Konsularbezirk: Thüringen und Sachsen-Anhalt
Herr Dr. h.c. Lothar Späth, Honorargeneralkonsul

Kiel, Honorarkonsulat
Europaplatz 5, 24103 Kiel
Tel.: (04 31) 24 00-111 / Fax: (04 31) 24 00-112
E-Mail: norwegisches.konsulat.kiel@vr-web.de
Öffnungszeiten: Mo bis Fr 9.00 bis 12.00
Herr Carl-Christian Ehlers, Honorarkonsul

Leipzig, Honorarkonsulat
Braunstraße 7, 04347 Leipzig
Tel.: (03 41) 443 20 60 / Fax: (03 41) 443 20 09
Öffnungszeiten: Mo bis Mi 9.00 bis 12.00, 13.00 bis 16.00, Do 9.00 bis 17.00, Fr 9.00 bis 12.00

Konsularbezirk: Sachsen
Herr Dr. Klaus Ewald Holst, Honorarkonsul

Lübeck, Honorarkonsulat
Geniner Straße 249, 23560 Lübeck
Tel.: (04 51) 530 22 11 / Fax: (04 51) 530 24 90
Bürozeiten: Mo bis Fr 10.00 bis 12.30
Konsularbezirk: Hansestadt Lübeck sowie die Kreise Lauenburg, Ostholstein, Segeberg und Stormarn in Schleswig-Holstein
Frau Petra Baader, Honorarkonsulin

München, Honorarkonsulat
Promenadeplatz 7, 80333 München
Tel.: (0 89) 22 41 70 / Fax: (0 89) 24 29 48 95
E-Mail: norwegisches.konsulat-muenchen@epost.de
Öffnungszeiten: Mo bis Fr 9.00 bis 12.00, Do 14.00 bis 17.30
Konsularbezirk: Bayern
Herr Aloysius Rauen, Honorarkonsul

Rostock, Honorarkonsulat
Am Vögenteich 23, 18057 Rostock
Tel.: (03 81) 643 10 11 / Fax: (03 81) 643 10 09
E-Mail: nor.konsulat.hro@web.de
Bürozeiten: Mo bis Do 7.30 bis 18.00, Fr 7.30 bis 16.30
Sprechzeiten: nach Vereinbarung
Bürozeiten: Mo bis Do 7.30 bis 18.00, Fr 7.30 bis 16.30
Konsularbezirk: Mecklenburg-Vorpommern
Herr Detlef Hesse, Honorarkonsul [18.09.2000]

Stuttgart, Honorarkonsulat
c/o Dr. Ing. h.c. F. Porsche AG
Porscheplatz 1, 70435 Stuttgart
Tel.: (07 11) 911 64 66 / Fax: (07 11) 911 61 91
Bürozeiten: Mo bis Fr 10.00 bis 12.00
Konsularbezirk: Baden-Württemberg
Herr Holger P. Härter, Konsul

ÖSTERREICH

Botschaft der Republik Österreich:
Stauffenbergstraße 1, 10785 Berlin
Tel.: (0 30) 20 28 70 / Fax: (0 30) 2 29 05 69
E-Mail: berlin-ob@bmaa.gv.at / URL: www.oesterreichische-botschaft.de
Bürozeiten: Mo bis Fr 8.30 bis 16.30
Presseabteilung:
Tel.: (0 30) 20 28 71 61
Wirtschaftsabteilung:
Tel.: (0 30) 20 28 71 33
Kulturabteilung:
Tel.: (0 30) 20 28 71 14
Konsularabteilung:
Tel.: (0 30) 20 28 71 45
Sprechzeiten: Mo bis Fr 9.00 bis 12.00
Alle anderen Angelegenheiten:
Tel.: (0 30) 20 28 70
Büro des Verteidigungsattachés:
Tel.: (0 30) 20 16 59 26 / Fax: (0 30) 20 16 59 93

E-Mail: bmlv.vage@t-online.de
Büro des Handesldelegierten:
Tel.: (0 30) 2 57 57 50 / Fax: (0 30) 25 75 75 75
E-Mail: berlin@wko.at

S. E. Herr Dr. **Christian Prosl,** außerordentlicher und bevollmächtigter Botschafter [10.01.2003]
Frau Patricia Prosl
Herr Mag. Jürgen Meindl, Gesandter [21.11.2002]
Frau Dr. Jutta Meindl-Weiss
Herr Mag. Stefan Pehringer, I. Sekretär [20.01.1999]
Herr Mag. Peter Krois, II. Sekretär [09.09.2002]
Frau Ingrid Köhn, Botschaftsrätin (Verwaltung) [16.08.1996]
Herr Wolfgang Köhn
Herr Alexander Zenz, III. Sekretär (Verwaltung) [28.02.2002]
Herr Ernst Schleich, Attaché (Verwaltung) [31.05.2001]
Frau Herzlinde Schleich
Frau Helga Gerlinde Hufnagl-Gußmack, Beigeordneter Attaché (Verwaltung) [30.01.1998]
Herr Manfred Hufnagl
Herr Peter Zelezny, Beigeordneter Attaché (Verwaltung) [17.10.1997]
Frau Christine Zelezny
Herr Paul Jenewein, Botschaftsrat und Generalkonsul (Leiter der Konsularabteilung) [05.08.2002]
Frau Mary Jenewein
Herr Mag. Georg Schnetzer, Presserat (Presse, Information und Politische Öffentlichkeitsarbeit) [13.08.1999]
Frau Dipl. Ing. Christiane Schnetzer
Frau Dr. Teresa Indjein, Botschaftsrätin (Kultur und Wissenschaft) (Direktorin des Kulturforums) [09.09.2002]
Herr Dr. Leo Szlezak, Gesandter (Agrar- und Umweltangelegenheiten) [14.09.1998]
Frau Mag. Maria Szlezak
Herr Brigadegeneral Hans Helmut Moser, Verteidigungsattaché [05.10.2000]
Frau Ruperta Moser
Herr Major Thomas Heim, stellvertretender Verteidigungsattaché [22.11.2001]
Frau Gertrude Heim
Herr Vizeleutnant Heinz Höbert, Attaché (militärische Angelegenheiten) [03.07.1995]
Frau Marita Höbert
Herr Dr. Walter Pöschl, Botschaftsrat (Handelsangelegenheiten) [16.09.2002]
Frau Helga Pöschl
Frau Mag. Martina Kotz, Attaché (Handelsangelegenheiten) [16.11.2002]
Herr Bernhard Peter Schmidt, Attaché (Handelsangelegenheiten) [26.11.1997]
Frau Ingrid Schmidt

Außenstelle Bonn
Johanniterstraße 2, 53113 Bonn
Tel.: (02 28) 53 00 60 / Fax: (02 28) 54 90 40
E-Mail:bonn-as@bmaa.gv.at / URL: www.oesterreichische-botschaft.de
Bürozeiten: Mo bis Fr 9.00 bis 12.00
Konsularbezirk: Nordrhein-Westfalen, Hessen, Rheinland-Pfalz, Saarland

Frau Dr. Senta Wessely-Steiner, Gesandte (Leiterin der Außenstelle) [24.11.1999]
Herr Stefan Kindl, II. Sekretär (Verwaltungs- und Konsularabteilung) [08.07.2002]
Frau Johanna Hausensteiner, beigeordneter Attaché [20.04.2000]
Frau Monika Stimpson, beigeordneter Attaché (Verwaltung) [30.01.1998]
Herr Dr. Gene Stimpson
Frau Dr. Christine Zwettler, Botschaftsrätin (Handelsangelegenheiten) [01.10.2001]

Bremen, Honorarkonsulat
Auf dem Dreieck 5, 28197 Bremen
Postfach 10 10 44, 28197 Bremen

ÖSTERREICH

Tel.: (04 21) 5 36 86 79 / Fax: (04 21) 5 36 86 78
E-Mail: oesterr.konsulat@thb-bremen.de
Bürozeiten: Mo bis Do 9.00 bis 12.00
Konsularbezirk: Bremen
Herr Robert O. Drewes, Honorarkonsul

Dortmund, Honorarkonsulat
Königswall 21, 44137 Dortmund
Tel.: (02 31) 9 05 61 01 / Fax: (02 31) 9 05 61 12
Bürozeiten: Mo bis Do 10.00 bis 12.00, 14.00 bis 16.00, Fr 10.00 bis 12.30
Konsularbezirk: Reg.-Bez. Arnsberg
Herr Bodo Harenberg, Honorarkonsul

Frankfurt am Main, Honorarkonsulat
Lyoner Straße 16, 60528 Frankfurt am Main
Tel.: (0 69) 6 60 61 96 / Fax: (0 69) 6 60 61 97
E-Mail: email@austroko.ffm.de
Bürozeiten: Mo bis Fr 9.00 bis 13.00
Konsularbezirk: Hessen
Herr Adalbert H. Lhota, Honorarkonsul

Hamburg, Generalkonsulat
Alsterufer 37, 20354 Hamburg
Tel.: (0 40) 4 13 29 50 / Fax: (0 40) 45 29 07
E-Mail: hamburg-gk@bmaa.gv.at
Bürozeiten: Mo bis Fr 9.00 bis 12.00
Konsularbezirk: Hamburg, Bremen, Niedersachsen und Schleswig-Holstein
Herr Adolf Klement, Generalkonsul [15.11.2000]

Hannover, Honorarkonsulat
Constantinstraße 40, 30177 Hannover
Tel.: (05 11) 9 07 48 70 / Fax: (05 11) 9 07 48 12
Bürozeiten: Mo bis Fr 10.00 bis 11.00
Konsularbezirk: Niedersachsen
Herr Dr. Heinrich Dickmann, Honorarkonsul

Kiel, Honorarkonsulat
Lorentzendamm 21, 24103 Kiel
Tel.: (04 31) 55 25 05 / Fax: (04 31) 5 19 27 36
E-Mail: austriahoko-kiel@t-online.de
Bürozeiten: Mo bis Fr 9.30 bis 11.30
Konsularbezirk: Schleswig-Holstein mit Ausnahme der Stadt Lübeck, Landkreise
   Herzogtum Lauenburg, Ostholstein und Stormarn
Herr Dr. Fritz Süverkrüp, Honorarkonsul

Lübeck, Honorarkonsulat
Gertrudenstraße 15, 23568 Lübeck
Tel.: (04 51) 3 10 01 50 / Fax: (04 51) 3 10 01 42
Bürozeiten: Mo bis Fr 9.00 bis 12.00
Konsularbezirk: Stadt Lübeck sowie die Kreise Herzogtum Lauenburg, Ost-
   Holstein und Stormarn
Herr Joachim Brüggen, Honorarkonsul

München, Generalkonsulat
Ismaninger Straße 136, 81675 München
Postfach 86 06 40, 81633 München
Tel.: (0 89) 99 81 50 / Fax: (0 89) 9 81 02 25
E-Mail: muenchen-gk@bmaa.gv.at / URL: www.oegkmuenchen.de

Visaabteilung: (0 89) 9 98 15 41
Paßabteilung: (0 89) 9 98 15 44
Staatsbürgerschaftsabteilung: (0 89) 9 98 15 43
Bürozeiten: Mo bis Fr 9.00 bis 12.00, Mi 14.00 bis 16.00
Konsularbezirk: Bayern und Baden-Württemberg
Herr Dr. Christian Lassmann, Generalkonsul [06.09.1999]

Rostock, Honorarkonsulat
Am Campus 1-11, 18182 Rostock
Tel.: (03 81) 2 52 33 55 / Fax: (03 81) 2 52 33 56
E-Mail: oesterreich@konsulat-rostock.de
Bürozeiten: Mo bis Fr 9.00 bis 12.00
Konsularbezirk: Mecklenburg-Vorpommern
Herr Wolfgang Grieger, Honorarkonsul

Stuttgart, Honorargeneralkonsulat
Augustenstraße 4, 70178 Stuttgart
Tel.: (07 11) 62 62 60 / Fax: (07 11) 62 82 64
E-Mail: oesterreichisches-konsulat@t-online.de
Bürozeiten: Mo bis Fr 10.00 bis 12.00
Konsularbezirk: Baden-Württemberg und Reg.-Bez. Schwaben in Bayern
Herr Dr. Jur. Cornelius Grupp, Honorarkonsul

OMAN

Botschaft des Sultanats Oman:
Lindenallee 11, 53173 Bonn
Tel.: (02 28) 35 70 31 bis 35 70 34 / Fax: (02 28) 35 70 45
E-Mail: info@oman-embassy.de / URL: www.oman-embassy.de
Bürozeiten: Mo bis Fr 9.00 bis 15.00

S. E. Ahmed bin Mohammed Zaher Al-Hinai, außerordentlicher und bevollmächtigter Botschafter
Frau Amima Mohammed Said Al-Riyami
Herr Sayyid Fakhri Moh'd Said Al-Said, Botschaftsrat (Geschäftsträger a.i.) [04.08.1997]
Frau Ibtisam Hassan Abdullah
Herr Yahya bin Moosa bin Issa Al-Bakri, I. Sekretär [13.08.2001]
Frau Badryia bint Issa Al-Harbi
Herr Abdullah bin Khalfan Al-Harrasi, II. Sekretär [23.10.2000]
Frau Ghania Al-Dawaiani

Frankfurt am Main, Honorargeneralkonsulat
Feuerbach Straße 26-32, 60325 Frankfurt am Main
Tel.: (0 69) 17 00 79-0 / Fax: (0 69) 17 00 79-125
E-Mail: HGKoman@t-online.de
Bürozeiten: Mo, Mi, Do 10.00 bis 12.00
Konsularbezirk: Hessen, Baden-Württemberg, Bayern, Rheinland-Pfalz und Saarland
Herr Friedhelm Jost, Honorargeneralkonsul

PAKISTAN

Botschaft der Islamischen Republik Pakistan:
Schaperstraße 29, 10719 Berlin
Tel.: (0 30) 21 24 40, 21 24 44 99 / Fax: (0 30) 21 24 42 10
E-Mail: pakemb.berlin@t-online.de

Bürozeiten: Mo bis Fr 8.30 bis 13.00, 14.00 bis 17.00
Presseabteilung:
Tel.: (0 30) 21 24 41 41 / Fax: (0 30) 21 24 42 40
Handelsabteilung:
Darmstädter Landstraße 199, 40598 Frankfurt am Main
Tel.: (0 69) 42 10 12 / Fax: (0 30) 21 24 41 05
Konsularabteilung: Mo bis Fr 9.00 bis 12.00

S. E. Herr Asif Ezdi, außerordentlicher und bevollmächtigter Botschafter [29.08.2001]
Frau Seemee Ezdi
Frau Humaira Hasan, Gesandte [12.08.1998]
Herr Mohammad Aslam, Botschaftsrat [12.08.2002]
Herr Zaighamuddin Azam, Botschaftsrat [08.11.2000]
Frau Nazia Zaigham
Herr Tariq Ahmad Lodhi, Botschaftsrat (Konsularabteilung) [29.11.2000]
Frau Rubina Shagufta Lodhi
Herr Malik Mohammad Ashraf, Botschaftsrat (Presse) [17.10.2000]
Frau Kishwar Sultana
Herr Muhammad Saleem, II. Sekretär [07.12.2000]
Frau Rehana Saleem
Brigadegeneral Kamal Aziz, Verteidigungsattaché [23.10.1999]
Frau Nighat Aziz
Herr Asim Adnan, Attaché (Technik) [21.09.2001]
Frau Iffat Tehseen

Bremen, Honorarkonsulat
Präsident-Kennedy-Platz 1, 28203 Bremen
Tel.: (04 21) 32 36 10, 36 82 33 / Fax: (04 21) 3 67 82 32
Bürozeiten: Mo bis Fr 9.00 bis 12.00
Konsularbezirk: Bremen
Herr Peter Koopmann, Honorarkonsul [10.03.1983]

Frankfurt am Main, Generalkonsulat
Waldschmidtstraße 39, 60316 Frankfurt am Main.
Tel.: (0 69) 42 10 12 14 / Fax: (0 69) 42 10 17
E-Mail: parep_frankfurt@t-online.de
Bürozeiten: Mo bis Fr 9.00 bis 16.00
Handelsabteilung:
Darmstädter Landstraße 199, 60598 Frankfurt am Main
Tel.: (0 69) 69 76 97 11, 69 76 97 14 / Fax: (0 69) 69 76 97 20
Konsularbezirk: Hessen, Rheinland-Pfalz und Saarland
Herr Abdul Malik Abdullah, Generalkonsul [12.10.2002]
Herr Malik Mohammad Farooq, II. Sekretär [23.09.2002]
Herr Fawad Hasan Fawad, Botschaftsrat (Handel) [23.09.2002]

Hamburg, Honorargeneralkonsulat
Warburgstraße 50, 20354 Hamburg
Tel.: (0 40) 44 11 13 15 / Fax: (0 40) 44 11 13 13
Bürozeiten: Mo bis Fr 9.00 bis 16.00
Konsularbezirk: Hamburg und Schleswig-Holstein
Herr Prof. Dr. h. c. Hermann Schnabel, Honorargeneralkonsul [23.11.1983]

München, Honorargeneralkonsulat
Lindenschmitstraße 37, 3. Stock, 81371 München
Tel.: (0 89) 53 48 80 / Fax: (0 89) 51 45 62 44
Bürozeiten: Mo bis Do 9.00 bis 12.00
Konsularbezirk: Bayern und Baden-Württemberg
Frau Sieglinde Heckelmann, Honorargeneralkonsulin [11.1989]

PALAU

Botschaft der Republik Palau:
1150 18th Street N.W., Suite 750, Washington D.C. 20036/USA
Tel.: (0 01-2 02) 4 52 68 14 / Fax: (0 01-2 02) 4 52 62 81
E-Mail: palau_embassy@hotmail.com / URL: www.palauembassy.org

PANAMA

Botschaft der Republik Panama:
Joachim-Karnatz-Allee 45, 3. OG., 10557 Berlin-Tiergarten
Tel.: (0 30) 22 60 58 11 / Fax: (0 30) 22 60 58 12
E-Mail: panaemba@t-online.de
Bürozeiten: Mo bis Fr 9.00 bis 16.00

S. E. Herr Hector Rolando Crespo, außerordentlicher und bevollmächtigter Botschafter
Frau Josefa de Crespo
Frau Askena Elena González, Attaché [01.11.1999]
Frau Lerys A. Lobo de Holzhaenger, Wirtschaftsrätin und Konsularangelegenheiten [01.10.2001]

Hamburg, Generalkonsulat
Gänsemarkt 44, V. Etage, 20354 Hamburg
Tel.: (0 40) 34 02 18, 34 36 16 / Fax: (0 40) 35 37 71
E-Mail: panconsul-hamburg@t-online.de
Bürozeiten: Mo bis Fr 9.00 bis 13.00
Konsularbezirk: Hamburg, Bremen, Mecklenburg-Vorpommern, Niedersachsen und Schleswig-Holstein
Herr Manuel Enrique Aizpurúa Adames, Generalkonsul

Kiel, Honorarkonsulat
Schloßgarten 6, 24103 Kiel
Tel.: (04 31) 5 57 94 62 / Fax: (04 31) 5 93 65 22
Bürozeiten: Mo bis Fr 9.00 bis 12.00
Konsularbezirk: Schleswig-Holstein
Herr Hermann Rothert, Honorarkonsul

Mainz, Honorargeneralkonsulat
Viermorgenweg 4, 55124 Mainz
Tel.: (0 61 31) 47 68 72, 47 31 74 / Fax: (0 61 31) 47 75 80
Bürozeiten: Mo bis Fr 9.00 bis 13.00, außer Mi
Konsularbezirk: Rheinland-Pfalz und Saarland
Herr Hans Dieter Klenk, Honorargeneralkonsul

München, Honorarkonsulat
Nördliche Münchner Straße 31-33, 82031 München
Tel.: (0 89) 6 49 32 05 / Fax: (0 89) 6 49 27 89
Bürozeiten: Mo bis Fr 9.00 bis 18.00
Konsularbezirk: Bayern
Herr Michael Häckel, Honorarkonsul

PAPUA-NEUGUINEA

Botschaft des Unabhängigen Staates Papua-Neuguinea:
Ambassade de Papouasie Nouvelle Guinéa

Avenue de Tervuren 430, B-1150 Brüssel
Tel.: (00 32) - 2 - 7 79 06 09, - 2 - 7 79 08 26, - 2 - 7 79 07 65
Fax: (00 32) - 2 - 7 72 70 88
E-Mail: kundu.brussels@skynet.be

S. E. Herr Gabriel Pepson, außerordentlicher und bevollmächtigter Botschafter

Hamburg, Honorarkonsulat
Mattentwiete 5, 20457 Hamburg
Tel.: (0 40) 30 38 02 43 / Fax: (0 40) 30 38 02 45
Bürozeiten: Do 10.00 bis 12.00
Konsularbezirk: Hamburg
Herr Horst Joachim Hörtelmann, Honorarkonsul

PARAGUAY

Botschaft der Republik Paraguay:
Hardenbergstraße 12, 10623 Berlin
Tel.: (0 30) 3 19 98 60 / Fax: (0 30) 31 99 86 17
E-Mail: embapyde@t-online.de
Bürozeiten: Mo bis Do 9.00 bis 17.00, Fr 9.00 bis 15.00

S. E. Herr José Martínez Lezcano, außerordentlicher und bevollmächtigter Botschafter [29.03.2000]
Frau Graciela Ojeda de Martínez
Frau Nimia da Silva Boschert, I. Sekretärin
Oberst I. G. Víctor Manuel Grosselle Cañete, Verteidigungsattaché
Frau Mirta Noemi Arce de Grosselle
Korvettenkapitän Enrique José Guerrero Clari, Stellvertretender Verteidigungsattaché
Frau Myriam Graciela Guevas de Guerrero
Herr Eduardo von Glasenapp, I. Sekretär

München, Honorargeneralkonsulat
Linprunstraße 2, 80335 München
Tel.: (0 89) 5 23 11 12 / Fax: (0 89) 52 46 35
E-Mail: paraguay@i-deal.de / URL: www.paraguay.de
Bürozeiten: Mo bis Fr 9.00 bis 12.00
Konsularbezirk: Bayern und Baden-Württemberg
Herr Alexander Grundner-Culemann, Honorargeneralkonsul

Potsdam, Honorarkonsulat
Yokrckstraße 27, 14467 Potsdam
Tel.: (03 31) 7 04 75 78 / Fax: (03 31) 7 04 86 55
Bürozeiten: Mo bis Fr 9.00 bis 12.00
Konsularbezirk: Brandenburg und Sachsen
Frau Sylva Franke, Honorarkonulin

Wiesbaden, Honorargeneralkonsulat
Wandersmannstraße 68, 65205 Wiesbaden
Tel.: (06 11) 71 13 61, 71 90 47 / Fax: (06 11) 71 24 90
Bürozeiten: Mo bis Fr 9.00 bis 13.00
Konsularbezirk: Hessen und Rheinland-Pfalz
Herr Rudolf Justus Hambach, Honorargeneralkonsul

PERU

Botschaft der Republik Peru:
Mohrenstraße 42, 10117 Berlin
Tel.: (0 30) 2 06 41 03 / Fax: (0 30) 20 64 10 51
E-Mail: gabinete@embaperu.de/ URL: www.embaperu.de
Bürozeiten: Mo bis Fr 9.00 bis 13.00, 14.30 bis 17.00
Konsularabteilung:
Tel.: (0 30) 2 29 14 55, 2 29 15 87 / Fax: (0 30) 2 29 28 57
E-Mail: sc-berlin@embaperu.de
Bürozeiten: Mo bis Fr 9.00 bis 13.00, 14.00 bis 16.00

S. E. Herr **Alfredo Novoa-Peña**, außerordentlicher und bevollmächtigter Botschafter [10.04.2002]
Frau Patricia Cain de Novoa
Herr **Mario Vélez**, Gesandter (Kanzleichef) [15.04.2002]
Frau Pilar Vélez
Herr **Zosimo Morillo**, Botschaftsrat (Verwaltung und Kultur) [01.04.2000]
Frau Dr. Ana María Pomar de Diamant, I. Sekretärin (Politik und Presse)
Herr **José Luis Gonzales**, I. Sekretär (Leiter der Konsularabteilung) [18.01.1999]
Frau Julissa María Rössl de Gonzales
Herr **Rafael Suarez**, I. Sekretär (Wirtschaft und Tourismus) [15.04.2002]
Frau Doris de Suarez

Bremen, Honorarkonsulat
Martinistraße 58, 28195 Bremen
Tel.: (04 21) 1 56 29 / Fax: (04 21) 1 45 06
E-Mail: dorita.steffanowski@bre.geuther-group.de
Bürozeiten: Mo bis Fr 9.00 bis 13.00
Konsularbezirk: Bremen
Herr **Artur Schnitger**, Honorarkonsul

Düsseldorf, Honorarkonsulat
Oststraße 84, 40210 Düsseldorf
Tel.: (02 11) 1 70 89 80 / Fax: (02 11) 35 36 70
Bürozeiten: Mo, Mi, Do und Fr 9.00 bis 14.00, Di 11.30 bis 16.30
Konsularbezirk: Nordrhein-Westfalen
Herr **Karl-Wilhelm Goez**, Honorarkonsul

Frankfurt am Main, Generalkonsulat
Roßmarkt 14, 60311 Frankfurt am Main
Tel.: (0 69) 1 33 09 26 / Fax: (0 69) 29 57 40
Bürozeiten: Mo bis Fr 9.00 bis 14.00
Konsularbezirk: Hessen, Baden-Württemberg, Bayern, Rheinland-Pfalz und Saarland
Herr **Aurelio Pinto**, Generalkonsul

Hamburg, Generalkonsulat
Blumenstraße 28, 22301 Hamburg
Tel.: (0 40) 47 67 45 / Fax: (0 40) 48 18 54
Bürozeiten: Mo bis Fr 9.00 bis 13.00, 14.00 bis 16.00
Konsularbezirk: Hamburg, Bremen, Niedersachsen, Nordrhein-Westfalen und Schleswig-Holstein
Herr **Dr. Mario Lovón Ruiz-Caro**, Generalkonsul
Frau **Lissette Nalvarte**, Beigeordnete Generalkonsulin

Hannover, Honorarkonsulat
c/o Deutsche Messen AG
Messegelände D 3000, 30521 Hannover

PHILIPPINEN 138

Tel.: (05 11) 8 93 10 00 bis 8 93 10 04 / Fax: (05 11) 8 93 26 47
Bürozeiten: Mo bis Fr 9.00 bis 14.00
Konsularbezirk: Niedersachsen
Herr Prof. Dr. Klaus Goehrmann, Honorarkonsul

PHILIPPINEN

Botschaft der Republik der Philippinen:
Uhlandstraße 97, 10715 Berlin
Tel.: (0 30) 8 64 95 00 / Fax: (0 30) 8 73 25 51
E-Mail: berlinpe@t-online.de / URL: www.philippine-embassy.com
Bürozeiten: Mo bis Fr 9.00 bis 18.00
Konsularabteilung:
Tel.: (0 30) 86 49 50 23
Sprechzeiten: Mo bis Fr 9.00 bis 13.00

S. E. **Herr Minerva Jean A. Falcon**, außerordentlicher und bevollmächtigter Botschafter
Herr Leslie J. Baja, I. Sekretär und Konsul [24.09.2002]
Frau Noralyn J. Baja, I. Sekretärin und Konsulin [27.01.2003]
Herr Sulpicio M. Confiado, II. Sekretär und Konsul [12.01.2001]
Frau Pricila R. Confiado
Herr Leo Tito L. Ausan Jr., II. Sekretär und Konsul [01.05.2002]
Frau Agnes B. Ausan
Frau Norma P. Pastrana, Attaché [29.03.2003]
Frau Rutas R. Patricio, Attaché (Finanzen) [28.12.1998]
Herr Pierre F. Patricio
Herr Ronaldo B. Villanueva, Attaché (Protokoll) [28.06.1998]
Frau Monica May A. Villanueva
Frau Fanny A. Tirol, Attaché [29.04.2002]
Frau Marie Venus Q. Tan, Attaché [23.07.2000]
Herr Samson David Tan
Frau Margie A. Morales, Attaché (Konsularabteilung) [29.08.1998]
Herr Romulo T. Morales
Frau Lianna Judith B. Sale, Attaché (Protokollabteilung) [26.01.2000]
Frau Marcilyn M. Tubongbanua, Attaché [27.03.2001]
Frau Ma. Andion H. Fernandez, Attaché (Kultur) [13.01.19997]
Frau Caroline B. Rubas, Attaché [27.04.2000]
Herr Eric F. Rubas
Herr Dakila Gonzales, Attaché [18.10.2002]

Außenstelle Bonn
Maximilianstraße 28 b, 53111 Bonn
Tel.: (02 28) 2 67 99 11 / Fax: (02 28) 22 19 68
E-Mail: pe-bonneo@t-online.de

Herr Edgar Tomas Q. Auxilian, III. Sekretär und Vizekonsul (Geschäftsträger a. i.) [23.02.2001]
Frau Maria Vita E. Auxilian
Herr Eduardo G. Garcia, Attaché [26.05.2001]
Frau Yolanda P. Garcia
Frau Grace A. Clavencillas, Attaché [25.07.2002]

Handels- und Wirtschaftsabteilung
Kaiser-Wilhelm-Ring 22, 60313 Frankfurt am Main
Tel.: (0 69) 208-93, 2 08-94 / Fax: (0 69) 28 51 27
E-Mail: PTIPO_Cologne@compuserve.com

Herr Simeon L. Hernandez, Botschaftsrat (Handel) [11.07.1996]
Frau Regina M. Hernandez

München, Honorarkonsulat
Pienzenauer Straße 88, 81925 München
Tel.: (0 89) 98 22 69 / Fax: (0 89) 98 17 48
Bürozeiten: Mo bis Fr 8.30 bis 12.00
Konsularbezirk: Bayern
Herr Eckbert von Bohlen und Halbach, Honorarkonsul
Frau Jutta Hippelein, Vizekonsulin, a. h.

Potsdam, Honorarkonsulat
Hans-Thoma-Straße 9, 14467 Potsdam
Tel.: (03 31) 2 80 57 28 / Fax: (03 31) 2 80 57 29
Bürozeiten: Mo bis Fr 9.00 bis 13.00
Konsularbezirk: Brandenburg
Herr Manfred Hans Schnell, Honorarkonsul

Thüringen, Honorarkonsulat
Hans-C.-Wirtz-Str. 2, 99867 Gotha
Tel.: (0 36 21) 89 22 11 / Fax: (0 36 21) 89 22 13
Bürozeiten: Di und Mi 10.00 bis 12.00
Konsularbezirk: Thüringen
Herr Josef H. Wiedeler, Honorarkonsul

Stuttgart, Honorarkonsulat
Handwerkstraße 15, 70565 Stuttgart
Tel.: (07 11) 78 61 20 02
Konsularbezirk: Baden-Württemberg und Hessen
Herr Prof. Gerhard Zeidler, Honorarkonsul
Frau Loredanna L. Hess, Vizehonorarkonsulin
Frau Cecille Joy Atienza-Krause, Konsularassistentin

POLEN

Botschaft der Republik Polen:
Lassenstraße 19-21, 14193 Berlin
Tel.: (0 30) 22 313-0 / Fax: (0 30) 22 313-155
E-Mail: info@botschaft-polen.de / URL: www.botschaft-polen.de
Bürozeiten: Mo bis Fr 8.00 bis 16.00
Büro des Botschafters:
Tel.: (0 30) 22 31 31 01
Politische Abteilung:
Tel.: (0 30) 22 31 31 03
Kultur-, Wissenschaft- und Informationsabteilung:
Tel.: (0 30) 22 31 31 22
Militärattachat:
Tel.: (0 30) 22 31 31 40
Konsularabteilung:
Richard-Strauss-Straße 11, 14193 Berlin
Tel.: (0 30) 22 31 31 30 / Fax: (0 30) 22 31 32 12
E-Mail: konsulat.berlin@botschaft-polen.de / URL: www.botschaft-polen.de
Bürozeiten: Mo bis Fr 8.00 bis 16.00
Besucher: Mo bis Fr (außer Mi) 9.00 bis 13.00
Wirtschafts- und Handelsabteilung:
Glinkastraße 5/7, 10117 Berlin
Tel.: (0 30) 2 20 25 51, 2 29 27 39 / Fax: (0 30) 2 29 24 51
E-Mail: info@wirtschaft-polen.de / URL: www.weh-berlin.de
Bürozeiten: Mo bis Fr 8.00 bis 16.00

Polnisches Kulturinstitut Berlin
Karl-Liebknecht-Straße 7, 10178 Berlin
Tel.: (0 30) 2 47 58 10 / Fax: (0 30) 24 75 81 30
E-Mail: Info@polnischekultur.de / URL: www.polnischekultur.de
Bürozeiten: Di bis Fr 10.00 bis 18.00

S. E. Herr Dr. Andrzej Byrt, außerordentlicher und bevollmächtigter Botschafter [10.01.2003]
Frau Małgorzata Byrt
Herr Wojciech Więckowski, Gesandter-Botschaftsrat (Leiter der polititschen Abteilung) [01.08.2002]
Frau Mirosława Więckowska
Herr Jósef Olszyński, Gesandter-Botschaftsrat, Leiter der Wirtschafts- und Handelsabteilung [20.01.2003]
Frau Anna Mokrysz-Olszyńska
Herr Ryszard Szklany, Gesandter-Botschaftsrat, Leiter der Konsualabteilung [18.06.2001]
Frau Halina Przynarowska-Szklany
Herr Andrzej Guział, I. Botschaftsrat (Außen- und Sicherheitspolitik) [04.10.1999]
Frau Anna Guział
Herr Mieczsław Muszyński, I. Botschaftsrat [01.04.2003]
Frau Krystyna Muszyńska
Herr Dr. Tomasz Kalinowski, Botschaftsrat [07.12.1998]
Frau Elżbieta Nowocień
Herr Jerzy Byczkowski, Botschaftsrat [16.08.1999]
Herr Zbigniew Buńczyk, Botschaftsrat [23.07.2000]
Herr Jan Rydel, Botschaftsrat (Leiter der Abteilung) [02.01.2001]
Frau Isabel Martina Röskau-Rydel
Herr Antoni Nowodworski, Botschaftsrat [16.08.1999]
Frau Grażyna Wolna-Nowodworska
Herr Tadeusz Pawlaczyk, Botschaftsrat [19.08.2002]
Frau Julia Przyłębska, Botschaftsrätin [03.02.2003]
Herr Andrzej Przyłębski
Herr Jaromir Sokołowski, I. Sekretär [17.05.1998]
Herr Tadeusz Persjanow, I. Sekretär (Leiter der Verwaltungsabteilung) [19.07.1999]
Frau Zofia Persjanow
Frau Justyna Lewańska, I. Sekretärin (Schulwesen, Promotion, Information) [02.08.1999]
Herr Sławomir Chmurzyński, I. Sekretär [18.10.1999]
Frau Grażyna Augustyniak, I. Sekretärin [04.09.2000]
Herr Marek Augustyniak
Herr Bolesław Zdunek, I. Sekretär [20.10.2000]
Frau Bożena Zdunek
Frau Maria Kempa, I. Sekretärin [17.02.2003]
Herr Dariusz Kłaczko, II. Sekretär [12.10.1998]
Frau Jolanta Stachurska-Kłaczko, [26.10.1999]
Frau Katarzyna Preiss-Jastrzębska, II. Sekretärin [26.10.1999]
Herr Marek Jastrzębski
Herr Jacek Biegała, II. Sekretär (MOE-Staaten, Nordeuropa, Ostsee-Rat) [24.08.2000]
Frau Agnieszka Schier-Biegała
Herr Konrad Szwedziński, II. Sekretär (Bilaterales) [18.09.2000]
Herr Krzysztof Bieś, II. Sekretär [04.10.2000]
Frau Anna Bieś
Herr Rafal Rogulski-Pytlak, II. Sekretär (Wissenschaft, Kultur) [28.04.2001]
Frau Paulina Pytlak-Rogulska
Herr Arkadiusz Roman, II. Sekretär (Regionale Zusammenarbeit) [20.08.2001]
Frau Katarzyna Wilkowiecka, II. Sekretärin (Protokoll, Asien, Naher Osten, Lateinamerika, Afrika) [01.10.2001]
Herr Witold Leśniak, II. Sekretär [15.10.2001]
Frau Monika Grudzińska-Leśniak
Frau Dominika Piwowarczyk, II. Sekretärin (EU) [15.10.2001]
Herr Marcin Czech, II. Sekretär [18.11.2002]

Frau Ewa Czech
Frau Magdalena Wida, III. Sekretärin (Übersetzung, GUS-Staaten, Juden und Kirche in Deutschland) [06.08.2001]
Frau Monika Grudzińska-Leśniak, III. Sekretärin [06.08.2001]
Herr Witold Leśniak
Frau Anna Maria Kasińska, III. Sekretärin [15.01.2003]
Herr Jerzy Idzikowski, Attaché [21.10.1997]
Frau Halina Idzikowska
Herr Paweł Majerski, Attaché [26.07.1999]
Frau Dorota Majerska
Frau Izabella Cech, Attaché [01.08.2000]
Herr Marek Kudła, Attaché [25.08.2000]
Frau Anna Kudła
Herr Andrzej Wyrfel, Attaché [04.09.2000]
Frau Janina Wyrfel
Herr Marek Jastrzębski, Attaché (Handel) [02.01.2002]
Frau Katarzyna Preis-Jastrzębska
Herr Dariusz Wewer, Attaché [19.09.2002]
Frau Marzena Wewer
Herr Aleksander Słysz, Beigeordneter Attaché [27.08.2001]
Oberst i. G. Stanisław Malinowski, Verteidigungsattaché [11.09.2000]
Frau Stanisława Malinowska
Herr Janusz Bogusz, Stellvertretender Verteidigungsattaché [13.08.1999]
Frau Aldona Bogusz
Herr Tomasz Machula, Stellvertretender Verteidigungsattaché [26.08.2002]
Frau Walentyna Machula
Herr Krzysztof Marciniak, Stellvertretender Verteidigungsattaché mit Sitz in Köln [16.08.2000]
Frau Mirosława Marciniak
Frau Joanna Kiliszek, Direktorin des Polnischen Kulturinstitutes
Herr Zdzisław Owczarek, Stellvertretender Direktor

Düsseldorf, Polnisches Institut
Citadellstraße 7, 40213 Düsseldorf
Tel.: (02 11) 86 69 60 / Fax: (02 11) 8 66 96 20
E-Mail: info@pol-institut.de / URL: www.pol-institut.de
Bürozeiten: Di bis Fr 9.00 bis 16.30
Frau Małgorzata Grudzińska, Direktorin

Hamburg, Generalkonsulat
Gründgensstraße 20, 22309 Hamburg
Tel.: (0 40) 6 31 11 81, 6 31 20 91, 6 32 50 29 / Fax: (0 40) 6 32 50 30
E-Mail: konsulat.hamburg@botschaft-polen.de
Bürozeiten: Mo bis Fr 9.00 bis 13.00, außer Mi
Konsularbezirk: Hamburg, Bremen, Niedersachsen und Schleswig-Holstein
Herr Andrzej Kremer, Generalkonsul [18.07.2001]
Frau Maria Kremer

Köln, Generalkonsulat
Lindenallee 7, 50968 Köln
Tel.: (02 21) 93 73 00 / Fax: (02 21) 34 30 89
E-Mail: konsulat.koeln@botschaft-polen.de / URL: www.botschaft-polen.de
Bürozeiten: Mo bis Fr 8.00 bis 16.00
Konsularbezirk: Nordrhein-Westfalen, Hessen, Rheinland-Pfalz und Saarland
Frau Elżbieta Sobótka, Generalkonsulin [27.09.2001]

Leipzig, Generalkonsulat
Trufanowstraße 25, 04105 Leipzig
Tel.: (03 41) 5 62 33 00 / Fax: (03 41) 5 62 33 33

E-Mail: konsulat.leipzig@botschaft-polen.de
Bürozeiten: Mo bis Fr 9.00 bis 12.00, außer Mi
Konsularbezirk: Sachsen und Thüringen
Herr Jan Granat, Generalkonsul [02.10.1999]
Frau Halina Granat

Leipzig, Polnisches Institut
Markt 10, 04109 Leipzig
Tel.: (03 41) 70 26 10 / Fax: (03 41) 2 11 57 27
E-Mail: info@polinst-l.de / URL: www.polinst-l.de
Bürozeiten: Mo bis Fr 9.00 bis 16.00
Herr Kazimierz Wóycicki, Direktor
Herr Przemysław Konopka, Stellvertretender Direktor

München, Generalkonsulat
Ismaningerstraße 62 a, 81675 München
Tel.: (0 89) 4 18 60 80 / Fax: (0 89) 47 13 18
E-Mail: konsulat.muenchen@botschaft-polen.de
Bürozeiten: Mo bis Fr 9.00 bis 13.00, außer Mi
Konsularbezirk: Bayern und Baden-Württemberg
Herr Wacław Oleksy, Generalkonsul [29.10.2002]

Nürnberg, Honorarkonsulat
Lorenzerplatz 29, 90402 Nürnberg
Tel.: (09 11) 2 02 81 98 / Fax: (09 11) 2 02 81 80
Bürozeiten: Mo bis Fr 9.00 bis 13.00
Konsularbezirk: Reg.-Bez. Mittel-, Ober- und Unterfranken in Bayern
Herr Dr. Gerhard Schmidt, Honorarkonsul

Stuttgart, Honorarkonsulat
Am Wallgraben 115, 70565 Stuttgart
Tel.: (07 11) 7 82 15 00 / Fax: (07 11) 7 82 20 00
Bürozeiten: Mo bis Fr 9.00 bis 13.00
Konsularbezirk: Baden-Württemberg
Herr Dr. Bernd Kobarg, Honorarkonsul

PORTUGAL

Botschaft der Portugiesischen Republik:
Zimmerstraße 56, 10117 Berlin
Tel.: (0 30) 5 90 06 35 00 / Fax: (0 30) 5 90 06 36 00
E-Mail: mail@botschaftportugal.de
Bürozeiten: Mo bis Do 9.00 bis 13.00, 14.30 bis 17.30, Fr 9.00 bis 13.00, 14.30 bis 16.30
Konsularabteilung:
Tel.: (0 30) 22 91 388, 22 90 011 / Fax: (0 30) 22 90 012
E-Mail: mail@scbrl.dgaccp.pt
Militärabteilung:
Tel.: (0 30) 5 90 06 37 54

S. E. Herr Dr. João de Vallera, außerordentlicher und bevollmächtigter Botschafter [noch nicht ernannt]
Frau de Vallera
Herr Dr. João Maria Cabral, Gesandter [31.10.2000]
Frau Maria Filomena Cabral
Frau Dr. Luisa Maria Machado da Palma Fragoso, I. Sekretär
Herr Jose Pinto Fragoso
Herr Dr. Luis Filipe Baptista Da Cunha, II. Sekretär [31.10.2000]

PORTUGAL

Herr Eng. **Rui Manuel Boavista Vieira Marques,** Botschaftsrat (Handel) [01.10.1999]
Frau **Eva Schjölberg Merele**
Herr Dr. **Harald Tauchhammer,** Attaché (Handel) [06.08.1997]
Frau **Ingrid Tauchhammer**
Herr Dr. **José Rebelo Coelho,** Botschaftsrat (Arbeits- und Sozialwesen)
Frau **Edith Hinkhofer Coelho**
Herr **Luis Tibério,** Botschaftsrat (Presse) (ernannt)
Frau Dr. **Maria da Piedade Lopes Gralha,** Botschaftsrätin (Schulwesen) [15.06.1998]

Düsseldorf, Generalkonsulat
Graf-Adolf-Straße 16, 40212 Düsseldorf
Tel.: (02 11) 13 87 80 / Fax: (02 11) 32 33 57
E-Mail: geral@cgdus.dgaccp.pt
Bürozeiten: Mo 8.00 bis 15.00, Di bis Fr 8.00 bis 14.00
Konsularbezirk: Nordrhein-Westfalen mit Ausnahme der Reg.-Bez. Detmold und Münster

Herr Dr. **Jorge Oliveira Baptista,** Generalkonsul

Frankfurt am Main, Generalkonsulat
Zeppelinallee 15, 60325 Frankfurt am Main
Tel.: (0 69) 9 79 88 00 / Fax: (0 69) 97 98 80 22
E-Mail: mail@cgfra.dgaccp.pt
Bürozeiten: Mo, Di, Do, Fr 8.00 bis 14.00, Mi 8.00 bis 17.00
Konsularbezirk: Hessen, Rheinland-Pfalz und Saarland

Herr Dr. **Antonio De Mello e Castro,** Generalkonsul

Hamburg, Generalkonsulat
Gänsemarkt 21-23, 20354 Hamburg
Tel.: (0 40) 3 55 34 84 / Fax: (0 40) 35 53 48 60
E-Mail: mail@cgham.dgaccp.pt
Bürozeiten: 9.00 bis 13.00, Do 9.00 bis 17.30,
Konsularbezirk: Hamburg, Schleswig-Holstein sowie Reg.-Bez. Lüneburg in Niedersachsen

Herr Dr. **Fernando Manuel Gouveia De Araújo,** Generalkonsul

München, Honorarkonsulat
Maximilianplatz 15/V, 80333 München
Tel.: (0 89) 29 16 31 25 / Fax: (0 89) 29 16 31 26
Bürozeiten: Mo und Do 9.00 bis 12.00
Konsularbezirk: Bayern

Herr Dr. **Jürgen Adolff,** Honorarkonsul

Osnabrück, Generalkonsulat
Schloßwall 2, 49080 Osnabrück
Tel.: (05 41) 4 80 46/47 / Fax: (05 41) 4 08 08 35
Bürozeiten: Mo, Di, Do, Fr 8.00 bis 13.30, Mi 8.00 bis 17.00
Konsularbezirk: Reg.-Bez. Braunschweig, Hannover und Weser-Ems in Niedersachsen, Bremen, die Reg.-Bez. Detmold und Münster in Nordrhein-Westfalen

Frau Dr. **Maria Filipa Araujo Rocha de Menezes Cordeiro**, Generalkonsulin

Stuttgart, Generalkonsulat
Königstraße 20, 70273 Stuttgart
Tel.: (07 11) 22 73 96 / Fax: (07 11) 2 27 39 89
E-Mail: mail@cgstg.dgaccp.pt
Bürozeiten: Mo 8.00 bis 17.00, Mi 8.00 bis 15.00, Di, Do, Fr 8.00 bis 13.00
Konsularbezirk: Baden-Württemberg und Bayern

Herr **Rogerio Paulo Silvestre Lopes**, Generalkonsul

RUANDA

Botschaft der Republik Ruanda:
Beethovenallee 72, 53173 Bonn
Tel.: (02 28) 3 67 02 36 / Fax: (02 28) 35 19 22
E-Mail: ambrwabonn@aol.com / URL: www.rwanda-botschaft.de
Bürozeiten: Mo bis Fr 9.00 bis 17.00

S. E. Laurien Ngirabanzi, außerordentlicher und bevollmächtigter Botschafter [27.11.2000]
Frau Veneranda Bugilimfura
Herr Robert Masozera, II. Botschafsrat
Frau Claudine Hitimana
Frau Christine Nkulikiyinka, II. Botschaftsrat
Herr Jacques Nshimyumukiza
Herr Joseph Uwamungu, I. Sekretär
Frau Claire Kagoyire

Hamburg, Honorarkonsulat
Am Sandtorkai 4, 20457 Hamburg
Tel.: (0 40) 37 33 67, 37 33 69 / Fax: (0 40) 34 31 23
Bürozeiten: nach Vereinbarung
Konsularbezirk: Hamburg
Herr Michael Thimo Drews, Honorarkonsul

München, Honorarkonsulat
Pienzenauer Straße 48, 81679 München
Tel.: (0 89) 9 82 83 86 / Fax: (0 89) 9 82 73 30
Bürozeiten: Mo bis Do 9.00 bis 12.00, 13.00 bis 16.30, Fr 9.00 bis 13.00
Konsularbezirk: Bayern
Herr Franz Maximilian Schmid-Preissler

Stuttgart, Honorarkonsulat
Lenzhalde 38, 70192 Stuttgart
Tel.: (07 11) 2 50 60 / Fax: (07 11) 2 50 63 00
Bürozeiten: Mo bis Fr 8.30 bis 12.00, 14.00 bis 16.00
Konsularbezirk: Baden-Württemberg
Herr Dr. Hans-Peter Andrä, Honorarkonsul

RUMÄNIEN

Botschaft von Rumänien:
Dorotheenstraße 62-66, 10117 Berlin
Tel.: (0 30) 212 39-202 / Fax: (0 30) 212 39-399
E-Mail: ro-amb.berlin@t-online.de
Bürozeiten: Mo bis Fr 8.30 bis 16.30
Konsularabteilung:
Tel.: (0 30) 212 39-555 / Fax: (0 30) 212 39-399
E-Mail: konsulat-Ro@t-online.de
Sprechzeiten: Mo, Mi und Fr 9.00 bis 12.00
Wirtschafts- und Handelsabteilung:
Tel.: (0 30) 212 39-118, 212 39-119 / Fax: (0 30) 212 39-199
E-Mail: bvr-handels@t-online.de
Büro des Verteidigungsattaché:
Tel.: (0 30) 212 39-104

S. E. **Herr Adrian Cosmin Vieriță**, außerordentlicher und bevollmächtigter Botschafter

RUMÄNIEN

Frau **Brânduşa Predescu**, Gesandte-Botschaftsrätin
Herr **Corneliu Iorgulescu**, Botschaftsrat (Politik)
Herr **Calin Niculescu**, I. Sekretär (Leiter der Konsularabteilung)
Herr **Valeriu Dan Diaconescu**, I. Sekretär (Politik)
Herr **Mihai Ciompec**, I. Sekretär (Politik)
Herr **Dan Daşoveanu**, I. Sekretär (Wirtschaft)
Herr **Helge Fleischer**, I. Sekretär (Politik-EU)
Frau **Mihaela Feher**, III. Sekretärin (Politik, Kulturattaché)
Frau **Dana Negoiescu**, III. Sekretärin (Politik)
Frau **Mădălina Lungu**, III. Sekretär (Konsularabteilung)
Herr **Michael Fernbach**, III. Sekretär (Presseattaché)
Herr **Iliuta Zamfir**, I. Sekretär (Leiter der Verwaltung)
Herr **Gheorghe Manolache**, Attaché
Herr **Dumitru Oprean**, Attaché
Herr **Gheorghe Bivol**, Leiter der Wirtschafts- und Handelsabteilung [ab 05.07.2003]
Frau **Mihaela Simion**, II.Sekretärin (Wirtschaft und Handel)
Herr **Oberst Gheorghe Cotan**, Verteidigungs-, Heeres-, Luftwaffen- und Marineattaché [15.06. 2003]
Herr **Kapitän zur See Dr. Cornel Mihai**, Verteidigungs-, Luftwaffen-, Heeres- und Marineattaché [bis 20.06.2003]
Herr **Kapitän zur See Dumitru Naum**, Stellvertretender Verteidigungs-, Heeres-, Luftwaffen- und Marineattaché

Alpen, Honorarkonsulat
Weselerstraße 7, 46519 Alpen
Tel.: (0 28 02) 812 01 / Fax: (0 28 02) 812 20
Bürozeiten: Mo 14.00 bis 16.00, Mi 9.00 bis 11.00 und nach Vereinbarung
Konsularbezirk: Nordrhein-Westfalen
Herr **Dr. Franz-Georg von Busse**, Honorarkonsul

Bad Kreuznach, Generalhonorarkonsulat
Mannheimerstraße 230, 55543 Bad Kreuznach
Tel.: / Fax: (06 71) 896 01 07
Bürozeiten: Di und Do 9.00 bis 12.00 und nach Vereinbarung
Konsularbezirk: Rheinland-Pfalz und Saarland
Herr **Alex Jacob**, Generalhonorarkonsul

Bonn, Generalkonsulat
Legionsweg 14, 53117 Bonn
Tel.: (02 28) 68 38-0 / Fax: (02 28) 68 02 47
E-Mail: konsulatbonn@t-online.de
Bürozeiten: Mo bis Fr 8.00 bis 16.00
Sprechzeiten: Mo, Mi, Do, Fr 9.00 bis 12.00
Wirtschafts- und Handelsabteilung:
Tel.: (02 28) 68 38-120, 68 38-121, 68 38-122 / Fax: (02 28) 68 05 78
Herr **Florian Vodiţă**, Generalkonsul
Frau **Gabriela Folfă**, Konsulin
Herr **Victor Spulber**, Handelsrat

Hamburg, Honorargeneralkonsulat
Schopenstehlstraße 2, 20095 Hamburg
Tel.: (0 40) 309 68 00 / Fax: (0 40) 30 96 80 30
E-Mail:konsulat.rumaenien.hamburg@t-online.de
Bürozeiten: Mi 10.00 bis 12.00, Do 14.00 bis 16.00 und nach Vereinbarung
Konsularbezirk: Hamburg, Bremen, Mecklenburg-Vorpommern, Niedersachsen und Schleswig-Holstein
Herr **Hasso Kornemann**, Honorargeneralkonsul

Leipzig, Honorarkonsulat
Karl-Tauchnitz-Straße 2, 04107 Leipzig
Tel.: / Fax: (03 41) 212 76 11
Bürozeiten: Mi 10.00 bis 15.00, Do 13.00 bis 17.00
Konsularbezirk: Sachsen, Sachsen-Anhalt und Thüringen
Herr Karlheinz Eichler, Honorarkonsul [26.01.200]

München, Generalkonsulat
Dachauer Straße 17, 80335 München
Tel.: (0 89) 55 33 07, 55 33 08 / Fax: (0 89) 55 33 48
E-Mail: rumaenische-muenchen@t-online.de
Bürozeiten: Mo, Mi, Fr 9.00 bis 12.00
Konsularbezirk: Bayern und Baden-Württemberg
Wirtschafts- und Handelsabteilung:
Tel.: (0 89) 54 50 71 88 / Fax: (0 89) 55 33 48
E-Mail: imateescu@aol.com
Herr Mihai Botorog, Generalkonsul
Herr Ionel Alexandru, Konsul
Herr Christinel Petrescu, Vizekonsul
Frau Laura Tiu, Vizekonsulin
Herr Ioan Mateescu, Handelsrat

RUSSISCHE FÖDERATION

Botschaft der Russischen Föderation:
Unter den Linden 63-65, 10117 Berlin
Tel.: (0 30) 2 29 11 10; 2 29 11 29 / Fax: (0 30) 2 29 93 97
E-Mail: posolstvo@russische-botschaft.de
URL: www.russische-botschaft.de
Bürozeiten: Mo bis Fr, 8.30 bis 13.00, 14.30 bis 18.00
Konsularabteilung:
Behrenstraße 66, 10117 Berlin
Tel.: (0 30) 2 29 12 07
E-Mail: konsulat@rf-botschaft.de
Sprechzeiten: Mo bis Fr 9.00 bis 12.00
Information über Visa:
Tel.: (01 90) 88 44 45
Handels- und Wirtschaftsbüro:
Unter den Linden 55-61, 10117 Berlin
Tel.: (0 30) 2 34 30 12, 2 29 03 86 / Fax: (0 30) 2 29 03 90

S. E. Herr Sergej Borissowitsch Krylow, außerordentlicher und bevollmächtigter Botschafter [15.10.1997]
Frau Anna S. Krylowa
Herr Wladimir M. Polenow, Gesandter [13.06.2000]
Herr Viktor M. Sasonow, I. Botschaftsrat (Innenpolitik und bilaterale Beziehungen)
Herr Oleg J. Krasnizkij, Botschaftsrat (Außenpolitik)
Herr Ilja K. Parnyschkow, Botschaftsrat (Wirtschaft)
Herr Mikhail A. Grabar, I. Sekretär (Kultur, Presse und Information)
Herr Dmitrij D. Demidkin, Botschaftsrat (Bildung, Wissenschaft und Technik)
Herr Alexander N. Pikalew, Botschaftsrat (Konsularabteilung)
Herr Jurij A. Gretschuchin, Botschaftsrat (Personal und Verwaltung)
Herr Wladimir P. Matwejew, Gesandter-Botschafsrat (Leiter des Handels und Wirt- schaftsbüros)

Bonn, Generalkonsulat
Waldstraße 42, 53177 Bonn
Tel.: (02 28) 31 20 85 (Keine Auskunft über konsularische Fragen)

Fax: (02 28) 31 15 63
E-mail: konsulat@russische-botschaft.de
Bürozeiten: Mo bis Fr 8.30 bis 12.30, 9.00 bis 12.00 Annahme der Unterlagen, 12.00 bis 12.30 Ausgabe der fertigen Unterlagen
Konsularbezirk: Nordrhein-Westfalen, Baden-Württemberg, Hessen, Rheinland-Pfalz und Saarland
Herr Georgij A. Gerodes, Generalkonsul

Hamburg, Generalkonsulat
Am Feenteich 20, 22085 Hamburg
Tel.: (0 40) 2 29 52 01, 2 29 53 01 / Fax: (0 40) 2 29 77 27
E-Mail: general.konsulat-hamburg@debitel.net
Bürozeiten: Mo bis Fr 9.00 bis 12.00
Konsularbezirk: Hamburg, Bremen, Niedersachsen und Schleswig-Holstein
Herr Sergej Weniaminowitsch Schtscherbakow, Generalkonsul

Leipzig, Generalkonsulat
Kickerlingsberg 18, 04105 Leipzig
Tel.: (03 41) 5 90 29 23 / Fax: (03 41) 5 64 95 89
E-Mail: rusgenkon_leipzig@t-online.de
Bürozeiten: Mo, Mi, Fr 8.00 bis 12.00
Konsularbezirk: Sachsen und Thüringen
Herr Nikolaj Romanowitsch Sirota, Generalkonsul

München, Generalkonsulat
Seidlstraße 28, 80335 München
Tel.: (0 89) 59 25 28, 59 25 03 / Fax: (0 89) 5 50 38 28
Bürozeiten: Mo bis Fr 9.00 bis 13.00
Visafragen: Mo, Di, Mi, Fr 9.00 bis 13.00
Konsularbezirk: Bayern
Herr Dr. Lew Nikolajewitsch Klepatzkij, Generalkonsul

Nürnberg, Honorarkonsulat
Rudolphstraße 28, 90489 Nürnberg
Tel.: (09 11) 5 30 77 62 / Fax: (09 11) 5 30 77 63
Bürozeiten: Mo bis Fr 9.00 bis 13.00, außer Do
Konsularbezirk: Reg.-Bez. Mittel-, Ober-, Unterfranken und Oberpfalz in Bayern
Herr Nikolaus Wilhelm Knauf, Honorarkonsul

SALOMONEN

**Botschaft der Salomonen:
Ambassade de lles Salomon**
Avenue Edouard Lacomble 17, B-1040 Brüssel
Tel.: (00 32) - 2 - 7 32 70 85 / Fax: (00 32) - 2 - 7 32 68 85
E-Mail: siembassy@compuserve.com

S. E. Herr Robert Sisilo, außerordentlicher und bevollmächtigter Botschafter [06.03.1997]

SAMBIA

Botschaft der Republik Sambia:
Axel-Springer-Straße 54 a, 10117 Berlin
Tel.: (0 30) 206 29 40 / Fax. (0 30) 20 62 94 19

Bürozeiten: Mo bis Fr 9.00 bis 13.00, 14.00 bis 16.00
Umzug für 2003 geplant:
Straße vor Schönholz 33, 13158 Berlin

S. E. Herr Lt. Gen Francis. G. Sibamba, außerordentlicher und bevollmächtigter Botschafter [11.05.2000]
Frau Catherine Sibamba
Major Epyrious Knight Mulenga, Botschaftsrat [10.01.1996]
Frau Violet Mulenga
Herr E. J. Chinyonga, I. Sekretär (Politik) [22.08.2002]
Frau Rabecca Chinyonga
Herr Stanislous S. Mwenya, I. Sekretär (Einwanderung) [06.11.1996]
Frau Edith Mwenya
Frau Grace Mbewe Mwila, I. Sekretär (Verwaltung) [13.02.2000]
Frau Winnie Natala Chibesakunda, II. Sekretär (Wirtschaft und Handel) [01.08.1995]
Herr Longa Chibesakunda
Frau Happy Ngambo Mbilishi, III. Sekretär (Personal) [04.10.1996]

SAMOA

Botschaft des Unabhängigen Staates Samoa:
Ambassade de l'Etat Indépendant de Samoa
123, Avenue Franklin D. Roosevelt 14, B-1050 Brüssel
Tel.: (00 32) - 2 - 6 60 84 54 / Fax: (00 32) - 2 - 6 75 03 36
E-Mail: samoa.emb.bxl@skynet.be

S. E. Herr Tauiliili Uili Meredith, außerordentlicher und bevollmächtigter Botschafter [02.09.1998]
Frau Maureen Francella Strickland, I. Sekretärin

Düsseldorf, Honorarkonsulat
Couvenstraße 2, 40211 Düsseldorf
Tel.: (02 11) 43 45 85 / Fax: (02 11) 4 70 71 85
E-Mail: info@samoa-offshore.de / URL: www.samoa-offshore.de
Bürozeiten: Mo bis Do 9.00 bis 12.00
Konsularbezirk: Nordrhein-Westfalen, Baden-Württemberg, Bayern, Berlin,
   Brandenburg, Hessen, Rheinland-Pfalz, Saarland, Sachsen, Sachsen-Anhalt und
   Thüringen
Herr Claus Wessing, Honorarkonsul

SAN MARINO

Botschaft der Republik San Marino:
Palazzo Begni, 47890 Republik San Marino
Tel.: (0 03 78) 05 49 88 23 14, 05 49 88 22 13
Fax: (0 03 78) 05 49 99 20 18
E-Mail: affariesterie@omniway.sm

Frankfurt am Main., Honorargeneralkonsulat
Arndtstraße 12, 60325 Frankfurt am Main
Tel.: / Fax: (0 69) 7 41 04 40
Bürozeiten: Mo bis Fr 10.00 bis 13.00
Konsularbezirk: Bundesgebiet
Herr Dietrich Herbst, Honorargeneralkonsul

SÃO TOME UND PRINCIPE

Botschaft der Demokratischen Republik São Tomé und Príncipe:
Ambassade de la république de São Tomé e Príncipe
Square Montgomery 175 Av. de Tervuren, B-1150 Brüssel
Tel.: (00 32) - 2 - 7 34 89 66 / Fax: (00 32) - 2 - 7 34 88 15
E-Mail: ambassade.sao.tome@skynet.be
Bürozeiten: Mo bis Fr 8.30 bis 15.30

Herr Armindo de Brito Fernandes, I. Sekretär (Geschäftsträger a. i) [10.11.1998]

Hannover, Honorarkonsulat
c/o. Alcatel Contracting GmbH
Kabelkamp 20, 30179 Hannover
Tel.: (0 51 39) 89 47 10 / Fax: (0 51 39) 89 41 11
Mobil: (01 72) 5 11 60 59
E-Mail: nordieter@aol.com
Konsularbezirk: Berlin, Brandenburg, Bremen, Hamburg, Mecklenburg-Vorpommern, Niedersachsen, Nordrhein-Westfalen, Sachsen-Anhalt und Schleswig-Holstein, Sachsen

Herr Dipl.-Ing. Dieter Nordmann, Honorarkonsul

SAUDI-ARABIEN

Botschaft des Königreichs Saudi-Arabien:
Kurfürstendamm 63, 10707 Berlin
Tel.: (0 30) 889 25-0 / Fax: (0 30) 889 25-176
Protokoll:
Fax: (0 30) 889 25-179
Konsularabteilung:
Tel.: (0 30) 889 25-200 / Fax: (0 30) 889 25-103
Bürozeiten: Mo bis Fr 9.00 bis 15.00

HerrJudiya Alhathal, Botschaftsrat (Geschäftsträger a. i.) [03.02.2003]
Herr Saleh Abu Salem, I. Sekretär [20.03.1998]
Frau Nourah Al Bogmi
Herr Mohammed H. Madani, I. Sekretär [29.07.2002]
Frau Nessreen M. Al-Rawas
Herr Talal Enani, I. Sekretär [15.09.2000]
Frau Sanna Tammar
Herr Alawi Saeed A. Tammar, I. Sekretär [14.01.2001]
Frau Maryam Hasan H. Qaroub
Herr Saeed A. Al-Qashash, I. Sekretär [05.07.2002]
Frau Hamedah S. Al-Jarallah
Herr Abdalelah M. Al-Sheaiby, I. Sekretär [28.07.2002]
Frau Asma Hamad Al-Eshikh
Herr Bassam Hamza Al-Ali, II. Sekretär [11.07.2002]
Frau Hayat Al-Ali
Herr Talae S. M. Al-Askar, II. Sekretär [21.07.2002]
Frau Hanan A. Al-Kahtani
Herr Saad Al-Shahrni, Attaché [08.06.2000]
Frau Dalal N. Adrass
Herr Abdullah Al-Dosary, Attaché [08.06.2000]
Frau Ibtisam A. Al-Uthman

Außenstelle Bonn
Militärabteilung:
Hohle Gasse 85, 53179 Bonn
Tel.: (02 28) 95 25 40 / Fax: (02 28) 9 52 54 21
Kulturabteilung:
Wurzerstraße 47, 53175 Bonn
Tel.: (02 28) 30 82 80 / Fax: (02 28) 3 08 28 30
Abteilung für Gesundheitswesen:
Honnefer Straße 1, 53179 Bonn
Tel.: (02 28) 9 43 25 12 / Fax: (02 28) 37 31 22

Herr Flottillenadmiral Abdulhadi Al-Kahtani, Militärattaché [15.02.2002]
Frau Fatima Al-Kahtani
Herr Mohammed Al-Dosari, Attaché (Militär) [08.07.2001]
Frau Al-Joharah Al-Senaidi
Herr Dr. Ahmed Abbas Ashy, Kulturattaché (Leiter der Kulturabteilung) [13.09.2000]
Frau Renate Ashy
Herr Ali S. Alturbak, Beigeordneter Attaché [18.08.2001]
Frau Awatif A. Al-Munejim
Herr Abdulah S. Al-Jasser, Beigeordneter Attaché [12.06.2002]
Herr Dr. Adnan F. M. Turkistani, Attaché (Gesundheitswesen) [17.07.1997]
Frau Zarefa Al-Bokhari
Herr Dr. Saleh H. Al-Sulaimani, Beigeordnetet Attaché [27.09.2002]
Frau Ingeborg Al-Sulaimani
Herr Mohammed Habibul A. Habib, II. Sekretär (Gesundheitswesen) [09.06.1998]
Frau Faten J. S. Mansour
Herr Abdullah Al-Muhsen, III. Sekretär [04.02.2002]
Herr Dr. Ibrahim A. Akram, Beigeordneter Attaché [11.04.2003]

SCHWEDEN

Botschaft des Königreichs Schweden:
Rauchstraße 1, 10787 Berlin
Tel.: (0 30) 50 50 60 / Fax: (0 30) 50 50 67 89
E-Mail: ambassaden.berlin@foreign.ministry.se
URL: www.schweden.org
Bürozeiten: Mo bis Fr 8.30 bis 12.30, 13.20 bis 17.00
Konsularabteilung:
Tel.: (0 30) 50 50 67 36 / Fax: (0 30) 50 50 13 16
Sprechzeiten: Mo bis Fr 9.00 bis 12.00
Presse/Info/Kultur:
Tel.: (0 30) 50 50 66 52 / Fax: (0 30) 50 50 66 56
Sprechzeiten: Mo bis Fr 9.00 bis 12.00
Verwaltung:
Fax: (0 30) 50 50 67 01
Verteidigung:
Fax: (0 30) 50 50 67 16

S. E. Herr Carl Tham, außerordentlicher und bevollmächtigter Botschafter [10.04.2002]
Frau Carin Norberg
Frau Maria Lundqvist, Gesandte [03.09.2001]
Herr Alf Karlsson, Botschaftsrat (Verwaltung, Konsulabteilung) [31.01.2002]
Frau Christina Belin
Herr Stig Berglind, Botschaftsrat (Presse und Information) [02.01.1996]
Frau Anneli Ahlbom
Frau Paula Wennerblom, Botschaftsrätin (Wirtschaft, Schwedenförderung, Politik) [10.09.2001]

SCHWEDEN

Frau **Kerstin Bauer**, Botschaftsrat (Konsularwesen, Rechtsfragen) [03.07.2000]
Herr **Jan C. Aschan**
Herr **Ronnie Nilsson**, Botschaftsrat (Politik) [23.07.2001]
Frau **Maria Dansdotter Nilsson**
Herr **Magnus Holm**, Botschaftsrat (Politik) [03.09.2001]
Herr **Jonas Norling**, II. Sekretär (EU-Fragen) [11.01.1999]
Herr **Christian Berg**, II. Sekretär (Wirtschaft)
Frau **Inga Wende**
Frau **Gerda Kuylenstierna**, Botschaftsrätin (Arbeitsmarkt) [09.09.2002]
Frau **Margareta Danielsson**, III. Sekretär (Verwaltung) [10.09.2001]
Frau **Carin Herold Malgerud**, III. Sekretär (Verwaltung) [27.08.1999]
Herr **Heinz Herold**
Frau **Annika Thornell Shanab**, (Assistentin des Botschafters und der Gesandten) [03.09.2001]
Herr **Peter Abu Shanab**
Frau **Lilian Willix** , Assistentin [01.04.2000]
Oberst i. G. **Olof Ljung**, Verteidigungsattaché [01.07.2001]
Frau **Gunilla Ljung**
Fregattenkapitän **Mats Hans**, Stellvertretender Verteidigungsattaché [01.10.2001]
Frau **Sonja Hansson**
Frau **Åsa Nissler**, Assistentin des Verteidigungsattachés [26.06.2000]
Herr **Lars Lundström**, Attaché (Zollfragen) [28.06.1999]
Frau **Maria Lundström**
Herr **Göran Stålberg**, I. Sekretär (polizeiliche Angelegenheiten) [01.09.2002]
Frau **Kerstin Stålberg**
Herr **Johann Bengt-Påhlsson**, Botschaftsrat (Kultur) [16.09.1999]
Herr **Lars Lund**, II. Botschaftssekretär (EDV) [16.10.2000]
Frau **Pia Lund**

Bremen, Honorarkonsulat
Fahrenheitstraße 6, 28359 Bremen
Postfach 10 66 23, 28066 Bremen
Tel.: (04 21) 2 23 93 54, 2 02 91 15 / Fax: (04 21) 2 23 99 58
E-Mail: schwedischeskonsulat.hb@t-online.de
Bürozeiten: Mo bis Fr 9.00 bis 12.00
Konsularbezirk: Bremen, Niedersachsen dem Regierungsbezirk Weser-Ems mit Ausnahme der kreisfreien Stadt Osnabrück sowie der Landkreise Osnabrück und Vechta

Herr **Kai-Uwe Hollweg**, Honorarkonsul

Düsseldorf, Honorarkonsulat
Berliner Allee 32, 40212 Düsseldorf
Tel.: (02 11) 3 23 84 57 / Fax: (02 11) 3 23 97 52
E-Mail: konsulat@schwedenkammer.de
Bürozeiten: Di und Do 9.30 bis 12.30
Konsularbezirk: Nordrhein-Westfalen

Herr **Dr. Roland Schulz**, Honorarkonsul

Erfurt, Honorarkonsulat
c/o IHK Erfurt
Weimarische Straße 45, 99099 Erfurt
Tel.: (03 61) 3 46 24 98 / Fax: (03 61) 3 48 42 85
Bürozeiten: Mo bis Fr 10.00 bis 14.00
Konsularbezirk: Thüringen

Herr **Manfred Windus**, Honorarkonsul

Frankfurt am Main., Honorarkonsulat
Wildunger Straße 9, 60487 Frankfurt am Main
Tel.: (0 69) 79 40 26 15 / Fax: (0 69) 79 40 26 16

SCHWEDEN

E-Mail: konsulat@msa.se
Bürozeiten: Mo bis Fr 10.00 bis 12.30
Konsularbezirk: Hessen, Rheinland-Pfalz und Saarland
Herr Dr. Christian Bloth, Honorarkonsul

Hamburg, Generalkonsulat
Alsterufer 15, 20354 Hamburg
Postfach 30 49 50, 20316 Hamburg
Tel.: (0 40) 450 14 50 / Fax: (0 40) 45 01 45 14
E-Mail: generalkonsulat.hamburg@foreign.ministry.se
Bürozeiten: Mo bis Fr 8.30 bis 12.30
Konsularbezirk: Bundesgebiet mit Ausnahme von Berlin
Herr Bo Emthén, Generalkonsul [ab 01.01.2003]

Hannover, Honorarkonsulat
Tresckow Straße 5, 30457 Hannover
Tel.: (05 11) 4 39 25 61 / Fax: (05 11) 4 39 25 65
Bürozeiten: Mo bis Fr 10.00 bis 12.00
Konsularbezirk: In Niedersachsen: Reg.-Bez. Braunschweig, Hannover und
Lüneburg sowie im Reg.-Bez. Weser-Ems die Landkreise Osnabrück (einschl. der
Gemeinden Städte Georgsmarienhütte und Melle) und Vechta und die Stadt
Osnabrück
Herr Dr. Hans-Dieter Harig, Honorarkonsul

Kiel, Honorarkonsulat
Hopfenstraße 31, 24103 Kiel
Tel.: (04 31) 6 60 78 75 / Fax: (04 31) 6 60 77 77
E-Mail: info@johansson-kiel.de
Bürozeiten: Mo bis Fr 9.00 bis 12.00
Konsularbezirk: in Schleswig-Holstein die kreisfreien Städte Flensburg, Kiel und
Neumünster sowie die Landkreise Dithmarschen, Nordfriesland, Pinneberg,
Plön, Rendsburg-Eckernförde, Schleswig-Flensburg und Steinburg
Herr Ernst Johansson, Honorarkonsul

Leipzig, Honorarkonsulat
Messe-Allee 2, 04356 Leipzig
Tel.: (03 41) 6 09 66 20, 6 09 66 11 / Fax: (03 41) 6 09 66 50
E-Mail: scankonsul@maxicom.de
Bürozeiten: Mo bis Fr 9.00 bis 12.00
Konsularbezirk: Sachsen
Herr Rudolf von Sandersleben, Honorarkonsul

Lübeck, Honorarkonsulat
Beckergrube 38-52, 23552 Lübeck
Tel.: (04 51) 7 80 99 / Fax: (04 51) 14 82 55
E-Mail: Konsulat@possehl.de
Bürozeiten: Mo, Di, Mi, Fr 9.00 bis 13.00, Do 14.00 bis 18.00
Konsularbezirk: in Schleswig-Holstein die Stadt Lübeck sowie die Kreise
Lauenburg, Ostholstein, Segeberg und Stormarn
Herr Dr. Dietrich Schulz, Honorarkonsul

München, Honorarkonsulat
Brienner Straße 9, 80333 München
Tel.: (0 89) 54 52 12 15 / Fax: (0 89) 54 52 11 09
E-Mail: schwedisches.honorarkonsulat@wernerlaw.de
Bürozeiten: Mo, Di, Do 10.00 bis 12.00
Konsularbezirk: Bayern
Herr Dr. Klaus Werner, Honorarkonsul

Rostock, Honorarkonsulat
Altkarlshof 6, 18146 Rostock
Tel.: (03 81) 6 58 67 51 / Fax: (03 81) 6 58 66 10
E-Mail: schwedisches-konsulat@fsn.de
Bürozeiten: Di, Do 9.00 bis 12.00
Konsularbezirk: Mecklenburg-Vorpommern
Herr Axel Erdmann, Honorarkonsul

Stuttgart, Honorarkonsulat
Rotebühlstraße 77, 70178 Stuttgart
Tel.: (07 11) 66 72 19 99 / Fax: (07 11) 66 72 20 14
E-Mail: u.maden@klett-mail.de
Bürozeiten: Mo bis Fr 10.00 bis 12.00
Konsularbezirk: Baden-Württemberg
Herr Dr. hc. Michael Klett, Honorarkonsul

SCHWEIZ

Botschaft der Schweiz
Otto-von-Bismarck-Allee 4 a, 10557 Berlin-Tiergarten
Tel.: (0 30) 3 90 40 00 / Fax: (0 30) 3 91 10 30
E-Mail: vertretung@botschaft-schweiz.de / URL: www.botschaft-schweiz.de
Bürozeiten: Mo bis Fr 9.00 bis 12.00
Visa- und Einreiseabteilung:
Telefon: (0 30) 39 04 00 81 / Fax: (0 30) 39 11 030
E-Mail: visa@botschaft-schweiz.de / URL: www.botschaft-schweiz.de
Telefonische Auskünfte: Mo bis Fr 8.00 bis 17.00
Handels- und Wirtschaftsabteilung:
Tel.: (0 30) 39 04 00 37 / Fax: (0 30) 39 11 030
E-Mail: handel@botschaft-schweiz.de, wirtschaft@botschaft-schweiz.de
URL: www.botschaft-schweiz.de
Schalter Öffnungszeiten: Nach telefonischer Vereinbarung
Telefonische Auskünfte: Mo bis Fr 8.00 bis 17.00
Kultur- und Bildungsabteilung:
Tel.: (0 30) 39 04 00 15 / Fax: (0 30) 39 04 00 44
E-Mail: kultur@botschaft-schweiz.de / URL: www.botschaft-schweiz.de
Schalter Öffnungszeiten: Nach telefonischer Vereinbarung
Telefonische Auskünfte: Mo bis Fr 9.00 biis 17.00
Wissenschafts- und Forschungsabteilung:
Tel.: (0 30) 39 04 00 38 / Fax: (0 30) 39 11 030
E-Mail: wissen@botschaft-schweiz.de / URL: www.botschaft-schweiz.de
Schalter Öffnungszeiten: Nach telefonischer Vereinbarung
Telefonische Auskünfte: Mo bis Fr 8.00 bis 17.00
Politik- und Rechtsfragen:
Tel.: (0 30) 39 04 00 25 / Fax: (0 30) 39 11 030
E-Mail: recht@botschaft-schweiz.de / URL: www.botschaft-schweiz.de
Schalter Öffnungszeiten: Nach telefonischer Vereinbarung
Telefonische Auskünfte: Mo bis Fr 8.00 bis 17.00
Pressestelle und Medienabteilung:
Tel.: (0 30) 39 04 00 25 / Fax: (0 30) 39 11 030
E-Mail: presse@botschaft-schweiz.de / URL: www.botschaft-schweiz.de
Schalter Öffnungszeiten: Nach telefonischer Vereinbarung
Telefonische Auskünfte: Mo bis Fr 8.00 bis 17.00
Verteidigungsattaché:
Tel.: (0 30) 39 04 00 33 / Fax: (0 30) 39 11 030
E-Mail: va@botschaft-schweiz.de / URL: www.botschaft-schweiz.de

Schalter Öffnungszeiten: Nach telefonischer Vereinbarung
Telefonische Auskünfte: Mo bis Fr 8.00 bis 17.00
Sekretariat des Botschafters:
Tel.: (0 30) 39 04 00 13 / Fax: (0 30) 39 11 030
E-Mail: botschafter@botschaft-schweiz.de / URL: www.botschaft-schweiz.de
Schalter Öffnungszeiten: Nach telefonischer Vereinbarung
Telefonische Auskünfte: Mo bis Fr 8.00 bis 17.00
Öffnungszeiten: Mo bis Fr 9.00 bis 12.00

S. E. Herr Dr. Werner Baumann, außerordentlicher und bevollmächtigter Botschafter [09.07.2002]
Frau Susanna Baumann
Herr Dr. Emanuel Jenni, Gesandter [15.10.2001]
Frau Liselotte Peng
Herr Dr. André Schaller, Botschaftsrat (Wirtschaft) 15.[04.2002]
Frau Brigitte Schaller
Herr Dr. Pierre Berlincourt, Botschaftsrat (Wissenschaft) [01.10.2002]
Frau Brigitte Berlincourt
Herr Nobert Bärlocher, Botschaftsrat (Kultur) [07.10.2002]
Frau Valeria Caflisch Bärlocher
Herr Peter Specker, I. Botschaftsrat (Handel) (06.08.9.1998)
Frau Ursula Specker
Herr Dr. Nicolas Brühl, I. Botschaftsrat (Politik, Recht, Presse) [03.10.1999]
Frau Dr. Denise Brühl-Moser
Herr Claudio Leoncavallo, I. Botschaftsrat (Protokollangelegenheiten, Kanzleichef) [14.08.2000]
Frau Monique Leoncavallo
Herr Oberst i. G. Daniel Bader, Verteidigungsattaché [21.10.2002]
Frau Christina Bader-Keller
Herr Major Beat H. Blunier, Stellvertretender Verteidigungsattaché [23.11.2000]
Frau Sylvia M. Blunier
Herr Fabian Osterwalder, Attaché [12.2000]
Frau Kyoko Osterwalder

Dresden, Generalkonsulat
Leipziger Straße 116, 01127 Dresden
Tel.: (03 51) 89 44 40 / Fax: (03 51) 8 94 44 20
E-Mail: dresden@konsulat-schweiz.de / URL: www.konsulat-schweiz.de
Bürozeiten: Mo bis Fr 9.00 bis 11.30
Konsularbezirk: Sachsen, Sachsen-Anhalt und Thüringen
Herr Hans Jürgen Dürig, Generalkonsul [22.05.2001]

Düsseldorf, Generalkonsulat
Ernst-Gnoss-Straße 25, 40219 Düsseldorf
Tel.: (02 11) 4 58 87 00 / Fax: (02 11) 4 38 09 51
E-Mail: duesseldorf@konsulat-schweiz.de / URL: www.konsulat-schweiz.de
Bürozeiten: Mo bis Fr 9.00 bis 11.30
Konsularbezirk: Nordrhein-Westfalen
Herr Werner Ballmer, Generalkonsul

Frankfurt am Main, Generalkonsulat
Zeil 5, 5 OG., 60313 Frankfurt am Main
Tel.: (0 69) 1 70 02 80 / Fax: (0 69) 17 33 89
E-Mail: frankfurt@konsulat-schweiz.de / URL: www.konsulat-schweiz.de
Bürozeiten: Mo bis Fr 9.00 bis 12.00
Konsularbezirk: Hessen, Rheinland-Pfalz und Saarland
Herr Ulrich Gubler, Generalkonsul

Hamburg, Generalkonsulat
Rathausmarkt 5, 20095 Hamburg
Tel.: (0 40) 3 09 78 20 / Fax: (0 40) 30 97 82 60
E-Mail: hamburg@konsulat-schweiz.de / URL: www.konsulat-schweiz.de
Bürozeiten: Mo bis Fr 9.00 bis 12.00
Konsularbezirk: Hamburg, Bremen, Niedersachsen und Schleswig-Holstein
Frau Brigitta Schoch, Generalkonsulin

München, Generalkonsulat
Briennerstraße 14, 80333 München
Tel.: (0 89) 2 86 62 00 / Fax: (0 89) 28 05 79 61
E-Mail: muenchen@konsulat-schweiz.de / URL: www.konsulat-schweiz.de
Bürozeiten: Mo bis Fr 9.00 bis 12.00
Konsularbezirk: Bayern
Herr Alphons N. Müggler, Generalkonsul [13.05.2000]

Stuttgart, Generalkonsulat
Hirschstraße 22, 70173 Stuttgart
Tel.: (07 11) 22 29 43 0 / Fax: (07 11) 22 29 43 22
E-Mail: stuttgart@konsulat-schweiz.de, vertretung@stru.rep.admin.ch
URL: www.konsulat-schweiz.de
Bürozeiten: Mo bis Fr 8.30 bis 11.30
Konsularbezirk: Baden-Württemberg
Herr Pius Bucher, Generalkonsul

SENEGAL

Botschaft der Republik Senegal:
Argelanderstraße 3, 53115 Bonn
Tel.: (02 28) 21 80 08 / Fax: (02 28) 21 78 15
Bürozeiten: Mo bis Fr 8.30 bis 16.30

S. E. Herr Paul Badji, außerordentlicher und bevollmächtigter Botschafter [21.03.2002]
Frau Coura Ba, I. Botschaftsrätin [18.10.1998]
Herr Moussa Ba
Herr Félix Oudiane, I. Botschaftsrat [23.10.1998]
Frau Jeanne Oudiane
Herr Elhadji Baba Sakho, II. Botschaftsrat [22.09.1997]
Frau Rose Sakho
Frau Gnima Diangana Camara, Attaché [02.02.1997]
Oberst i.G. Abdel Kader Gueye, Verteidigungsattaché (Dienstsitz Paris) [09.07.1999]

Berlin, Honorargeneralkonsulat
Westfälische Straße 41, 10711 Berlin
Tel.: (0 30) 23 08 65 23 / Fax: (0 30) 23 08 65 24
Bürozeiten: Di, Do, Fr 10.00 bis 13.00
Konsularbezirk: Berlin, Brandenburg, Mecklenburg-Vorpommern, Sachsen-Anhalt
Herr Frank Menninger, Honorarkonsul

Düsseldorf, Honorargeneralkonsulat
Grafenberger Allee 87, 40237 Düsseldorf
Postfach 10 30 54, 40021 Düsseldorf
Tel.: (02 11) 61 43 61, 61 10 00 / Fax: (02 11) 61 44 00
Bürozeiten: Di, Mi, Do 10.00 bis 16.00
Konsularbezirk: Nordrhein-Westfalen und Niedersachsen
Frau Ute-Henriette Ohoven, Honorargeneralkonsulin

Hamburg, Honorargeneralkonsulat
Glockengiesserwall 26, 20095 Hamburg
Tel.: (0 40) 30 10 42 38 / Fax: (0 40) 30 10 43 50
Bürozeiten: Mo 17.00 bis 19.00, Do 9.30 bis 12.00, Fr 9.30 bis 13.00
Konsularbezirk: Hamburg und Schleswig-Holstein
Herr Dieter Härthe, Honorargeneralkonsul

München, Honorarkonsulat
Pienzenauerstraße 12, 81679 München
Tel./Fax: (0 89) 99 83 92 25
Bürozeiten: Di 11.00 bis 13.00, Do 14.00 bis 16.00
Konsularbezirk: Bayern, Sachsen und Thüringen
Herr Dr. Martin Steimeyer, Honorarkonsul

Stuttgart, Honorargeneralkonsulat
Ehrenhalde 11, 70192 Stuttgart
Tel.: (07 11) 2 57 36 57, 2 56 92 15 / Fax: (07 11) 2 56 79 09
Bürozeiten: Mo bis Fr 10.00 bis 12.00, 14.00 bis 16.00
Konsularbezirk: Baden-Württemberg und Rheinland-Pfalz
Frau Judith Margarethe Ulmer, Honorargeneralkonsulin

SERBIEN UND MONTENEGRO

Botschaft von Serbien und Montenegro:
Taubertstraße 18, 14193 Berlin
Tel.: (0 30) 8 95 77-00 / Fax: (0 30) 8 25 22 06
E-Mail: botschjugo@knuut.de
Konsularabteilung:
Bürozeiten: Mo bis Fr 9.00 bis 13.00, Mi auch 15.00 bis 18.00

S. E. Herr Milovan Bozinovic, außerordentlicher und bevollmächtigter Botschafter [09.03.2001]
Frau Ljiljana
Frau Jelisaveta Djurickovic-Tuvic, Gesandte (Politik)
Herr Oliver Stankovic, Gesandter (Leiter der Wirtschafts- und Handelsabteilung)
Frau Meike
Herr Dusan Bogdanovic, I. Botschaftsrat (Presse, Information und Kultur)
Herr Milan Gojkovic, I. Sekretär
Frau Snezana
Frau Dragana Milovanovic, III. Sekretärin
Herr Svetozar Davidovic, Attaché
Frau Dobrila
Herr Dragan Djuric, Attaché
Frau Snezana
Herr Oberst i. G. Rade Katic, Verteidigungsattaché
Frau Radojka
Herr Major Slobodan Savicic, Stellvertretender Verteidigungsattaché
Frau Vesna

Düsseldorf, Generalkonsulat
Lindemannstraße 5, 40237 Düsseldorf
Tel.: (02 11) 2 39 55 00 / Fax: (02 11) 6 91 48 43
E-Mail: yukonzdis@freenet.de
Bürozeiten: Mo, Di, Do, Fr 8.30 bis 13.00, Mi 8.30 bis 16.00
Konsularbezirk: Nordrhein-Westfalen

Frankfurt, Generalkonsulat
Thueringer Straße 3, 60316 Frankfurt
Tel.: (0 69) 43 99 23 / Fax: (0 69) 43 131 49
Bürozeiten: Mo bis Fr 8.30 bis 13.00, Mi auch 15.00 bis 18.00
E-Mail: gkjf@aol.com
Konsularbezirk: Hessen, Saarland und Rheinland-Pfalz
Herr Dragan Vuksic, Generalkonsul

Hamburg, Generalkonsulat
Harvestehuder Weg 101, 20149 Hamburg
Tel.: (0 40) 41 62 26-0 / Fax: (0 40) 4 10 47 47
E-Mail: gk-hamburg@web.de
Bürozeiten: Mo bis Fr 8.30 bis 12.30, Mi auch 15.00 bis 18.00
Konsularbezirk: Hamburg, Bremen, Niedersachsen und Schleswig-Holstein
Herr Pero Jankovic, Konsul-Gerant

München, Generalkonsulat
Bohmerwaldplatz 2, 81679 München
Tel.: (0 89) 98 24 75-0 / Fax: (0 89) 98 13 19
E-Mail: minhenv@hotmail.com
Bürozeiten: Mo, Di, Mi, Do 8.30 bis 13.00, Mi auch 15.00 bis 18.00,
Fr 8.30 bis 12.00
Konsularbezirk: Bayern
Herr Vlado Ljubojevic, Generalkonsul

Suttgart, Generalkonsulat
Taubenstraße 4, 70199 Stuttgart
Tel.: (07 11) 60 17 06-0 / Fax: (07 11) 6 49 40 48
E-Mail: gk-stuttgart@t-online.de
Bürozeiten: Mo, Di, Do, Fr 8.30 bis 13.00, Mi 8.30 bis 12.30 u. 15.00 bis 18.00
Konsularbezirk: Baden-Württemberg

SEYCHELLEN

Botschaft der Republik Seychellen:
Ambassade de la republique des Seychelles:
51, Avenue Mozart, F-75016 Paris
Tel.: (00 33) - 1 - 42 30 57 47 / Fax: (00 33) - 1 - 42 30 57 40
E-Mail: ambsey@aol.com

S. E. Herr **Callixte François-Xavier d'Offay**, außerordentlicher und bevollmächtigter Botschafter
[22.10.1998]

Berlin, Honorarkonsulat
c/o Anwaltskanzlei Graf Westphalen, Fritze und Modest
Bleibtreustraße 51 a, 10623 Berlin
Tel.: (0 30) 31 90 76 60 / Fax: (0 30) 31 90 76 69
E-Mail: rasudhoff@t-online.de
Konsularbezirk: Berlin und Brandenburg
Herr Dr. Jürgen Sudhoff, Honorarkonsul

Frankfurt am Main, Honorarkonsulat
Holzhausenstraße 21, 60322 Frankfurt am Main
Tel.: (0 69) 15 20 03-60 / Fax: (0 69) 15 20 03-77
E-Mail: konsulatseychellen@hunzinger.de
Bürozeiten: Mo bis Fr 9.00 bis 17.00

Konsularbezirk: Hessen, Nordrhein-Westfalen, Rheinland-Pfalz, Saarland,
Sachsen-Anhalt und Thüringen
Herr Maximilian Hunzinger, Honorarkonsul

Hamburg, Honorargeneralkonsulat
Alter Wall 40 (Dorint-Hotel), 20457 Hamburg
Tel.: (0 40) 34 66 06 / Fax: (0 40) 47 76 96
E-Mail: hans.worms@6c.com
Bürozeiten: Mo bis Do 10.00 bis 12.00
Konsularbezirk: Hamburg, Hansestadt Bremen, Berlin, Brandenburg,
Mecklenburg-Vorpommern, Niedersachsen und Schleswig-Holstein
Herr Hans-Joachim Worms, Honorargeneralkonsul

München, Honorarkonsulat
Summerstraße 8, 82211 Herrsching
Tel.: (0 81 52) 56 94 / Fax: (0 81 52) 53 67
E-Mail: info@trauminselreisen.de
Bürozeiten: Di und Do 9.00 bis 16.00
Konsularbezirk: Bayern, Baden-Württemberg und Sachsen
Herr Wolfgang F. Därr, Honorarkonsul

SIERRA LEONE

Botschaft der Republik Sierra Leone:
Rheinallee 20, 53173 Bonn
Tel.: (02 28) 35 20 01 / Fax: (02 28) 36 42 69
Bürozeiten: Mo bis Fr 9.00 bis 16.00

S. E. Herr Umaru Bundu Wurie, außerordentlicher und bevollmächtigter Botschafter [11.11.1996]
Frau Hawah. H. Wurie
Herr Saprie Paul Kanu, Botschaftsrat [30.01.1995]
Frau Phebean Kanu

Düsseldorf, Honorarkonsulat
Mendelssohnstraße 36, 40670 Meerbusch
Tel.: (0 21 59) 17 07 / Fax: (0 21 59) 5 11 49
Bürozeiten: Di und Do 10.00 bis 12.00
Konsularbezirk: Nordrhein-Westfalen, Rheinland-Pfalz und Saarland
Herr Ralf Lienenkämper, Honorarkonsul

Frankfurt am Main, Honorargeneralkonsulat
Fritz-Schubert-Ring 61, 60388 Frankfurt am Main
Tel.: (0 61 09) 3 32 77 / Fax: (0 61 09) 3 40 55
Bürozeiten: Mo 15.00 bis 17.00, Di und Fr 9.00 bis 11.00
Konsularbezirk: Hessen, Sachsen-Anhalt und Thüringen
Herr Walther M. Bessler, Honorargeneralkonsul

SIMBABWE

Botschaft der Republik Simbabwe:
Kommandanten Straße 80, 10117 Berlin
Tel.: (0 30) 2 06 22 63 / Fax: (0 30) 20 45 50 62
Bürozeiten: Mo bis Fr 9.00 bis 13.00, 14.00 bis 16.30

I. E. Frau Lucia Muvingi, außerordentliche und bevollmächtigte Botschafterin [28.03.2003]
Herr Joe Mhishi Tapera, Botschaftsrat (Economic) [28.03.2000]
Frau Pretty Tapera
Herr Godfrey Ndongwe, Botschaftsrat (Politik)
Herr Simbarashe Masoso, II. Sekretär [27.01.1997]
Frau Alice Masoso
Frau Bennonia Nhapi, III. Sekretär [05.07.2002]

SINGAPUR

Botschaft der Republik Singapur:
Friedrichstraße 200, 10117 Berlin
Tel.: (0 30) 2 26 34 30 / Fax: (0 30) 22 63 43 55
E-Mail: info@singapore-embassy.de / URL: www.singapore-embassy.de
Büro des Botschafters:
Tel.: (0 30) 22 63 43 15
Politische Abteilung:
Tel.: (0 30) 22 63 43 20/ -21/ -22
Konsularabteilung:
Tel.: (0 30) 22 63 43 18
Sprechzeiten: Mo bis Fr 9.00 bis 12.30, 13.30 bis 16.00
Visumanfragen:
Tel.: (01 90) 92 32 56
Finanzen/Verwaltungsabteilung:
Tel.: (0 30) 22 63 43 23
Bürozeiten: Mo bis Fr 9.00 bis 13.00, 13.30 bis 17.00

S. E. Herr Prof. Walter Woon, außerordentlicher und bevollmächtigter Botschafter [16.02.1998]
Frau Janis Woon
Frau Sharon Chan, I. Sekretär (Politik, Wirtschaft und Kultur) [01.04.2003]
Frau Denise Cheng, II. Sekretär (Verwaltung und Konsularabteilung) [05.02.2001]

Hamburg, Honorargeneralkonsulat
Ballindamm 1, 20095 Hamburg
Tel.: (0 40) 30 29 92 90 / Fax: (0 40) 30 29 92 88
Bürozeiten: Di und Do 10.00 bis 12.00
Konsularbezirk: Hamburg, Bremen, Mecklenburg-Vorpommern, Niedersachsen
und Schleswig-Holstein
Herr Dr. Dieter Lorenz-Meyer, Honorargeneralkonsul

Waiblingen, Honorarkonsulat
Badstraße 98, 71336 Waiblingen
Tel.: (0 71 51) 26 30 33 / Fax: (0 71 51) 26 11 20
Bürozeiten: Di und Do 10.00 bis 14.00
Konsularbezirk: Baden-Württemberg, Hessen, Rheinland-Pfalz, Saarland
Herr Dipl.-Ing. Hans Peter Stihl, Honorarkonsul

SLOWAKEI

Botschaft der Slowakischen Republik:
Pariser Straße 44, 10707 Berlin
Tel.: (0 30) 8 89 26 20 / Fax: (0 30) 88 92 62 22
E-Mail: presse@botschaft-slowakei.de
URL: www.botschaft-slowakei.de
Bürozeiten: Mo bis Fr 9.00 bis 16.30

Presseabteilung:
Tel.: (0 30) 88 92 62 15
Bürozeiten: Mo bis Fr 8.30 bis 16.30
Konsularabteilung:
Tel.: (0 30) 8 89 26 20 / Fax: (0 30) 88 92 62 22
E-Mail: konsularabteilung@botschaft-slowakei.de
Sprechzeiten: Mo bis Fr 9.00 bis 11.30
Kulturabteilung/Slowakisches Institut:
Zimmerstraße 26-27, 10117 Berlin
Tel.: (0 30) 25 89 93 63 / Fax: (0 30) 25 89 93 64
E-Mail: slowakisches.institut@botschaft-slowakei.de
Wirtschafts- und Handelsabteilung:
Tel.: (0 30) 20 16 57 67; 20 16 57 68 / Fax: (0 30) 20 16 57 69
E-Mail: handelsk@t-online.de
Militärabteilung:
Tel.: (0 30) 88 29 62 41 / Fax: (0 30) 88 92 62 42
E-Mail: attache@slovak-verteidigungsattache.de

S. E. **Herr Ján Foltín**, außerordentlicher und bevollmächtigter Botschafter [22.10.1998]
Frau Alžbeta Foltínová
Herr Peter Mišik, Gesandter
Frau Libvša Mišiková
Herr Roman Šipoš, Handelsrat
Frau Llata Šipošová
Herr Peter Kupár, Botschaftsrat (Kultur, Leiter des Slowakischen Instituts)
Frau Marianna Oravcová, Botschaftsrätin (Auswärtige Politik, Protokoll)
Herr Alexander Vavrín, II. Sekretär, Stellvertreter des Handelsrates
Frau Barbara Vavrínová
Herr Peter Sedláček, I. Sekretär (EU Angelegenheiten)
Frau Ianka Sedláčková
Herr Peter Bak, III. Botschaftssekretär (Innenpolitik, Sicherheitspolitk)
Herr Mirek Karas, I. Botschaftssekretär (Leiter der Konsularabteilung)
Frau Alžbeta Karasová
Herr Juraj Ješko, III. Sekretär (Presse) [01.03.2001]
Frau Mária Ješková
Herr Oberst i. G. Miroslav Hlinka, Verteidigungsattaché
Frau Magdaléna Hlinková
Herr Major i. G. Jozef Švabovský, Stellvertretender Verteidigungsattaché
Frau Miroslava Švabovská

Außenstelle Bonn
August-Bier-Straße 31, 53129 Bonn
Tel.: (02 28) 91 45 50
Fax: (02 28) 9 14 55 38
E-Mail: sk.emb.bonn@t-online.de
Bürozeiten: Mo bis Fr 8.30 bis 12.00, 13.00 bis 16.30
Konsularabteilung:
Tel.: (02 28) 91 45 50 / Fax: (02 28) 9 14 55 38
Sprechzeiten: Mo bis Fr 8.30 bis 11.00

Herr Milan Matlák, Leiter der Außenstelle [01.01.2003]
Frau Anna Matláková
Herr Ferdinand Skácel, Konsul [01.04.2002]
Frau Anna Skácelová

Bad Homburg, Honorarkonsulat
Dietigheimerstraße 21, 61350 Bad Homburg
Tel.: (0 61 72) 2 97 59

Konsularbezirk: Hessen
Herr Imrich Donath, Honorarkonsul

Hamburg, Honorarkonsulat
Neuer Wall 13, 20354 Hamburg
Tel.: (0 40) 34 07 67 / Fax: (0 40) 3 58 99 86
Bürozeiten: Mo bis Fr 9.00 bis 13.00
Konsularbezirk: Hamburg, Mecklenburg-Vorpommern und Schleswig-Holstein
Frau Ursula Meyer-Waarden, Honorarkonsulin

Hannover, Honorarkonsulat
Eichstraße 19, 30161 Hannover
Tel.: (05 11) 3 48 34 41, 3 48 34 42 / Fax: (05 11) 3 48 34 43
E-Mail: info@honorarkonsul.com / URL: www.honorarkonsul.com
Bürozeiten: Mo bis Mi 8.30 bis 13.30, Do 8.30 bis 16.00
Konsularbezirk: Niedersachsen, Sachsen-Anhalt
Herr Dirk Bettels, Honorarkonsul

München, Generalkonsulat
Vollmannstraße 25 d, 81925 München
Tel.: (0 89) 92 33 49 00, 92 33 49 07 (Wirtschaftsleiter)
Tel.: (0 89) 92 33 49 03 / Fax: (0 89) 92 33 49 23 (Konsularabteilung)
Fax: (0 89) 92 33 49 54 (Sekretariat)
E-Mail: gk@muenchen.mfa.sk
Bürozeiten: Mo bis Fr 8.30 bis 11.00
Konsularbezirk: Bayern und Baden-Württemberg
Herr Dipl.-Ing. Frantisek Zemanovic, Generalkonsul [01.07.1999]

Stuttgart, Honorarkonsulat
Kernerstraße 50, 70182 Stuttgart
Tel.: (07 11) 2 27 39 18 / Fax: (07 11) 2 27 39 19
E-Mail: sk-hk-stuttgart@rem.de
Herr Christoph Goeser, Honorarkonsul

Wuppertal, Honorarkonsulat
Gustavstraße 3 a, 42329 Wuppertal
Tel.: (02 02) 2 95 36 21, (01 79) 1 09 16 36
Bürozeiten: Di bis Do 9.00 bis 12.00
Herr Ivan Koval, Honorarkonsul

SLOWENIEN

Botschaft der Republik Slowenien:
Hausvogteiplatz 3-4, 10117 Berlin
Tel.: (0 30) 20 61 45 0 / Fax: (0 30) 20 61 45 70
E-Mail: vbn@mzz-dkp.gov.si
Bürozeiten: Mo bis Fr 8.00 bis 16.00
Konsularabteilung:
Tel.: (0 30) 2 06 14 53 / Fax: (0 30) 20 61 45 73
Sprechzeiten: Mo, Di, Mi 9.00 bis 12.00, Mo und Mi 15.00 bis 17.00,Visumanträge: nur vormittags
Wirtschaftsabteilung:
Tel.: (0 30) 2 06 14 51 / Fax: (0 30) 20 61 45 71

S. E. Herr Ivo Vajgl, außerordentlicher und bevollmächtigter Botschafter [09.07.2002]

Frau Mojca Zlobko Vajgl
Herr Matjaž Longar, Gesandter [09.11.2000]
Frau Irena Longar
Frau Irena Gril, Botschaftsrätin [01.06.2000]
Herr Marko Vrevc, I. Sekretär [06.11.2000]
Frau Simona Vrevc
Frau Mateja Paluc, II. Sekretär [28.05.2001]
Frau Marjana Prvinšek-Bokal, III. Sekretär [01.09.1999]
Herr Frank Bokal Prvinšek
Herr Oberst Ladislav Graber, Verteidigungsattaché [01.04.2002]
Frau Ana Graber

    München, Generalkonsulat
    Lindwurmstraße 14, 80337 München
    Tel.: (0 89) 5 43 98 19 / Fax: (0 89) 5 43 94 83
    Bürozeiten für slowenische Staatsangehörige: Mo bis Fr 9.00 bis 12.00,
    Mi 15.00 bis 17.00
    Bürozeiten für Visumanträge: Mo, Mi und Fr 9.00 bis 10.00
    Konsularbezirk: Bayern und Baden-Württemberg
Herr Matjaž Jevnišek, Generalkonsul
Frau Suzana Pariš Jevnišek

    Bremen, Honorarkonsulat
    Hafenstraße 167-169, 27568 Bremerhaven
    Tel.: (04 71) 9 54 90 20 / Fax: (04 71) 9 54 90 89
    Bürozeiten: Mo bis Fr 9.00 bis 12.00 und nach Vereinbarung
    Konsularbezirk: Bremen und Niedersachsen
Herr Friedrich Dieckell, Honorarkonsul

    Hamburg, Honorarkonsulat
    Magdalenenstraße 64 a, 20148 Hamburg
    Tel.: (0 40) 44 80 95 95 / Fax: (0 40) 41 32 90 50
    Bürozeiten: Di und Do 9.00 bis 13.00
    Konsularbezirk: Hamburg und Schleswig-Holstein
Herr Kai Wünsche, Honorarkonsul

    Potsdam, Honorarkonsulat
    Gerlacher Straße 14, 14480 Potsdam
    Tel.: (03 31) 6 00 49 43 / Fax: (03 31) 88 80 01 30
    Bürozeiten: Mo, Mi, Fr 9.00 bis 12.00
    Konsularbezirk: Brandenburg und Sachsen
Herr Eckehart Behncke, Honorarkonsul [21.06.2000]

    Saarbrücken, Honorarkonsulat
    Karcher Straße 4, 66111 Saarbrücken
    Tel.: (06 81) 7 53 46 70 / Fax: (06 81) 7 53 46 80
    Bürozeiten: Mo bis Fr 9.00 bis 12.00, 14.00 bis 16.00
    Konsularbezirk: Saarland
Herr Dr. Leon Brumen, Honorarkonsul

SOMALIA

Botschaft der Republik Somalia (derzeit nicht besetzt)
26, Rue Dumont d'Urville, F-75116 Paris
Tel.: (00 33) - 1 - 45 00 76 51
Bürozeiten: Mo bis Fr 9.30 bis 13.00, 14.30 bis 17.00

Konsularabteilung:
Bürozeiten: Mo bis Fr 10.00 bis 13.00

SPANIEN

Botschaft von Spanien:
Lichtensteinallee 1, 10787 Berlin
Tel.: (0 30) 2 54 00 70 / Fax: (0 30) 25 79 95 57
E-Mail: embespde@mail.mae.es
URL: www.spanischebotschaft.de
Bürozeiten: Mo bis Do 9.00 bis 17.00, Fr 9.00 bis 14.00
Konsularabteilung:
Tel.: (0 30) 2 54 00 71 61, 2 54 00 71 62 / Fax: (0 30) 2 54 00 74 20
Bürozeiten: Mo bis Do 9.00 bis 17.00, Fr 9.00 bis 14.00
Kulturabteilung:
Tel.: (0 30) 2 54 00 71 51, 2 54 00 71 52 / Fax: (0 30) 2 54 00 77 00
E-Mail: spanien-kultur@t-online.de
Bürozeiten: Mo bis Do 9.00 bis 17.00, Fr 9.00 bis 14.00
Abteilung für Innere Angelegenheiten:
Tel.: (0 30) 2 54 00 73 40 / Fax: (0 30) 2 54 00 74 20
Bürozeiten: Mo bis Do 9.00 bis 17.00, Fr 9.00 bis 14.00
Presseabteilung:
Tel.: (0 30) 2 54 00 72 15 / Fax: (0 30) 2 54 00 72 16
E-Mail: presse@info-spanischebotschaft.de
URL: www.info-spanischebotschaft.de
Bürozeiten: Mo bis Do 8.00 bis 17.00, Fr 8.00 bis 14.00
Verteidigungsabteilung:
Kennedyallee 142, 53175 Bonn
Tel.: (02 28) 30 85 50 / Fax: (02 28) 3 08 55 58
E-Mail: agredbonn@t-online.de
Bürozeiten: Mo bis Do 8.30 bis 17.00, Fr 8.30 bis 14.00
Handels- und Wirtschaftsabteilung:
Dorotheenstraße 97, 10117 Berlin
Tel.: (0 30) 2 29 21 34; 2 29 23 94 / Fax: (0 30) 2 29 30 95
E-Mail: buzon.oficial@berlin.ofcomes.mcx.es
Bürozeiten: Mo bis Do 9.00 bis 17.00, Fr 9.00 bis 14.00
Finanzabteilung:
Nibelungenplatz 3, 60318 Frankfurt am Main
Tel.: (0 69) 15 05 56 91 / Fax: (0 69) 15 05 56 93
E-Mail: martinez.daniel@t-online.de
Bürozeiten: Mo bis Do 9.00 bis 17.00, Fr 9.00 bis 14.00
Landwirtschaftsabteilung:
Deutschherrenstraße 15, 53177 Bonn
Tel.: (02 28) 33 03 87 / Fax: (02 28) 33 28 91
E-Mail:ofiagro@t-online.de
Bürozeiten: Mo bis Do 8.00 bis 17.00, Fr 8.00 bis 15.00
Arbeits- und Sozialabteilung:
Rheinallee 19, 53173 Bonn
Tel.: (02 28) 9 35 47 60 / Fax: (02 28) 93 54 76 31
E-Mail: Consejeria-lab.bonn@t-online.de
Bürozeiten: Mo bis Fr 8.00 bis 15.30, Di 8.00 bis 18.00
Abteilung für Bildungs- und Wissenschaftswesen:
Schlüterstraße 36, 10629 Berlin
Tel.: (0 30) 8 87 15 90 / Fax: (0 30) 88 71 59 13
E-Mail: consejeria@education.de
Bürozeiten: Mo bis Fr 9.00 bis 14.00

SPANIEN

S. E. Herr José Rodrígez-Spiteri Palazuelo, außerordentlicher und bevollmächtigter Botschafter [21.10.2002]
Frau Dr. Silvia Enrich Marcet
Herr Pedro Villena, Gesandter [01.03.2001]
Frau Zita Lösaus-Polus
Herr Pedro José Sanz, Botschaftsrat (Leiter der Kulturabteilung) [18.08.2000]
Frau María Asunción de Cominges Sureda
Herr José Luis Pardo, Botschaftsrat (EU-Angelegenheiten) [12.08.2002]
Herr Ricardo Sánchez-Blanco, Botschaftsrat (Politische Angelegenheiten) [17.01.2000]
Frau Dr. Richmod Repgen
Herr José Fernando Fernández-Aguayo, Botschaftsrat [01.11.2001]
Herr Salvador Rueda Rabanal, Botschaftsrat [01.08.2002]
Oberstleutnant i. G. José Luis Valdés Doménech, Verteidigungs- und Heeresattaché [12.01.2000]
Frau María Luisa Brizuela
Fregattenkapitän Alvaro Fernández Navarro de los Paños, Marineattaché [01.08.1999]
Oberstleutnant i.G. Miguel Angel Martin Perez, Luftwaffenattaché [01.09.2001]
Herr Pablo Gasós, Botschaftsrat (Leiter der Handels- und Wirtschaftsabteilung) [01.09.2000]
Herr Daniel Martínez Egaña, Botschaftsrat (Leiter der Finanzabteilung) [09.10.1998]
Frau Yolanda de Paz Viciana
Herr Juan Pedro Bravo Bellón, Botschaftsrat (Leiter der Abteilung für Innere Angelegenheiten) [21.06.2001]
Frau Elisabeth Maria Spiesecke
Herr Angel Calzada Calvo, Botschaftsrat (Leiter der Abteilung für Arbeits- und Sozialwesen) [01.11.1999]
Frau María Isabel Pascual Quirós
Herr Rafael Cavestany, Botschaftsrat (Leiter der Abteilung für Landwirtschaft, Ernährung und Fischereiwesen) (16.8.2000
Herr Luis Carazo Carcía-Olalla, Attaché (Ernährung und Fischereiwesen) [06.11.1995]
Frau Teresa Jiménez de Carazo
Herr Pablo López Blanco, Presserat (Leiter der Informations- und Presseabteilung) [29.11.1999]
Frau Susana Orozco Rico
Herr Juan Albero Dura, Botschaftsrat [01.10.2002]
Frau Maria Jesus Aseuzi Mendoza
Herr Diego Iñiguez Hernandez, Botschaftsrat (Leiter der Abteilung für Bildungs- und Wissenschaftswesen) [23.02.2000]
Herr José Luis Martín, Attaché (Verwaltung) [11.11.1992]
Frau Isabel Marcuello

Düsseldorf, Generalkonsulat
Homberger Straße 16, 40474 Düsseldorf
Tel.: (02 11) 43 90 80 / Fax: (02 11) 45 37 68
Bürozeiten: Mo bis Fr 8.00 bis 13.00
Konsularbezirk: Nordrhein-Westfalen
Herr Miguel Antonio Arias Estévez, Generalkonsul [10.11.2000]

Frankfurt am Main, Generalkonsulat
Nibelungenplatz 3, 60318 Frankfurt am Main
Tel.: (0 69) 9 59 16 60 / Fax: (0 69) 5 96 47 42
E-Mail: cgspfkfurt@mail.mae.es
Bürozeiten: Mo bis Fr 8.00 bis 13.00, Sa 8.00 bis 12.00
Konsularbezirk: Hessen, Rheinland-Pfalz und Saarland
Herr Luis Calvo Merino, Generalkonsul

Hamburg, Generalkonsulat
Mittelweg 37, 20148 Hamburg
Tel.: (0 40) 4 14 64 60 / Fax: (0 40) 41 74 49
E-Mail: cgsphamburg@mail.mae.es
Bürozeiten: Mo bis Fr 9.00 bis 13.00
Konsularbezirk: Hamburg, Bremen, Mecklenburg-Vorpommern, in Niedersachsen

den Reg.-Bez. Weser-Ems, im Reg.-Bez. Hannover den Landkreis Diepholz, im Reg.-Bez. Lüneburg die Landkreise Cuxhaven (einschließlich der selbständigen Stadt Cuxhaven), Harburg, Lüneburg, Osterholz, Rotenburg (Wümme), Stade und Verden (einschließlich der selbständigen Gemeinde Stadt Verden) und Schleswig-Holstein
Herr Fernando Sánchez Rau, Generalkonsul

Hannover, Generalkonsulat
Bödekerstraße 22, 30161 Hannover
Tel.: (05 11) 31 10 85/ -86 / Fax: (05 11) 31 62 30
Bürozeiten: Mo bis Fr 8.30 bis 13.30, Sa 8.30 bis 12.30
Konsularbezirk: In Niedersachsen Reg.-Bez. Braunschweig, Reg.-Bez. Hannover mit Ausnahme des Landkreises Diepholz, im Reg.-Bez. Lüneburg die Landkreise Celle, Lüchow-Dannenberg, Soltau-Fallingbostel, und Uelzen
Herr José María Muriel Palomino, Generalkonsul

München, Generalkonsulat
Oberföhringer Straße 45, 81925 München
Tel.: (0 89) 9 98 47 90 / Fax: (0 89) 9 81 02 06
E-Mail: cgspanienmunich@mail.mae.es
Bürozeiten: Mo bis Fr 8.00 bis 13.00, Sa 9.30 bis 12.00
Konsularbezirk: Bayern
Herr Aurelio Pérez Giralda, Generalkonsul

Stuttgart, Generalkonsulat
Lenzhalde 61, 70192 Stuttgart
Tel.: (07 11) 9 97 98 00
Bürozeiten: Mo, Di, Do, Fr 8.30 bis 13.00, Mi 8.30 bis 12.30, 14.00 bis 17.00
Konsularbezirk: Baden-Württemberg
Herr Diego Maria Sanchez Bustamante, Generalkonsul [08.08.2000]

SRI LANKA

Botschaft der Demokratischen Sozialistischen Republik Sri Lanka:
Niklasstraße 19, 14163 Berlin-Zehlendorf
Tel.: (0 30) 80 90 97 49 / Fax: (0 30) 80 90 97 57
E-Mail: info@srilanka-botschaft.de / URL: www.srilanka-botschaft.de
Bürozeiten: Mo bis Fr 8.30 bis 16.30
Konsularabteilung: Mo bis Do 9.30 bis 12.30

S. E. Herr C. D. Casie Chetty, außerordentlicher und bevollmächtigter Botschafter [04.10.2001]
Frau E. Shanti Casie Chetty
Herr A. A. K. Perera, Gesandter (Handel und Wirtschaft) [24.01.2000]
Frau P. D. M. Perera
Herr T. Raveenthiran, Botschaftsrat [01.2003]
Frau Raveenthiran
Herr K. T. Fonseka, II. Sekretär [01.2003]
Frau Fonseka
Herr R. Rukmany Kanthan, Attaché [17.01.2000]
Frau J. Rukmany Kanthan

Bonn, Generalkonsulat
Mainzer Straße 47, 53179 Bonn
Tel.: (02 28) 7 66 85 63, 69 61 16 / Fax: (02 28) 9 63 65 92
E-Mail: SL.ConGen.Bn@knuut.de
Frau Renuka Damayanthi Rajapakse, Generalkonsulin

Bremen, Honorarkonsulat
Anne-Conway-Straße 2, 28359 Bremen
Tel.: (04 21) 800 87 80 / Fax: (04 21) 800 87 77
E-Mail: honorarkonsulat@kriwat.cc
Konsularbezirk: Bremen und Niedersachsen
Herr Kapitän Klaus Kriwat, Honorarkonsul

Hamburg, Honorargeneralkonsulat
Pickhuben 9, 20457 Hamburg
Tel.: (0 40) 36 71 40 / Fax: (0 40) 36 14 31 58, 36 14 31 70
E-Mail: info@haelssen-lyon.de
Bürozeiten: Mo bis Fr 9.30 bis 12.00
Konsularbezirk: Hamburg und Schleswig-Holstein
Herr Olav C. Ellerbrock, Honorargeneralkonsul

München, Honorarkonsulat
Sylvensteinstraße 2, 81369 München
Tel.: (0 89) 7 20 12 990 / Fax: (0 89) 7 20 12 999
E-Mail: hans.hammer@hammer.ag
Bürozeiten: Mo bis Fr 9.00 bis 12.00
Konsularbezirk: Bayern und Hessen
Herr Hans Hammer, Honorarkonsul

Stuttgart, Honorarkonsulat
Willy Brandt-Straße 50-54, 70173 Stuttgart
Tel.: (07 11) 2 23 79 53 / Fax: (07 11) 2 22 99 777
E-Mail: Konsulat-srilanka-stuttgart@gmx.de
Bürozeiten: Mo bis Fr 9.30 bis 11.30
Konsularbezirk: Baden-Württemberg, Rheinland-Pfalz und Saarland
Herr Norbert Quack, Honorarkonsul

ST. KITTS UND NEVIS

Botschaft der Föderation St. Kitts und Nevis:
(High Commission for Eastern Caribbean States)
10 Kensington Court, GB London W8 SDL
Tel.: (00 44) - 207 - 9 37 95 22 / Fax: (00 44) - 207 - 9 37 55 14
E-Mail: stkitt-nevis@btinternet.com

ST. LUCIA

Botschaft von St. Lucia:
High Commission for Saint Lucia
1 Collingham Gardens, Earl's Court, GB-London SW5 0HW
Tel.: (00 44) - 207 - 3 70 71 23 / Fax: (00 44) - 207 - 3 70 19 05
E-Mail: hcslu@btconnect.com

S E. Herr Emmanuel H. Cotter, außerordentlicher und bevollmächtigter Botschafter
Herr Jean-Francois Michel, Gesandter-Botschaftsrat
Frau Coletta President-Aruoma, Botschaftsrätin
Herr Bernard Cornibert, Attaché (Handel)
Frau Phyllis Roberts, Attaché (Verwaltung)

Vertretung Brüssel:
Eastern Carribbean States Mission to the European Communities
Rue de Livourne 42, B-1000 Brüssel
Tel.: (00 32) - 2 - 5 39 40 09 / Fax: (00 32) - 2 - 5 89 40 09
E-Mail: ecs.embassies@skynet.be

S. E. Herr **Edwin Pontien Joseph Laurent**, außerordentlicher und bevollmächtigter Botschafter [10.12.1997]

Frankfurt am Main, Honorarkonsulat
Weidebornweg 21, 61348 Bad Homburg v.d.H.
Tel.: (0 61 72) 30 23 24 / Fax: (0 61 72) 30 53 1
Bürozeiten: nach telefonischer Vereinbarung
Konsularbezirk: Bundesgebiet
Herr **Bernd O. Ludwig**, Honorarkonsul

ST. VINCENT UND DIE GRENADINEN

Botschaft von St. Vincent und die Grenadinen:
High Commission for Saint Vincent und die Grenadinen
10 Kensington Court, GB-London W8 5DL
Tel.: (00 44) - 207 - 5 65 28 74 / Fax: (00 44) - 207 - 9 37 60 40
E-Mail: svghighcom@clara.co.uk / URL: svgtourism.com

München, Honorarkonsulat
Fluggenstraße 5, 80639 München
Tel.: (0 89) 17 80 35 20 / Fax: (0 89) 17 64 81
Bürozeiten: Mo bis Fr 9.00 bis 13.00
Konsularbezirk: Bundesgebiet
Herr **Johann Ulrich Schlamp**, Honorarkonsul

SUDAN

Botschaft der Republik Sudan:
Kurfürstendamm 151, 10709 Berlin
Tel.: (0 30) 8 90 69 80 / Fax: (0 30) 89 40 96 93
E-Mail: post@sudan-embassy.de / URL: www.sudan-embassy.de
Bürozeiten: Mo bis Fr 9.00 bis 16.00,
Konsularabteilung: Mo bis Fr 10.00 bis 14.00

S. E. Herr **Ahmed Gaafar Abdelkarim**, außerordentlicher und bevollmächtigter Botschafter [28.11.2000]
Herr **Abdelrahim Elsiddig**, Botschaftsrat [14.08.2000]
Herr **Muawia Eltoum Elamin Elbukhari**, II. Sekretär [28.07.2002]
Herr **Hamza Abuzaid Ahmed Ibrahim**, Attaché [16.07.2001]
Herr **Ahmed Said Ahmed Hamid**, Attaché [15.12.2000]

Idstein, Honorarkonsulat
Lanaerstraße 1, 65510 Idstein
Tel.: (0 61 26) 94 15 11 / Fax: (0 61 26) 94 15 19
E-Mail: h-ulrich.Stork@hon-consulate-Republic-Sudan.de
Bürozeiten: Mo bis Fr 9.00 bis 12.00, 15.00 bis 18.00
Konsularbezirk: Hessen
Herr **Hans-Ulrich Stork**, Honorarkonsul

SÜDAFRIKA

Botschaft der Republik Südafrika:
Friedrichstraße 60, 10117 Berlin-Mitte
Postfach 08 04 61, 10004 Berlin
Tel.: (0 30) 22 07 30 / Fax: (0 30) 22 07 31 90
E-Mail: botschaft@suedafrika.org / URL: www.suedafrika.org
Konsularabteilung:
E-Mail: konsular@suedafrika.org,
Konsularabteilung: Mo bis Fr 9.00 bis 12.00
Presseabteilung:
E-Mail: media@suedafrika.org
Wirtschaftsabteilung:
E-Mail: wirtschaft@suedafrika.org
Verteidigungsabteilung:
verteidigung@suedafrika.org
Bürozeiten: Mos bis Frs 8.00 bis 16.30
Verwaltung:
Tel.: (0 30) 22 07 31 30 / Fax: (0 30) 22 07 32 01

S. E. Herr Prof. Dr. Sibusiso M. E. Bengu, außerordentlicher und bevollmächtigter Botschafter [03.09.1999]
Frau Ethel Funeka Bengu
Frau Nomasonto Maria Sibanda-Thusi, Gesandte [07.11.2000]
Herr Mofalali Edward Lebeko, Botschaftsrat [11.03.2002]
Frau Mpotseng Esther Lebeko
Herr Pieter Andries Christiaan Bouwer, Botschaftsrat [28.05.2002]
Frau Sabine Bouwer
Herr Louis Philuppus Nieuwoudt, Botschaftsrat [02.07.2002]
Frau Nicolene Nieuwoudt
Frau Zaida Dinaully, III. Sekretär [26.02.2002]
Herr LeRoux Bhuti Masoka, I. Sekretär [01.10.2000]
Frau Bulelwa Christina Masoka
Frau Valda K. van Heerden, Attaché [15.02.2000]
Herr Eugene van Heerden
Herr Raisetja Igniciuos Matloga, Assistent-Attaché [01.02.2001]
Frau Maphuti Lister Matloga
Frau Hazel Anne Marais, Assistent-Attaché [02.07.2001]
Herr James George Marais
Herr Pieter W. Weideman, Gesandter (Verwaltung und Konsularabteilung) [01.02.2000]
Frau Sandra Weideman
Frau Dagmar Ham, Botschaftsrätin (Konsularabteilung und Verwaltung) (3.12.1998)
Frau Heidi Malesa, I. Sekretär (Migration) [27.12.2000]
Kapitän zur See Richard R. Goveia, Verteidigungsattaché [19.06.2000]

Dortmund, Honorarkonsulat
Klönnestraße 99, 44143 Dortmund
Tel.: (02 31) 564 00 11 / Fax: (02 31) 51 63 13
Bürozeiten: Mo bis Do 8.00 bis 17.00, Fr 8.00 bis 13.00
Konsularbezirk: Nordrhein-Westfalen
Herr Hans-Jörg Hübner, Honorarkonsul

München, Generalkonsulat
Sendlinger-Tor-Platz 5, 80336 München
Tel.: (0 89) 2 31 16 30 / Fax: (0 89) 23 11 63 63
E-Mail: info@saconsulate.de
Bürozeiten: Mo bis Fr 9.00 bis 12.00
Konsularbezirk: Bayern, Baden-Württemberg

Stuttgart, Honorargeneralkonsulat
Plieninger Straße 148 b, 70567 Stuttgart
Tel.: (07 11) 7 22 21 75 / Fax: (07 11) 7 22 21 80
Bürozeiten: Mo bis Mi 9.00 bis 12.00
Konsularbezirk: Baden-Württemberg, Rheinland-Pfalz und Saarland
Herr Jürgen E. Schrempp, Honorargeneralkonsul

SURINAME

Botschaft der Republik Suriname:
Alexander Gogelweg 2, NL-2517J. H. 's-Gravenhage
Tel.: (00 31) - 70 3 65 08 44 / Fax: (00 31) - 70 3 61 74 45
Bürozeiten: Mo bis Fr 9.00 bis 17.00

S. E. Herr Edgar S. R. Amanh, außerordentlicher und bevollmächtigter Botschafter
Herr Howard Rudy Patrick Nooitmeer, Attaché (Finanzen und Verwaltung)

Amsterdam, Generalkonsulat
de Cuserstraat 11, NL-1018 CK Amsterdam
Tel.: (00 31) - 20 - 6 42 67 17, - 20 - 6 42 61 37 / Fax: (00 31) - 20 - 6 46 53 11
Bürozeiten: Mo bis Fr 9.00 bis 14.00
Herr Edward R. Braafheid, Generalkonsul

München, Honorargeneralkonsulat
Adolf Kolping-Straße 16, 80336 München
Tel.: (0 89) 55 50 33, 55 33 63 / Fax: (0 89) 59 70 64
Bürozeiten: Mo bis Sa 8.00 bis 12.00
E-Mail: matte@t-online.de
Konsularbezirk: Bundesgebiet
Herr Edwin Matt, Honorargeneralkonsul

SWASILAND

Botschaft des Königreichs Swasiland:
Ambassade du royaume de Swaziland
118, Avenue Winston Churchill, B- 1180 Brüssel
Tel.: (00 32) - 2 – 3 47 47 71 / Fax: (00 32) - 2 – 3 47 46 23
Bürozeiten: Mo bis Fr 9.00 bis 13.00, 14.00 bis 16.30

I. E. Frau Dr. Thembayena Annastasia Dlamini, außerordentliche und bevollmächtigte Botschafterin [08.06.1998]
Herr Swazi Patrick Dlamini, Botschaftsrat [29.09.1999]
Herr Henry Vusimuzi Zeemann, I. Sekretär [26.08.1999]
Herr Mfundo Hugh Tshabalala, III. Sekretär [12.01.1998]
Frau Busisiwe Nomvula Matsebula, Attaché (Verwaltung) [24.08.1998]

Berlin, Honorarkonsulat
Neue Promendade 89, 10178 Berlin
Tel.: (0 30) 28 09 62 50 / Fax: (0 30) 92 18 52 95
E-Mail: volkerstoltz@compuserve.com / URL: www.swasiland.de
Konsularbezirk: Berlin, Baden-Württemberg, Bayern, Brandenburg, Hessen, Rheinland-Pfalz, Sachsen
Herr Volker Stoltz, Honorarkonsul

SYRIEN 170

Düsseldorf, Honorargeneralkonsulat
Worringer Straße 59, 40211 Düsseldorf
Tel.: (02 11) 35 08 66 / Fax: (0 21 06) 77 01 78
E-Mail: sekretariat@hobema.de
Bürozeiten: Mo, Mi, Fr. 8.00 bis 13.00
Konsularbezirk: Nordrhein-Westfalen, Bremen, Hamburg, Mecklenburg-
    Vorpommern, Niedersachsen, Saarland, Sachsen-Anhalt, Schleswig-Holstein,
    Thüringen
Herr Hermann J. Raths, Honorargeneralkonsul

SYRIEN

Botschaft der Arabischen Republik Syrien:
Rauchstraße 25, 10787 Berlin
Tel.: (0 30) 50 177-0 / Fax: (0 30) 50 177-311
Bürozeiten: Mo bis Fr 9.00 bis 15.30

S. E. Herr Mohamed Walid Hezbor, außerordentlicher und bevollmächtigter Botschafter [11.01.2001]
Frau Farida Kamal Hezbor
Frau Fayzeh Ahmad, Botschaftsrat
Frau Nahla Alkhayer, III. Sekretär
Herr Kousay Al-Hassoud, Attaché
Frau Rabaah Daoud, Attaché
Herr Ahmad Omar, Attaché [27.09.1999]
Frau Fatimeh Entabi

Hamburg, Honorarkonsulat
Brooktor 11, 20457 Hamburg
Tel.: (0 40) 32 18 61 / Fax: (0 40) 32 70 86
Bürozeiten: Mo bis Fr 9.00 bis 13.00
Konsularbezirk: Hamburg, Bremen, Niedersachsen und Schleswig-Holstein
Herr Hani Nasri, Honorarkonsul

TADSCHIKISTAN

Botschaft der Republik Tadschikistan:
Otto-Suhr-Allee 84, 10585 Berlin
Tel.: (0 30) 3 47 93 00 / Fax: (0 30) 34 79 30 29
E-Mail: info@botschaft-Tadschikistan.de,
tajemb-germ@embassy-tajikistan.de
URL: www.Botschaft-Tadschikistan.de
Bürozeiten: Mo bis Fr 9.00 bis 18.00
Konsularabteilung: Mo bis Fr 9.00 bis 13.00

S. E. Herr Nurali Saidov, außerordentlicher und bevollmächtigter Botschafter [26.10.2001]
Frau Bibisoro Bobonazarova
Herr Imomudin Sattorov, I. Sekretär [06.07.1995]
Herr Yuldashbay Nazarov, I. Sekretär [26.10.2001]
Frau Mahbuba Karimova

TANSANIA

Botschaft der Vereinigten Republik Tansania:
Theaterplatz 26, 53177 Bonn

Tel.: (02 28) 35 80 51; 35 80 52; 35 80 53; 35 80 54 / Fax: (02 28) 35 82 26
E-Mail: info@tanzania-gov.de / URL: www.tanzania-gov.de
Bürozeiten: Mo bis Fr 8.30 bis 13.00, 14.00 bis 16.30

S. E. Herr Ali Abeid Karume, außerordentlicher und bevollmächtigter Botschafter [29.08.2002]
Frau Hudda Said Karume
Frau Nipanema Mdoe, bevollmächtigte Gesandte [22.07.2000]
Herr James R. Selengia, Gesandter [11.05.2002]
Frau Damaris J. Selengia
Herr Peter E. Msaky, Attaché (Verwaltung und Finanzen) [16.09.1997]
Frau Grace Msaky

Hamburg, Honorarkonsulat
Normannenweg 17-21, 20537 Hamburg
Tel.: (0 40) 2 50 79 36 / Fax: (0 40) 25 31 36 66
E-Mail: 320009706217-001@t-online.de
Bürozeiten: Mo bis Fr 9.00 bis 13.00
Konsularbezirk: Hamburg
Herr Jürgen Gotthardt, Honorarkonsul

THAILAND

Botschaft des Königreichs Thailand:
Lepsiusstraße 64-66, 12163 Berlin
Tel.: (0 30) 79 48 10 / Fax: (0 30) 79 48 15 11
E-Mail: thaiber@snafu.de / URL: www.thaiembassy.de
Bürozeiten: Mo bis Fr 9.00 bis 12.30, 14.00 bis 17.00
Konsularabteilung: Mo bis Fr 9.00 bis 13.00
Handelsabteilung:
Petzowerstraße 1, 14109 Berlin
Tel.: (0 30) 8 05 00 40 / Fax: (0 30) 80 50 04 51
E-Mail: embassy@thaicom.b.uunet.de
Büro für Bildungsangelegenheiten

I. E. Frau Cholchineepah Chiranond, außerordentliche und bevollmächtigte Botschafterin [28.03.2003]
Herr Karu Chiranond
Herr Jukr Boon-Long, Gesandter [10.07.2000]
Frau Kamolrat Boon-Long
Herr Santas Kajavong, Gesandter-Botschaftsrat
Frau Manida Treratveerapong, I. Sekretär [26.01.2000]
Herr Surapol Phonepresert, I. Sekretär [07.02.2000]
Frau Jiraporn Sudanich, I. Sekretär [01.12.2000]
Herr Vison Tepasarn, II. Sekretär
Frau Pratana Disyatat, II. Sekretär
Herr Chaiyan Paiboolsilp, II. Sekretär
Frau Orawan Niyato, II. Sekretär [21.12.2000]
Herr Somnuk Niyato
Herr Veradet Nimwach-Aromchuen, III. Sekretär [31.01.2000]
Frau Janpim Nimwach-Aromchuen
Frau Kamolwan Chandakul, III. Sekretär
Frau Sunisa Srichaeng, Attaché [07.02.2000]
Herr Prajin Juntong, Verteidigungsattaché [18.10.2000]
Frau Jintana Juntong
Herr Pisit Kateburome, Stellvertretender Verteidigungsattaché [01.10.2000]
Frau Jurailux Kateburome
Frau Kessiri Siripakorn, Gesandte [29.10.1999]

Herr **Prakhun Siripakorn**
Herr **Pundit Srinurak**, Gesandter-Botschaftsrat [03.01.2001]
Frau **Sirima Srinurak**
Herr **Charnvit Krairiksh**, Gesandter-Botschaftsrat (Bildung) (Dienstsitz London)

Düsseldorf, Honorarkonsulat
Cecilienallee 6-10, 40474 Düsseldorf
Tel.: (02 11) 4 91 26 32 / Fax: (02 11) 4 91 26 39
Konsularbezirk: Nordrheinwestfalen und Niedersachsen
Herr **Dr. Stephan J. Holthoff-Pförtner**, Honorarkonsul

Frankfurt am Main, Generalkonsulat
Kennedyallee 109, 60596 Frankfurt am Main
Frau **Warukan Kiatthanakull**, Generalkonsulin
Herr **Aroon Jivasakapimas**, Stellvertretender Konsul
Frau **Jiraporn Teerapatranun**, Konsulin
Herr **Jakkrit Sukpinit**, Vize-Konsul

Hamburg, Honorargeneralkonsulat
An der Alster 85, 20099 Hamburg
Tel.: (0 40) 24 83 91 18 / Fax: (0 40) 24 83 91 15
Bürozeiten: 1.4. bis 31.8.:10.00 bis 12.00, 1.9. bis 31.3.: 9.30 bis 12.30
Konsularbezirk: Hamburg, Bremen und Schleswig-Holstein
Herr **Wolfgang Krohn**, Honorargeneralkonsul

Karlsruhe, Honorarkonsulat
Stephaniestraße 22, 76133 Karlsruhe
Tel.: (07 21) 2 03 14 56 / Fax: (07 21) 2 03 14 57
Bürozeiten: Mo bis Fr 9.00 bis 12.00
Konsularbezirk: Baden-Württemberg
Herr **Karl Zorn**, Honorarkonsul

München, Honorargeneralkonsulat
Prinzenstraße 13, 80639 München
Tel.: (0 89) 1 68 97 88 / Fax: (0 89) 13 07 11 80
Bürozeiten: Mo bis Fr 9.00 bis 12.00
Konsularbezirk: Bayern und Sachsen
Frau **Barbara Steinle**, Honorargeneralkonsulin

TOGO

Botschaft der Republik Togo:
Beethovenallee 13, 53173 Bonn (Umzug nach Berlin geplant)
Tel.: (02 28) 3 67 68 57 / Fax: (02 28) 3 67 68 59
Bürozeiten: Mo bis Fr 9.00 bis 17.00

Herr **Aléky B. Badjili**, Gesandter (Geschäftsträger a. i.)
Herr **Débah Merat**, Attaché (Finanzen)

Bremen, Honorarkonsulat
Martinistraße 29, 28195 Bremen
Tel.: (04 21) 3 69 11 96 / Fax: (04 21) 3 69 11 99
Bürozeiten: Mo bis Fr 8.00 bis 18.00
Konsularbezirk: Bremen
Frau **Ilse Fliege**, Honorarkonsulin

Düsseldorf, Honorarkonsulat
Friedrich-Ebert-Straße 53, 40210 Düsseldorf
Tel.: (02 11) 5 00 86-32 / Fax: (02 11) 5 00 86-33
Konsularbezirk: Nordrhein-Westfalen
Herr Franz Wilhelm Knops, Honorarkonsul

Hannover, Honorargeneralkonsulat
Hindenburgstraße 19, 30175 Hannover
Tel.: (05 11) 2 80 43 92 / Fax: (05 11) 2 80 43 99
Bürozeiten: Do bis Fr 8.00 bis 15.00
Konsularbezirk: Niedersachsen, Sachsen-Anhalt und Thüringen
Herr Gerd Nelke, Honorargeneralkonsul

Köln, Honorarkonsulat
Stollwerkstraße 27-31, 51149 Köln
Tel.: (0 22 03) 4 32 02 / Fax: (0 22 03) 4 32 04
Bürozeiten: Mo bis Fr 9.00 bis 12.00
Konsularbezirk: Nordrhein-Westfalen
Herr Hans Imhoff, Honorarkonsul

Mainz, Honorarkonsulat
Niederkircher Straße 6, 67146 Deidesheim
Tel.: (0 63 26) 98 12 08 / Fax: (0 63 26) 75 61
E-Mail: info@togo.de / URL: www.togo.de
Bürozeiten: Di und Fr 10.00 bis 12.00, 15.00 bis 17.00
Konsularbezirk: Rheinland-Pfalz, Hessen und Saarland
Herr Helmut Adolf Fohs, Honorarkonsul

München, Honorarkonsulat
Reitmorstraße 14, 80538 München
Tel.: / Fax: (0 89) 22 41 88
Bürozeiten: Mo bis Do 13.00 bis 16.00
Konsularbezirk: Bayern, Baden-Württemberg und Sachsen
Herr Dr. Joseph Kastenbauer, Honorarkonsul

TONGA

Botschaft des Königreichs Tonga:
36 Molyneux Street, GB-London W1 H 6AB
Tel.: (00 44) - 207 - 7 24 58 28 / Fax: (00 44) - 207 - 7 23 90 74
E-Mail: tongahighcommission@btinternet.com

S. E. **Herr Col Fetúutolu Tupou,** außerordentlicher und bevollmächtigter Botschafter [04.05.2000]
Frau Viela Tupou
Frau Viela Tupou, Botschaftsrätin
Herr Col Fetúutolu Tupou
Herr Mahe 'Uliúli Tupouniua jr., I. Sekretär

Düsseldorf, Honorargeneralkonsulat
Angermunder Straße 64, 40489 Düsseldorf
Tel.: (02 03) 74 12 11 / Fax: 74 28 52
E-Mail: konsulattonga@faxvia.net
Bürozeiten: Mo, Mi, Fr 9.30 bis 12.00
Konsularbezirk: Nordrhein-Westfalen, Baden-Württemberg, Bayern, Hessen, Rheinland-Pfalz, Saarland, Berlin, Brandenburg und Sachsen
Herr Dr. h. c. Alexander Müller, Honorarkonsul

TRINIDAD UND TOBAGO 174

Hamburg, Honorargeneralkonsulat
Alster City/Osterbekstraße 90 a, 22083 Hamburg
Tel.: (0 40) 27 83 93 50 / Fax: (0 40) 2 79 00 77 / E-Mail: tonga@coh.de
Bürozeiten: Mo und Do 10.30 bis 12.00
Konsularbezirk: Hamburg, Bremen, Niedersachsen und Schleswig-Holstein,
Mecklenburg-Vorpommern, Sachsen-Anhalt und Thüringen
Herr Erwin M. Ludewig, Honorarkonsul

TRINIDAD UND TOBAGO

Botschaft der Republik Trinidad und Tobago:
42 Belgrave Square, GB-London SW1X 8NT
Tel.: (0 11 44) – 02 -7 24 593 51 / Fax: (0 11 44) – 02 - 7 82 3 10 65
E-Mail: TTHC.INFO@VIRGIN.NET

Frau Sandra McIntyre-Trotman, Botschaftsrätin (Geschäftsträgerin)
Herr Evans King, Botschaftsrat
Frau Victoria Farley, I. Sekretär
Frau Candyce Kelshall, Attaché (Handel)
Frau Greta Gay, Attaché
Herr Bissoon Budhai, Attaché (Finanzen)
Frau Doreen Rubylin Budhai

Hamburg, Honorarkonsulat
Schöne Aussicht 8, 22085 Hamburg
Tel.: (0 40) 2 20 03 96 / Fax: (0 40) 2 20 67 56
Bürozeiten: Mo bis Do 9.00 bis 13.00
Konsularbezirk: Hamburg, Berlin, Brandenburg, Mecklenburg-Vorpommern,
Sachsen, Sachsen-Anhalt, Schleswig-Holstein, Bremen, Niedersachsen
Herr Howard M. Kroch, Honorarkonsul

Köln, Honorarkonsulat
Zollstockgürtel 7, 50969 Köln
Tel.: (02 21) 3 60 45 66, 93 64 02 13 / Fax: (02 21) 3 60 56 40
E-Mail: listner@wifa.de
Sprechzeiten: Mo bis Fr 9.00 bis 17.00
Konsularbezirk: Nordrhein-Westfalen, Saarland und Rheinland-Pfalz
Herr Bernd Listner, Honorarkonsul

München, Honorarkonsulat
Leipziger Straße 16, 82008 Unterhaching
Tel.: (0 89) 61 56 66 36, 61 56 66 37 / Fax: (0 89) 61 56 66 30
Konsularbezirk: Bayern
Herr Ingo W. Meyr, Honorarkonsul

TSCHAD

Botschaft der Republik Tschad:
Basteistraße 80, 53173 Bonn
Tel.: (02 28) 35 60 26 / Fax: (02 28) 35 58 87
Bürozeiten: Mo bis Do 9.00 bis 13.00, 14.00 bis 16.00, Fr 9.00 bis 13.00

S. E. Herr Mahamat Abdelrassoul, außerordentlicher und bevollmächtigter Botschafter [12.03.2003]
Frau Hadja Zénab Abdelrassoul

Herr **Yohana Kokosso**, Botschaftsrat [06.05.2002]
Frau Yohana Kokosso
Herr **Moyana Ndilbé Bindi**, I. Sekretär [27.06.1991]
Frau Moyana N. Bindi

TSCHECHISCHE REPUBLIK

Botschaft der Tschechischen Republik:
Wilhelmstraße 44, 10117 Berlin
Tel.: (0 30) 22 63 80 / Fax: (0 30) 2 29 40 33
E-Mail: berlin@embassy.mzv.cz / URL: www.mzv.cz/berlin
Büro des Botschafters:
Tel.: (0 30) 22 63 81 40, 22 63 81 50 / Fax: (0 30) 2 29 40 33
Abteilung für Politik, Presse und Kultur:
Tel.: (0 30) 22 63 82 17 / Fax: (0 30) 22 63 81 88
Konsularabteilung:
Tel.: (0 30) 22 63 81 21, 22 63 81 24 / Fax: (0 30) 22 63 81 61
Sprechzeiten: Mo bis Fr 8.30 bis 11.00
Wirtschafts- und Handelsabteilung:
Tel.: (0 30) 22 63 81 94 / Fax: (0 30) 22 63 81 98
Militärabteilung:
Tel.: (0 30) 22 63 82 07, 22 63 82 18

S. E. Herr **Boris Lazar**, außerordentlicher und bevollmächtigter Botschafter [26.06.2001]
Frau Martina Lazarová
Herr **Jan Sechter**, Gesandter-Botschaftsrat (Leiter der Abteilung Politik, Presse und Kultur) [08.10.2002]
Frau Michaela Sechterová
Herr **Ladislav Šáral**, Botschaftsrat (Leiter der Wirtschafts- und Handelsabteilung) [08.05.2002]
Frau Elena Šáralová
Herr **Jan Urbánek**, Botschaftsrat (Leiter der Konsularabteilung) [14.01.2003]
Frau Miloslava Urbánková
Herr **Jan Bondy**, Botschaftsrat
Frau Jana Bondyová
Herr **Zdeněk Aulický**, I. Botschaftssekretär (Politik) [06.03.2000]
Herr **Jan Krameš**, I. Botschaftssekretär (Konsularabteilung)
Frau Vlasta Kramešová
Herr **Karel Kysilka**, I. Botschaftssekretär (Handel, Wirtschaft) [09.09.2002]
Herr **Pavel Rosol**, II. Botschaftssekretär (Handel, Wirtschaft) [25.01.2000]
Frau Dana Rosolová
Frau Markéta Šmatlánová, II. Botschaftssekretär (Politik) [27.07.2000]
Frau Eva Kordová, III. Botschaftssekretär (Politik, Protokoll) [15.08.1999]
Herr **Tomáš Kratochvíl**, III. Botschaftssekretär (Politik) [24.07.2002]
Frau Veronika Žertová, III. Botschaftssekretär (Presse, Kultur und Wissenschaft) [02.05.2002]
Herr **Milan Michalica**, Botschaftssekretär (Verwaltung) [01.07.2001]
Frau Jitka Michalicová
Herr **David Kopelent**, Botschaftsattaché (Konsularabteilung)
Frau Andrea Kopelentová
Oberst i. G. **Jaromír Jurečka**, Verteidigungsattaché [01.10.2001]
Frau Naděžda Jurečková
Oberst i. G. **Rudolf Jilka**, Stellvertretender Verteidigungsattaché [01.03.2000]
Frau Anna Jilková

Außenstelle Bonn
Ferdinandstraße 27, 53127 Bonn
Tel.: (02 28) 919 70 / Fax: (02 28) 28 40 27
E-Mail: bonn@embassy.mzv.cz

TSCHECHISCHE REPUBLIK

Konsularabteilung:
Tel.: (02 28) 9 19 71 50 / Fax: (02 28) 28 40 27
Sprechzeiten: Mo bis Fr 8.30 bis 11.00

Frau Jaroslava Jeslínková, Gesandte (Leiterin der Außenstelle) [20.01.2001]
Herr Jan Brácha, Botschaftsrat (Leiter der Handelsabteilung) [06.12.1999]
Frau Hana Bráchová
Herr Jiří Tomeš, I. Botschaftssekretär (Konsularabteilung) [18.07.1999]
Frau Alice Mžyková, II. Botschaftssekretär (Kultur, Presse und Protokoll)
Herr Jaroslav Šulák, I. Botschaftsattaché (Verwaltung) [2003]
Frau Dagmar Šuláková

Dresden, Generalkonsulat
Erna Berger-Straße 1, 01097 Dresden
Tel.: (03 51) 8 03 25 01/03 / Fax: (03 51) 8 03 25 00
E-Mail: dresden@embassy.mzv.cz
Bürozeiten: Mo bis Fr 8.00 bis 12.00
Konsularbezirk: Sachsen und Thüringen, Sachsen-Anhalt
Herr Dr. Milan Dufek, Generalkonsul [30.11.2000]

Frankfurt am Main, Honorarkonsulat
Jürgen Ponto-Platz 2, 60329 Frankfurt am Main.
Tel.: (0 69) 2 42 67 00 / Fax: (0 69) 24 26 70 70
Bürozeiten: Mo bis Fr 10.00 bis 13.00, Mi 14.00 bis 16.00
Konsularbezirk: Hessen
Herr Dr. Joachim von Harbou, Honorarkonsul

Hamburg, Honorarkonsulat
Feldbrunnenstraße 72, 20148 Hamburg
Tel.: (0 40) 4 10 30 56 / Fax: (0 40) 4 10 73 55
Konsularbezirk: Hamburg, Bremen und Schleswig-Holstein
Herr Peter Boué, Honorarkonsul

München, Generalkonsulat
Libellenstraße 1, 80939 München-Freimann
Tel.: (0 89) 95 83 72 32 / Fax: (0 89) 9 50 36 88
E-Mail: munich@embassy.mzv.cz
Bürozeiten: Mo bis Fr 8.30 bis 11.00
Konsularbezirk: Bayern und Baden-Württemberg
Herr Dr. jur. Milan Beránek, Generalkonsul [01.09.1999]

Nürnberg, Honorarkonsulat
Karlstraße 9, 90403 Nürnberg
Tel.: (09 11) 2 05 95 19 / Fax: (09 11) 22 14 93
Bürozeiten: Mo bis Fr 8.30 bis 11.00
Konsularbezirk: Reg.-Bez. Mittel-, Ober-, Unterfranken und Oberpfalz in Bayern
Herr Günther Hertel, Honorarkonsul

Rostock, Honorarkonsulat
Friedrichstraße 1, 18057 Rostock
Tel.: (03 81) 4 59 04 59 / Fax: (03 81) 4 59 04 61
Konsularbezirk: Mecklenburg-Vorpommern
Herr Dr. Helmut Schmidt, Honorarkonsul

Stuttgart, Honorarkonsulat
Kernerstraße 50, 70173 Stuttgart
Tel.: (07 11) 22 41 70 / Fax: (07 11) 2 24 17 11
Bürozeiten: Di, Mi, Fr 8.30 bis 12.30, Do 8.30 bis 16.00

Konsularbezirk: Baden-Württemberg, Rheinland-Pfalz und Saarland
Herr Rüdiger Mocker, Honorarkonsul

TÜRKEI

Botschaft der Republik Türkei:
Rungestraße 9, 10179 Berlin
Tel.: (0 30) 27 58 50 / Fax: (0 30) 27 59 09 15
E-Mail: turk.em.berlin@t-online.de / URL: www.tuerkischebotschaft.de
Bürozeiten: Mo bis Fr 9.00 bis 13.00, 15.00 bis 18.00
Militärabteilung:
Tel.: (0 30) 278 98 70 / Fax: (0 30) 27 89 87 10
Handelsabteilung:
Tel.: (0 30) 27 89 80 55 / Fax: (0 30) 27 89 80 40
Wirtschaftsabteilung:
Tel.: (0 30) 278 98 00 / Fax: (0 30) 27 89 80 20
Abteilung für Finanz- und Zollwesen:
Tel.: (0 30) 27 89 68 40 / Fax: (0 30) 27 89 68 49
Abteilung für Erziehungs- und Schulwesen:
Tel.: (0 30) 27 59 10 17 / Fax: (0 30) 27 59 10 27
Abteilung für Arbeit und Sozialwesen:
Tel.: (0 30) 27 89 68 50 / Fax: (0 30) 27 89 68 58
Kulturabteilung:
Tel.: (0 30) 23 45 73 43 / Fax: (0 30) 23 45 73 39
Presseabteilung:
Tel.: (0 30) 27 89 88 26 / Fax: (0 30) 27 89 88 29

S. E. Herr Osman T. Korutürk, außerordentlicher und bevollmächtigter Botschafter [19.10.2000]
Frau Suzan Korutürk
Herr H. Hayret Yalav, Gesandter [01.09.2001]
Frau Işil Yalav
Kapitän zur See Halil Turgut Ak, Verteidigungs- und Marineattaché [01.09.2000]
Frau Gamze Ak
Herr Muhsin Kiliçaslan, Botschaftsrat (Politische Angelegenheiten) [15.09.2001]
Frau Mürvet Kiliçaslan
Oberst i. G. Abuzer Demirel, Heeresattaché [01.09.2001]
Frau Demet Demirel
Oberst i. G. Haluk Selvi, Luftwaffenattaché [01.09.2001]
Frau Elif Selvi
Frau S. Gönül Özer, Botschaftsrätin (Handel) [04.09.2000]
Herr Mahmut Gürgür, Botschaftsrat (Religiöse u. Soziale Angelegenheiten) [04.06.1999]
Frau Yildiz Gürgür
Herr Cengiz Utkulu, Botschaftsrat (Erziehung) [23.10.2002]
Frau Nurcan Utkulu
Herr Erol Doğan, Botschaftsrat (Kultur) [22.10.2002]
Frau Ayşe Doğan
Herr Necmettin Altuntaş, Botschaftsrat (Presse) [01.09.2001]
Frau Gülgün Altuntaş
Herr Nihat Alkaş, Botschaftsrat (Wirtschaft) [18.06.2001]
Frau Leyla Alkaş
Herr Kerem Kiratli, Botschaftsrat (Politische Angelegenheiten) [01.02.2003]
Frau Meral Barlas, Botschaftsrätin (Politische Angelegenheiten) [01.09.1999]
Herr Erkan Özoral, Botschaftsrat (Politische Angelegenheiten) [01.09.1999]
Frau Meltem Özoral
Herr Hasan Sekizkök, Botschaftsrat (Politische Angelegenheiten) [01.09.1999]
Frau Aylin Sekizkök

TÜRKEI 178

Herr Dr. Kemal Ramoğlu, Attaché, Stellvertretender Botschaftsrat (Arbeit und Sozialwesen) [18.05.2000]
Frau Belgin Ramoğlu,
Herr Nejat Sarikamiş, Attaché beim Generalkonsulat in Berlin, Stellvertretender Botschaftsrat (Finanz- und Zollwesen)
Frau Feride Sarikamiş
Frau Aylin Sekizkök, I. Botschaftssekretärin (Politische Angelegenheiten) [01.09.1999]
Herr Hasan Sekizkök
Herr Mustafa Davulcu, II. Botschaftssekretär (Politische Angelegenheiten) [01.09.2001]
Frau Burcu Davulcu
Herr I. Bahadir Turan, III. Botschaftssekretär (Politische Angelegenheiten) [08.08.2001]
Frau Ipek Turan
Herr Mehmet Günay, III. Botschaftssekretär (Politische Angelegenheiten: Auswärtiges Amt) [31.07.2001]
Herr Ahmet Başar Şen, III. Botschaftssekretär (Politische Angelegenheiten) [01.01.2001]
Frau Birgit Şen
Herr K. Yanki Kocaefe, Botschaftsrat (Juristische Angelegenheiten) [27.12.1997]
Frau Ülkü Kocaefe
Herr Dr. Cevdet Baykal, Botschaftsrat (Handel) [16.07.2001]
Frau Zehra Baykal
Frau Özlem Oktay, Stellvertretende Botschaftsrätin (Wirtschaft) [12.11.2002]
Herr Cengiz Emik, Attaché (Erziehung) [09.12.1998]
Frau Deniz Emik
Frau Ruziye Eren, Attaché [01.09.2002]
Herr Ali Eren
Herr Mustafa Yurttutan, Attaché [28.12.1998]
Frau Nimet Yurttutan
Herr Yildiray Kircali, Attaché [03.09.2001]
Frau Mihriban Kircali
Herr M. Tamer Keşoğlu, Attaché [30.04.2001]
Frau Birgen Keşoğlu
Frau G. Şebnem Koçoğlu, Attaché [01.09.2002]
Herr Nevzat Cengiz, Attaché [01.11.2001]
Herr Orhun Poyraz, Attaché [01.09.1999]
Stabsfeldwebel Fevzi Uzuner, Militär-Verwaltungsattaché [01.09.2000]
Frau Ayşe Uzuner
Herr Yalçin Acar, Attaché [31.08.2002]
Frau Sibel Acar
Herr Orhan Şaman, Attaché [30.04.2001]
Frau Şükriye Şaman
Herr M. Cumhur Gözgü, Attaché [01.08.2001]
Frau Handan Gözgü
Frau Berrim Çelik, Attaché [15.11.2002]
Herr Kirami Çelik
Herr Mehmet Erdurcan, Attaché [01.03.2003]
Frau Nevriye Erdurcan

Aachen, Honorargeneralkonsulat
Aachener-und-Münchener-Allee 1, 52074 Aachen
Tel.: (02 41) 703 01 93 / Fax: (02 41) 703 04 00
Bürozeiten: Mo bis Fr 9.00 bis 12.00
Konsularbezirk: Stadt Aachen sowie die Kreise Aachen, Düren und Heinsberg in Nordrhein-Westfalen
Herr Hans-Josef Thouet, Honorargeneralkonsul

Berlin, Generalkonsulat
Johann-Georg-Straße 12, 10709 Berlin
Tel.: (0 30) 89 68 02 11 / Fax: (0 30) 893 18 98
E-Mail: turk.genkon.berlin@t-online.de
Bürozeiten: Mo bis Fr 8.30 bis 16.00

Konsularbezirk: Berlin, Brandenburg, Mecklenburg-Vorpommern, Sachsen,
       Sachsen-Anhalt
Herr Aydin Ilhan Durusoy, Generalkonsul [14.09.2001]
Herr Iskender Okyay, Vize-Generalkonsul [01.08.1999]

Bremen, Honorargeneralkonsulat
Ahlker Dorfstraße 9, 28279 Bremen
Tel.: (04 21) 84 11 28 / Fax: (04 21) 84 11 15
Bürozeiten: Mo bis Fr 9.00 bis 13.00
Konsularbezirk: Bremen und Reg.-Bez. Weser-Ems in Niedersachsen
Herr Karl-Heinz Grabbe, Honorargeneralkonsul

Düsseldorf, Generalkonsulat
Cecilienallee 41, 40474 Düsseldorf
Tel.: (02 11) 45 47 80 / Fax: (02 11) 4 54 78 22
E-Mail: tgk.dus@t-online.de
Bürozeiten: Mo bis Fr 8.30 bis 13.00, 14.30 bis 17.00
Konsularbezirk: Reg.-Bez. Düsseldorf mit Ausnahme der Städte Essen und
       Mülheim in Nordrhein-Westfalen
Herr Ateş Öktem, Generalkonsul [15.09.2000]
Herr Alattin Temür, Vizekonsul [01.09.2000]

Essen, Generalkonsulat
Alfredstraße 307, 45133 Essen
Tel.: (02 01) 84 21 60 / Fax: (02 01) 842 16 52
E-Mail: tcbk.essen@t-online.de
Bürozeiten: Mo bis Fr 8.30 bis 13.00, 14.30 bis 17.00
Konsularbezirk: Reg.-Bez. Arnsberg, im Reg.-Bez. Düsseldorf, die Städte Essen
       und Mülheim in Nordrhein-Westfalen
Herr Ahmet Akarçay, Generalkonsul [10.10.2001]
Herr Ahmet Faik Davaz, Vizekonsul [15.09.2000]

Frankfurt am Main, Generalkonsulat
Zeppelinallee 17, 60325 Frankfurt am Main
Tel.: (0 69) 71 37 73 / Fax: (0 69) 70 90 32
E-Mail: tgk-ffm@t-online.de
Bürozeiten: Mo bis Fr 8.30 bis 12.00, 14.00 bis 16.00
Konsularbezirk: Hessen
Herr Ali Riza Çolak, Generalkonsul [01.10.2002]
Herr Ahmet Akinti, Vizekonsul [13.12.2000]

Hamburg, Generalkonsulat
Tesdorpfstraße 18, 20148 Hamburg
Tel.: (0 40) 4 48 03 30 / Fax: (0 40) 44 52 58
E-Mail: tgk.hh@t-online.de
Bürozeiten: Mo bis Fr 9.00 bis 13.00, 14.30 bis 17.00
Konsularbezirk: Hamburg und Schleswig-Holstein
Herr Erol Etçioğlu, Generalkonsul [01.12.2001]
Herr Haşmet Sinav, Vize-Generalkonsul [01.10.1999]

Hannover, Generalkonsulat
An der Christuskirche 3, 30167 Hannover
Tel.: (05 11) 76 86 50 / Fax: (05 11) 177 00
E-Mail: tgk.hannover@t-online.de
Bürozeiten: Mo bis Fr 8.30 bis 12.30, 15.00 bis 17.00
Konsularbezirk: Niedersachsen und Bremen
Frau E. Birgen Keţođlu, Generalkonsulin [30.09.2002]
Herr Sarp Tevfik Tanin, Vize-Generalkonsul [30.06.2000]

Karlsruhe, Generalkonsulat
Kriegstraße 123, 76135 Karlsruhe
Tel.: (07 21) 98 44 00 / Fax: (07 21) 85 60 13
E-Mail: karlsruheturkgenkon@t-online.de
Bürozeiten: Mo bis Fr 8.30 bis 12.30, 14.30 bis 17.00
Konsularbezirk: Reg.-Bez. Karlsruhe und Freiburg in Baden-Württemberg
Herr Erdoğan Kök, Generalkonsul [01.09.2002]
Herr Ali Riza Güney, Vizekonsul [30.09.2002]

Köln, Generalkonsulat
Luxemburger Straße 285, 50354 Hürth
Tel.: (0 22 33) 97 41 80 / Fax: (0 22 33) 7 55 72
E-Mail: turk.genkon.koeln@t-online.de
Bürozeiten: Mo bis Fr 8.30 bis 12.30, 14.00 bis 16.30
Konsularbezirk: Köln
Herr Mehmet Sertaç Sönmezay, Generalkonsul [01.10.2001]
Frau Fatma Ünlü, Vizekonsulin [01.10.2002]

Mainz, Generalkonsulat
An der Karlsschanze 7, 55131 Mainz
Tel.: (0 61 31) 98 26 00 / Fax: (0 61 31) 83 51 19
E-Mail: tgk@tap.de
Bürozeiten: Mo bis Fr 8.30 bis 16.00 (Einlass bis 13.00)
Konsularbezirk: Rheinland-Pfalz und Saarland
Herr Ali Rifat Köksal, Generalkonsul [01.10.2002]
Herr Bariş Kakaran, Vizekonsul [01.09.2002]

München, Generalkonsulat
Menzinger Straße 3, 80638 München
Tel.: (0 89) 1 78 03 10 / Fax: (0 89) 1 78 56 60
E-Mail: tcmunih.bk@t-online.de
Bürozeiten: Mo bis Fr 8.30 bis 17.00
Konsularbezirk: Reg.-Bez. Nieder- und Oberbayern und Schwaben in Bayern
Herr Haldun Otman, Generalkonsul [01.10.1999]
Frau Beste Pehlivan, Vizekonsulin [01.08.2001]

Münster, Generalkonsulat
Lotharinger Straße 25-27, 48147 Münster
Tel.: (02 51) 41 47 00 /Fax: (02 51) 4 33 27
E-Mail: munstertgk@t-online.de
Bürozeiten: Mo bis Fr 8.30 bis 13.00, 14.30 bis 17.00
Konsularbezirk: Reg.-Bez. Münster und Detmold in Nordrhein-Westfalen
Herr Alphan Şölen, Generalkonsul [30.09.2002]
Herr Mehmet Küçüksakalli, Vizekonsul [01.11.2002]

Nürnberg, Generalkonsulat
Regensburger Straße 69, 90478 Nürnberg
Tel.: (09 11) 94 67 60 / Fax: (09 11) 46 89 62
E-Mail: tcnur@t-online.de
Bürozeiten: Mo bis Fr 8.30 bis 16.00
Konsularbezirk: Reg.-Bez. Mittel-, Ober-, Unterfranken und Oberpfalz in Bayern, sowie Thüringen
Frau Işil Akin, Generalkonsulin [01.09.1999]
Frau Nurdan Erpulat, Konsulin [01.09.2001]

Regensburg, Honorarkonsulat
Krauterermarkt 3, 93047 Regensburg
Tel.: (09 41) 59 41 06 / Fax: (09 41) 5 77 70

Bürozeiten: Mo bis Do 8.00 bis 18.00, Fr 8.00 bis 15.00
Konsularbezirk: Reg.-Bez. Oberfranken und Oberpfalz in Bayern
Herr Hanns J. Huber, Honorarkonsul

Stuttgart, Generalkonsulat
Kerner Straße 19 b, 70182 Stuttgart
Tel.: (07 11) 16 66 70 / Fax: (07 11) 2 62 21 02
E-Mail: tcstuk.mkon@t-online.de
Bürozeiten: Mo bis Fr 8.30 bis 13.00, 14.00 bis 17.00
Konsularbezirk: Reg.-Bez. Stuttgart und Tübingen in Baden-Württemberg
Herr Ahmet Funda Tezok, Generalkonsul [01.09.2000]
Frau Ülkü Kocaefe, Vizekonsulin [12.09.2000]

TUNESIEN

Botschaft der Tunesischen Republik:
Lindenallee 16, 14050 Berlin
Tel.: (0 30) 30 82 06 73; 30 82 06 74 / Fax: (0 30) 30 82 06 83
E-Mail: at.berlin@t-online.de
Bürozeiten: Mo bis Fr 9.00 bis 13.00, 14.00 bis 17.00
Ständiger Bereitschaftsdienst (nachts und feiertags)
Tel.: (0 30) 30 82 06 73; 30 82 06 74
Konsularabteilung: Mo bis Do 9.30 bis 12.30, Fr, Sa 14.30 bis 16.30
Militärabteilung:
Frankengraben 10, 53175 Bonn
Tel.: (02 28) 37 93 48
Bürozeiten: Mo bis Fr 8.00 bis 15.00

S. E. Herr Fethi Merdassi, außerordentlicher und bevollmächtigter Botschafter [11.2002]
Frau Ouardia Merdassi
Herr Abderrahmane Ben Mansour, Gesandter [16.08.2001]
Frau Boutheina Ben Mansour
Herr Hichem Khélil, Botschaftsrat [15.09.2000]
Herr Hamed Ben Brahim, Botschaftsrat [03.01.2000]
Herr Hédi Slimane, Botschaftsrat [01.08.2001]
Frau Chahrazed Rezgui, I. Sekretär [03.01.2000]
Herr Slaheddine Rezgui
Herr Mohsen Sebai, I. Sekretär (Konsularabteilung) [01.08.2002]
Herr Driss Gabteni, I. Sekretär [01.08.2002]
Frau Najet Gabteni
Herr Rezgui Bahroumi, I. Sekretär
Frau Fethia Bahroumi
Herr Abdessalem El Bouri, Attaché (Verwaltung) [21.08.2001]
Frau Fethia El Bouri
Herr Abderrazak Khalladi, Attaché [01.11.2000]
Frau Malek Khalladi
Oberst Mohamed Bellalouna, Verteidigungsattaché [21.08.2000]
Frau Rafika Bellalouna
Herr Kameleddine Taktak, Stellvertretender Verteidigungsattaché [01.09.2000]
Frau Faouzia Taktak
Herr Abdelaziz Ben Hassen, Attaché [15.09.2000]
Frau Samia Ben Hassen
Herr Hachémi Labidi, Attaché [15.09.2000]
Frau M'barka Labidi

Düsseldorf, Generalkonsulat
Jürgensplatz 36-38, 40219 Düsseldorf
Tel.: (02 11) 3 00 68 74 bis 3 00 68 76 / Fax: (02 11) 39 21 06
Bürozeiten: Mo 9.00 bis 13.00
Bereitschaftsdienst: Di bis Do 8.30 bis 16.00, Fr bis Sa 8.30 bis 15.30
Konsularbezirk: Nordrhein-Westfalen, Hessen, Rheinland-Pfalz und Saarland
Herr Adala Bouchahoua, Generalkonsul

Hamburg, Konsulat
Overbeckstraße 19, 22085 Hamburg
Tel.: (0 40) 2 20 17 56 / Fax: (0 40) 2 27 97 86
Bürozeiten: Di bis Fr 8.30 bis 15.00, Sa und Mo 8.30 bis 14.00
Konsularbezirk: Hamburg, Bremen, Mecklenburg-Vorpommern, Niedersachsen und Schleswig-Holstein
Herr Mohamed Bel Kefi, Konsul

München, Konsulat
Seidlstraße 28, 80335 München
Tel.: (0 89) 5 50 25 17 / Fax: (0 89) 5 50 25 18
Bürozeiten: Mo, Di, Do 9.30 bis 16.00, Fr 9.00 bis 15.00, Sa 9.00 bis 15.00
Konsularbezirk: Bayern und Baden-Württemberg
Herr Mahjoub Lamti, Konsul [30.11.2000]

TURKMENISTAN

Botschaft von Turkmenistan:
Langobardenallee 14, 14052 Berlin
Tel.: (0 30) 30 10 24 51, 30 10 25 52 / Fax: (0 30) 30 10 24 53
E-Mail: botschaft-Turkmenistan@t-online.de

Herr Khydyr Khalnepesov, Botschaftsrat (Politik und Wirtschaft) [01.05.2003]
Frau Annajemal Khalnepesova
Herr Muratdurdy Hashayev, I. Sekretär (konsularische Angelgenheiten) [07.03.2001]
Frau Ogulshirin Hashayeva

TUVALU

Ministry of Foreign Affairs
P.O. Box 37, Vaiaku, Funafuti Island, Tuvalu
Tel.: (0 06 88) 2 08 39, 2 01 02 / Fax: (0 06 88) 2 08 43, 2 01 13
E-Mail: secgov@tuvalu.tv

Lübeck, Honorarkonsulat
Hauptstraße 96 d, 23847 Kastorf bei Lübeck
Tel.: (0 45 01) 82 26 57 / Fax: (0 45 01) 82 26 58
E-Mail: tuvaluconsulate@web.de
Konsularbezirk: Bundesrepublik Deutschland
Herr Stefan Schmidt, Honorarkonsul [13.07.2000]

UGANDA

Botschaft der Republik Uganda:
Avenue de Tervuren 317, B-1150 Brüssel

Tel.: (00 32) - 2 - 7 62 58 25 / Fax: (00 32) - 2 - 7 63 04 38
E-Mail: ugembrus@brutele.be
Bürozeiten: Mo bis Fr 9.00 bis 16.00

Herr Lewis D. Balinda, Geschäftsträger a. i.
Herr Philip Ochen Odida, Botschaftsrat
Frau Joy Tembo Kalekyezi, Botschaftsrat
Herr Julius Kagamba Singoma, I. Sekretär
Herr Godfrey Kwoba, II. Sekretär
Frau Elizabetz Norah Mugoya, Attaché (Verwaltung)

Hamburg, Honorarkonsulat
Dornkamp 18, 22869 Hamburg-Schenefeld
Tel.: (0 40) 83 93 21 95 / Fax: (0 40) 36 98 87 90
E-Mail: mbonacker@aol.com
Bürozeiten: Mo bis Fr 9.00 bis 16.00
Konsularbezirk: Hamburg, Bremen, Niedersachsen und Schleswig-Holstein
Herr Heinz W. Bonacker, Honorarkonsul

Mainz, Honorarkonsulat
Am Fort-Josef 7, 55131 Mainz
Tel.: (0 61 31) 23 23 01 / Fax: (0 61 31) 23 03 03
Konsularbezirk: Rheinland-Pfalz, Hessen und Saarland
Bürozeiten: Mo bis Fr 10.00 bis 16.00
Zweigstelle Mainz:
Rheinstraße 21, 56368 Katzelnborgen
Tel.: (0 64 86) 75 35 / Fax: (0 69) 74 07
Hier ist der Honorarkonsul zu erreichen
Herr Alfred Weiß, Honorarkonsul

München, Honorarkonsulat
Franz-Joseph-Straße 38, 80801 München
Tel.: (0 89) 33 26 06 / Fax: (0 89) 34 68 66
E-Mail: info@uganda.de / URL: www.uganda.de
Bürozeiten: Mo bis Fr 9.00 bis 17.00
Konsularbezirk: Bayern und Baden-Württemberg
Herr Dr. Wolfgang Wiedmann, Honorarkonsul

UKRAINE

Botschaft der Ukraine:
Albrechtstraße 26, 10117 Berlin
Tel.: (0 30) 28 88 70 / Fax: (0 30) 28 88 71 63
E-Mail: ukremb@t-online.de, info@botschaft-ukraine.de
URL: www.botschaft-ukraine.de
Büro des Botschafters:
Tel.: (0 30) 28 88 71 60
Bürozeiten: Mo bis Fr 8.30 bis 13.00, 14.30 bis 18.00
Konsularabteilung:
Tel.: (0 30) 28 88 72 20 / Fax: (0 30) 28 88 72 19
Sprechzeiten: Mo, Di, Mi, Fr 9.00 bis 12.45
Konsularbezirk: Berlin, Brandenburg, Niedersachsen, Sachsen-Anhalt, Sachsen, Thüringen
Handels- und Wirtschaftsabteilung:
Tel.: (0 30) 28 88 70 / Fax: (0 30) 28 88 71 45

UKRAINE

S. E. Herr Dr. **Anatolij Ponomarenko,** außerordentlicher und bevollmächtigter Botschafter [15.10.1997]
Frau **Tamara Ponomarenko**
Herr Prof. Dr. **Volodymyr Verhun,** Gesandter [27.06.2001]
Frau Dr. **Liudmila Verhun**
Herr **Albert Cherniuk,** Botschaftsrat (Leiter der Konsularabteilung) [07.10.1997]
Frau **Natallya Cherniuk**
Herr Dr. **Mykola Baltazhy,** Botschaftsrat (Außenpolitik) [16.07.2000]
Frau **Paraska Baltazhy**
Frau **Larysa Khorolets,** Botschaftsrätin (Kultur) [28.10.1998]
Herr **Ihor Hrinberh**
Herr **Volodymyr Sochniev,** Botschaftsrat (Wirtschaft)
Frau **Luidmyla Sochnieva**
Herr **Valerij Kravchenko,** Botschaftsrat
Frau **Liudmila Kravchenko**
Herr Dr. **Yuriy Silvestrov,** I. Sekretär (Presse, Information) [19.09.2000]
Frau **Nataliya Silvestrova**
Herr Dr. **Volodymyr Didukh,** I. Sekretär (Wissenschaft, Technik) [10.09.2000]
Herr **Andrij Tytarenko,** I. Sekretär (Politik) [28.05.2001]
Frau **Bogdana Tytarenko**
Herr **Vadym Satko,** II. Sekretär (Referent des Botschafters) [08.01.2002]
Frau **Oksana Satko**
Herr **Vasyl Marushinets,** II. Sekretär (Konsularabteilung) [28.06.1998]
Frau **Olga Marushinets**
Herr **Pavlo Balytskyi,** Attaché (Konsularabteilung) [13.05.2000]
Frau **Kateryna Balytska**
Herr **Ihor Darmograj,** Attaché (Völkerrechtsfragen)
Oberst i.G. Serhii Romaskevychs, Verteidigungsattaché [03.11.1998]
Frau **Iryna Romaskevychs**
Oberst i.G. Serhii Kosenko, Stellvertretender Verteidigungsattaché [13.03.2000]
Frau **Lera Kosenko**
Herr **Anatolii Vrublevskyi,** Botschaftsrat (Leiter der Handels- und Wirtschaftsmission) [20.04.2000]
Frau **Halyna Vrublevska**
Herr Dr. **Ivan Bohdanovych,** I. Sekretär (Stellvertretender Leiter der Handels- und Witschaftsmission) [29.07.1999]
Frau **Nina Bohdanovych**
Herr **Andrij Flisak,** I. Sekretär (Stellvertretender Leiter der Handels- und Wirtschaftsmission) [03.08.2001]
Frau **Liudmila Flisak**
Herr **Mykola Mchedleshvili,** Experte
Frau **Tetiana Mchedleshvili**
Herr **Volodymyr Morozov,** Referent

Außenstelle Remagen
Rheinhöhenweg 101, 53424 Remagen
Tel.: (0 22 28) 9 41 80 / Fax: (0 22 28) 94 18 63
Bürozeiten: Mo bis Fr 9.00 bis 18.00

Herr Dr. **Oleksandr Bertschenko,** I. Sekretär (Leiter der Außenstelle)
Frau **Switlana Bertschenko**
Herr **Viktor Konepud,** Sekretär (Stellvertretender Leiter der Handels- und Wirtschaftsmission) [29.07.1999]
Frau **Lidia Konepud**
Herr **Oberst i. G. Viktor Tsymbaliuk,** Militärattaché [06.11.1999]
Frau **Uliana Tsymbaliuk**
Herr **Oberst i. G. Volodymyr R. Klichko,** Luftwaffe- und Marineattaché [06.11.1999]
Frau **Nadia Klichko**

Frankfurt am Main, Generalkonsulat
Brönnerstraße 15, 60313 Frankfurt am Main

Tel.: (0 69) 29 72 09-0 / Fax: 80 69) 29 72 09-29
E-Mail: e_de2@mfa.gov.ua
Bürozeiten: Mo, Mi, Do und Fr 9.00 bis 13.00, Di 15.00 bis 18.00
Konsularbezirk: Hessen, Nordrhein-Westfalen, Rheinland-Pfalz und Saarland
Herr Jurij Yarmilko, Generalkonsul [2002]
Frau Liubov Yarmilko
Herr Anatolij Jurtschenko, Konsul
Herr Volodymyr Schewtschenko, Vizekonsul
Frau Sofia Schewtschenko
Herr Severin Kharchuk, Vizekonsul
Frau Natalija Talnowa
Frau Iryna Tybunka, Vizekonsul
Herr Jaroslaw Schuplat
Frau Olena Didytsch, Referent

Hamburg, Generalkonsulat
Mundsburger Damm 1, 22087 Hamburg
Tel.: (0 40) 22 94 98-0 / Fax: (0 40) 22 94 89 13
Bürozeiten: Mo, Mi, Do, Fr 9.00 bis 13.00 Di 15.00 bis 18.00
Konsularbezirk: Hamburg, Bremen, Mecklenburg-Vorpommern und Schleswig-Holstein
Herr Jurij Lasuto, Generalkonsul [2002]
Frau Vira Lasuto
Herr Olexander Hyrych, Konsul
Frau Lydya Hyrych
Herr Oloh Jewdokimow, Vizekonsul
Frau Maryna Jewdokimowa

München, Generalkonsulat
Oskar-von-Miller-Ring 33, 80333 München
Tel.: (0 89) 5 52 73 70 / Fax: (0 89) 55 27 37 55
E-Mail: gkukraine@aol.com
Bürozeiten: Mo, Mi, Do, Fr 9.00 bis 13.00, Di 15.00 bis 18.00
Konsularbezirk: Bayern und Baden-Württemberg
Herr Dr. Valeriy Stepanov, Generalkonsul [2002]
Frau Dr. Natalia Stepanova
Herr Ihor Moros, Konsul
Frau Victoria Moros
Herr Volodymyr Tsvil, Konsul
Frau Ivanna Tsvil
Frau Dr. Vera Krepel, Referent

UNGARN

Botschaft der Republik Ungarn:
Unter den Linden 76, 10117 Berlin
Tel.: (0 30) 20 31 00 / Fax: (0 30) 229 13 14
E-Mail: huembber@t-online.de, info@ungarische-botschaft.de
URL: www.ungarische-botschaft.de
Bürozeiten: Mo bis Fr 9.00 bis 16.30
Büro des Botschafters:
Tel.: (0 30) 20 31 01 39
Bürozeiten: Mo bis Do 8.00 bis 16.30, Fr 8.00 bis 14.00
Konsularabteilung:
Wilhelmstraße 61, 10117 Berlin
Tel.: (0 30) 20 31 01 08, 20 31 01 09 / Fax: (0 30) 394 13 85

UNGARN

Presseabteilung:
Tel.: (0 30) 20 31 01 38
Kulturabteilung:
Tel.: (0 30) 20 31 02 11
E-Mail: veranstaltung@ungarische-botschaft.de
Militärabteilung:
Tel.: (0 30) 229 11 83

S. E. **Herr Gergely Pröhle**, außerordentlicher und bevollmächtigter Botschafter [19.10.2000]
Frau Noémi Korányi
Herr Dr. András Orgoványi, Gesandter [12.08.2002]
Herr Jenő Kiss, Botschaftsrat (Wirtschaft) [08.03.1998]
Frau Sarolta Kiss
Herr László Török, Botschaftsrat [05.08.2000]
Herr Sándor Bakó, III. Sekretär [31.08.2000]
Frau Orsolya Edit Nagy
Herr András Drexler, III. Botschaftssekretär [15.09.2002]
Frau Erzsébet Dropkó, Botschaftsrätin (Konsularabteilung) [29.03.2002]
Herr Dr. Péter Ballai, III. Botschaftssekretär (Konsularabteilung) [27.09.2000]
Herr Dr. Imre Kiss, Generalkonsul, (Leiter der Konsularabteilung)
Frau Dr. Erzsébet Kiss
Frau Dr. Zsuzsa Breier, I. Sekretär [02.08.2000]
Frau Dr. Katalin Karsai, III. Sekretär [29.07.2000]
Herr Sven Baer
Herr Dr. Barnabás Szöke, Botschaftsrat [15.09.1999]
Herr Dr. Zoltán Ács, Botschaftsrat [01.09.1999]
Frau Katalin Dugonics
Herr Oberstleutnant i. G. Dipl.-Ing. Géza Koronczai, Verteidigungsattaché [01.08.1999]
Frau Erika Koronczai-Major
Herr Béla Horváth, stellvertretender Heeres- und Luftwaffenattaché [19.08.2002]
Frau Horváth
Herr Dr. Ferenc Sulyok, Botschaftsrat (Landwirtschaft) [28.08.2001]
Frau Judit Bádonfai, Botschaftsrätin [03.08.2001]
Herr Gábor Bádonfai
Frau Edit Szilágyiné Bátorfi, II. Botschaftssekretärin (Wirtschaft) [01.08.2001]
Herr Attila Szilágyi
Frau Zsuzsa Sulyok, I. Botschaftssekretärin (Verwaltungsdirektorin) [16.09.2002]
Herr Péter Pechl, Attaché (Verwaltung) [31.07.2001]
Frau Edit Pechl

Außenstelle Bonn
Turmstraße 30, 53175 Bonn
Tel.: (02 28) 37 11 12 / Fax: (02 28) 37 10 25
Konsularabteilung:
Tel.: (02 28) 37 11 12 / Fax: (02 28) 37 10 29
Bürozeiten: Mo, Mi und Fr 8.30 bis 11.30, Mo 14.00 bis 15.30

Herr Dr. Attila Király, Gesandter [16.09.2002]
Frau Margit Király
Herr Dr. László Sáringer, I. Botschaftsrat (Leiter der Konsularabteilung) [25.08.2001]
Frau Dr. Lászlóné Sáringer
Herr Dr. Miklós Farkas, II. Botschaftsrat [02.08.2000]
Frau Dr. Gabriella Farkas-Soós
Herr László Döbörhegyi, II. Botschaftsrat (Wirtschaft) [15.08.2000]
Frau Éva Tamás Döbörhegyi
Frau Mária Csernák-Virányi, III. Botschaftssekretär (Verwaltung) [31.07.2000]

Bremen, Honorarkonsulat
Am Lunedeich 110 b, 27572 Bremerhaven
Tel.: (04 71) 974 40 46 / Fax: (04 71) 97 40 41
Bürozeiten: Mo und Fr 8.00 bis 13.00, Di 14.00 bis 18.00
Konsularbezirk: Bremen
Herr Dr. Axel F. Schultze-Petzold, Honorarkonsul

Erfurt, Honorarkonsulat
Neuwerkstraße 47 a, 99096 Erfurt
Tel.: (03 61) 345 55 90 / Fax: (03 61) 345 55 95
Bürozeiten: Di und Do 9.00 bis 12.00
Konsularbezirk: Thüringen
Herr Dr. Jürgen Bohn, Honorarkonsul

Hamburg, Honorarkonsulat
Alsterufer 45, 20354 Hamburg
Tel.: (0 40) 45 29 56 / Fax: (0 40) 450 05 72
Bürozeiten: Di und Do 10.00 bis 12.00
Konsularbezirk: Hamburg und Schleswig-Holstein
Herr Prof. Dr. Helmut Paul Greve, Honorarkonsul

München, Generalkonsulat
Vollmannstraße 2, 81927 München
Tel.: (0 89) 91 10 32 / Fax: (0 89) 910 18 53
Bürozeiten: Mo bis Fr 9.00 bis 12.00
Konsularbezirk: Bayern
Herr Prof. Dr. György Gyarmathy, Generalkonsul [06.02.2001]

Nürnberg, Honorarkonsulat
Matthiasstraße 10-12, 90431 Nürnberg
Tel.: (09 11) 326 46 68 / Fax: (09 11) 326 46 38
Bürozeiten: Di und Do 9.00 bis 12.00
Konsularbezirk: Reg.-Bez. Mittel-, Ober-, Unterfranken und Oberpfalz in Bayern
Herr Günter Späth, Honorarkonsul

Schwerin, Honorarkonsulat
Heinrich-Mann-Straße 19, 19053 Schwerin
Tel.: (03 85) 555 71 10 / Fax: (03 85) 555 71 14
Bürozeiten: Mo 9.00 bis 15.00, Fr 13.00 bis 17.00
Konsularbezirk: Mecklenburg-Vorpommern
Herr Günter Marten, Honorarkonsul

Stuttgart, Generalkonsulat
Haußmannstraße 22, 70188 Stuttgart
Tel.: (07 11) 23 89 30, 238 93 11, 238 93 26 / Fax: (07 11) 259 96 56
E-Mail: huconstu@t-online.de
Bürozeiten: Mo bis Fr 9.00 bis 12.00
Konsularbezirk: Baden-Württemberg
Herr Tamás Mydlo, Generalkonsul [16.08.2000]

URUGUAY

Botschaft der Republik Uruguay:
Budapester Straße 39, 10787 Berlin
Tel.: (0 30) 2 63 90 16 / Fax: (0 30) 26 39 01 70
E-Mail: urubrande@t-online.de
Bürozeiten: Mo bis Fr 9.00 bis 17.00

URUGUAY

I. E. Frau Dr. Zulma Guelman Guigou, außerordentliche und bevollmächtigte Botschafterin [01.06.2001]
Frau Lic. Lilian Silveira, Botschaftsrätin (Wirtschafts- und Handelsabteilung) [01.06.1999]
Herr Dr. Luis Leonardo Almagro, I. Sekretär [10.10.1998]
Herr Dr. Gabriel Winter, II. Sekretär (Leiter der Konsularabteilung) [01.02.2001]
Frau Brenda Salerno de Winter
Oberst Julio Bonavoglia, Militärattaché [19.09.2001 bis 19.09.2003]
Frau Margarita Bonavoglia

Bremen, Honorarkonsul
Edificio World Trade Center, Büro 3112,
Birkenstraße 15, 28195 Bremen
Tel.: (04 21) 1 65 41 12 / Fax: (04 21) 1 65 41 10
E-Mail: consulado.honorario.uruguay@wtc-bremen.com
Bürozeiten: Mo bis Fr 8.30 bis 14.30
Konsularbezirk: Bremen
Herr Jürgen L. Born, Honorarkonsul

Düsseldorf, Honorarkonsulat
Karl-Theodor-Straße 6, 40213 Düsseldorf
Tel.: (02 11) 4 91 43 52 / Fax: (02 11) 200 560 11
E-Mail: w.meibom@wessing.de
Bürozeiten: Mo bis Fr 9.00 bis 15.00
Konsularbezirk: Nordrhein-Westfalen
Herr Dr. Wolfgang Christian von Meibom, Honorarkonsul

Frankfurt am Main, Honorarkonsulat
Eschersheimer Landstraße 563, 60431 Frankfurt am Main
Tel.: (0 69) 51 85 10 / Fax: (0 69) 53 86 43
E-Mail: uruguay.konsulat-frankfurt@t-online.de
Bürozeiten: Mo bis Fr 9.00 bis 13.00
Konsularbezirk: Hessen, Rheinland-Pfalz und Saarland
Herr Hans Brummermann, Honorarkonsul

Hamburg, Generalkonsulat
Hochallee 76, 20149 Hamburg
Tel.: (0 40) 4 10 65 42 / Fax: (0 40) 4 10 84 01
E-Mail: consulado-uruguay-hamburg@t-online.de
Bürozeiten: Mo bis Fr 8.00 bis 14.00
Konsularbezirk: Bundesgebiet mit Ausnahme des Landes Berlin
Herr Alvaro Fernando Barba García, Generalkonsul

München, Honorarkonsulat
Sendlinger-Tor-Platz 8, 80336 München
Tel.: (0 89) 59 13 61 / Fax: (0 89) 59 13 62
E-Mail: konsulat.uruguay@dr-schmalisch.de
Bürozeiten: Mo bis Fr 9.00 bis 15.00
Konsularbezirk: Bayern
Herr Dr. Peter Schmalisch, Honorarkonsul

Potsdam, Honorarkonsulat
Plaza Stern Center
Gerlach Straße 39, 14480 Potsdam
Tel.: (03 31) 86 47 61
E-Mail: consulado-del-uruguay-en-potsdam@rabau.com, consurupot@aol.com
Bürozeiten: Mo bis Fr 9.00 bis 15.00
Konsularbezirk: Brandenburg
Herr Kurt Rabau, Honorarkonsul

Rostock, Honorarkonsulat
Rosa-Luxemburg-Straße 14, 18055 Rostock
Tel. / Fax: (03 81) 4 96 24 69
E-Mail: konsulaturuguayrostock@hotmail.com
Bürozeiten: Mo bis Fr 9.00 bis 15.00
Konsularbezirk: Mecklenburg-Vorpommern
Herr Dr. Heinrich Bodo Eckard Graf von Bassewitz, Honorarkonsul

Stuttgart, Honorarkonsulat
Böblinger Straße 104, 70199 Stuttgart
Tel.: (07 11) 6 48 84 91 / Fax: (07 11) 6 48 84 89
E-Mail: cc_uruguay_stgt@yahoo.de
Bürozeiten: Mo bis Fr 9.00 bis 15.00
Konsularbezirk: Baden-Württemberg
Herr Peter May, Honorarkonsul

USBEKISTAN

Botschaft der Republik Usbekistan:
Perleberger Straße 62, 10559 Berlin
Tel.: (0 30) 3 94 09 80 / Fax: (0 30) 39 40 98 62
E-Mail: botschaft@uzbekistan.de / URL: www.uzbekistan.de
Bürozeiten:Mo bis Fr 9.00 bis 18.00
Konsularabteilung:
Tel.: (0 30) 39 40 98 50 / (0 30) 39 40 98 21
Sprechzeiten: Mo bis Fr 9.00 bis 13.00, außer Do

S. E. Herr **Isan Murtasaevitsch Mustafoev**, außerordentlicher und bevollmächtigter Botschafter [28.05.2003]
Frau **Mukhabbat Mustafoeva**
Herr **Ziyadulla Pulatkhodjaev**, Botschaftsrat (Politik, Kultur) [24.02.1999]
Frau **Elmira Pulatkhodjaeva**
Herr **Nabijon Kasimov**, Botschaftsrat (Wirtschaft und Handel) [30.08.1999]
Frau **Nigora Kasimova**
Herr **Yokubjon Muslimov**, I. Sekretär [06.10.1999]
Frau **Shoira Muslimova**
Herr **Aslom Akbarov**, I. Sekretär (Presseattaché) [14.11.2002]
Frau **Schakhlo Akbarova**
Herr **Rustam Usmanov**, II. Sekretär (Leiter der Konsularabteilung) [23.07.2001]
Frau **Yulduz Usmanova**
Herr **Dilshod Akhatov**, III. Sekretär (Politik) [24.02.1999]
Frau **Dilyara Akhatova**
Herr **Mavlon Javburiev**, III. Sekretär (Bildung, Wissenschaft, Gesundheit und Kultur) [19.01.2000]
Frau **Latofat Javburieva**
Herr **Nurilla Abdullaev**, III. Sekretär (Bilaterale Beziehungen) [19.09.2002]
Frau **Dinara Abdullaeva**
Herr **Bakhit Khabibullaev**, III. Sekretär (Konsularabteilung) [27.02.2003]
Frau **Markha Khabibullaeva**
Herr **Azimjon Ozotov**, Attaché (Wirtschaft) [18.03.1999]
Frau **Barnokhon Ozotova**
Herr **Ilkhom Ochilov**, Attaché (Justiz, Umwelt) [22.03.2000]
Frau **Dilafruz Ochilova**
Herr **Tazaboy Allamov**, Attaché (Sekretariat) [02.09.2002]
Frau **Mekhribon Allamova**

Frankfurt am Main, Generalkonsulat
Jahnstraße 15, 60318 Frankfurt am Main.
Tel.: (0 69) 74 05 54 / Fax: (0 69) 74 05 41
E-Mail: usb-gencons@t-online.de
URL: http://home.t-online.de/home/usb.gencons
Bürozeiten: Mo bis Fr 9.00 bis 13.00, außer Do
Konsularbezirk: Baden-Württemberg, Bayern, Hessen, Nordrhein-Westfalen,
 Rheinland-Pfalz und Saarland
Herr Ilkhom Abdulhusejnov, Generalkonsul

VANUATU

Department of Foreign Affairs
Private Mail Bag 051, Port Vila, Vanuatu
Tel.: (0 06 78) 2 29 13, 2 23 47, 2 29 08 / Fax: (0 06 78) 2 31 42
E-Mail: depfa@vanuatu.com.vu

VATIKAN

(siehe Heiliger Stuhl, Seite 64)

VENEZUELA

Botschaft der Bolivarischen Republik Venezuela:
Schillstraße 9-10 / Ecke Wichmannstraße, 10785 Berlin
Tel.: (0 30) 83 22 40-0 / Fax: (0 30) 83 22 40 20
E-Mail: embavenez.berlin@botschaft-venezuela.de
URL: www.botschaft-venezuela.de
Bürozeiten: Mo bis Fr 9.00 bis 16.00
Konsularabteilung:
Schillstraße 10, 10785 Berlin
Tel.: (0 30) 83 22 40 31 / Fax: (0 30) 83 22 40 21
Sprechzeiten: Mo bis Do 9.00 bis 12.00
Militärabteilung:
Schillstraße 10, 10785 Berlin
Tel.: (0 30) 30 11 25 33, 30 11 25 34 / Fax: (0 30) 30 11 25 35

S. E. **Herr Bernabé Carrero Cuberos**, außerordentlicher und bevollmächtigter Botschafter
 [10.12.2002]
Frau Tahamara del Valle Vargas de Carrero
Frau Anna Francesca Cazzadore de Monteiro, Botschaftsrätin [12.04.2000]
Herr Edgar Gerardo Moros Contreras, Botschaftsrat [04.06.2003]
Herr Jesús Rolando Toro Montilla, III. Sekretär [23.04.2001]
Frau Lourdes Leal, III. Sekretär [03.09.2001]
Herr Osmel Pérez-Maldonado, Attaché (Internationale Angelegenheiten) [22.02.2001]
Frau Omaida Guevara, Attaché [26.03.2001]
Herr Flottillenadmiral Alfredo José Salas Menéndez, Verteidigungsattaché [29.05.2002]

Endingen, Honorarkonsulat
Kenzinger Straße 28, 79346 Endingen
Tel.: (0 76 42) 92 21 30 / Fax: (0 76 42) 92 21 32
Bürozeiten: Mo bis Fr 9.00 bis 12.00

Konsularbezirk: Reg.-Bez. Freiburg im Breisgau und Karlsruhe in Baden-
Württemberg
Herr Helmut Eitenbenz, Honorarkonsul

Frankfurt am Main, Generalkonsulat
Brönnerstraße 17, 60313 Frankfurt am Main
Tel.: (0 69) 28 72 84, 28 72 85 / Fax: (0 69) 29 23 70
Bürozeiten: Mo bis Fr 9.00 bis 13.00
Konsularbezirk: Hessen, Baden-Württemberg, Bayern, Nordrhein-Westfalen,
Rheinland-Pfalz und Saarland
Frau Guillermina Da Silva-Suniaga, Generalkonsulin

Gelsenkirchen, Honorarkonsulat
Alexander-von-Humboldt-Straße, 45876 Gelsenkirchen
Tel.: / Fax: (02 09) 6 06 76 00
Bürozeiten: Mo, Mi, Fr 9.00 bis 12.00, Do 14.00 bis 17.00
Konsularbezirk: Nordrhein-Westfalen
Herr Wilhelm Bonse-Geuking, Honorarkonsul

Hamburg, Generalkonsulat
Rothenbaumchaussee 30, 20148 Hamburg
Tel.: (0 40) 4 10 12 41 / Fax: (0 40) 4 10 81 03
Bürozeiten: Mo bis Fr 9.00 bis 14.00
Konsularbezirk: Hamburg, Bremen, Niedersachsen und Schleswig-Holstein
Herr Francisco Alvarez Gorsira, Generalkonsul [18.10.2000]

Kiel, Honorarkonsulat
Martensdamm 2, 24103 Kiel
Tel.: (04 31) 97 83 75 / Fax: (04 31) 97 83 95
Bürozeiten: Mo bis Fr 10.00 bis 12.00, 14.00 bis 16.00
Konsularbezirk: Schleswig-Holstein
Herr Prof. Dr. Hans Heinrich Driftmann, Honorarkonsul

München, Honorarkonsulat
Sendlinger Straße 14, 80331 München
Tel.: (0 89) 22 14 49 / Fax: (0 89) 29 16 24 80
Bürozeiten: Mo bis Fr 10.00 bis 13.00, außer Mi
Konsularbezirk: Bayern
Frau Marianna Schulz, Honorarkonsulin

VEREINIGTE ARABISCHE EMIRATE

Botschaft der Vereinigten Arabischen Emirate:
Katharina-Heinroth-Ufer 1, 10787 Berlin
Tel.: (0 30) 51 65 16 / Fax: (0 30) 51 65 19 00
E-Mail: berlin@uae-embassy.de / URL: www.uae-embassy.de
Ab 2004:
Hiroschimastr. 16-22, Berlin

S. E. Herr Ali Mohammad Ali Al-Zarouni, außerordentlicher und bevollmächtigter Botschafter
[09.02.1999]
Frau Maryam Ismaeel Al-Zarouni
Herr Khaled Ahmed Mohamed Al-Mahmoud, Botschaftsrat [08.01.2001]
Frau Halima Al-Owais
Herr Khalifa Al Zaabi, Botschaftsrat
Frau Maryam Al Zaabi

Außenstelle Bonn
Erste Fährgasse 6, 53113 Bonn
Postfach 20 08 83, 53113 Bonn
Tel.: (02 28) 26 70 70 / Fax: (02 28) 2 67 07 14
E-Mail: bonn@uae-embassy.de
Bürozeiten: Mo bis Fr 9.00 bis 15.00
Militärabteilung:
Godesberger Allee 115-121, 53175 Bonn
Tel.: (02 28) 91 46 30 / Fax: (0228) 26 57 48
Konsularabteilung: Mo bis Fr 9.00 bis 12.00

Herr Hassan Ahmed Mohamed Al Shehhi, I. Sekretär (Leiter der Außenstelle) [01.07.2000]
Frau Amna Saif
Herr Oberst i. G. Taryam Ali Salem Al Muhairi, Verteidigungsattaché [15.06.2000]
Frau Fatima Al Muhairi
Herr Mohammed Abdulla Mohammed Al Shehi, Attaché (Verwaltung) [10.11.1997]
Herr Hamed Al-Amiri, Stellvertretender Militärattaché
Herr Sultan Al-Zaabi, Attaché (Verwaltung)
Frau Khawla Mohamed
Herr Tarek A. Al-Hassani Attaché (Verwaltung)
Frau Afra Salem

München, Generalkonsulat
Ismaninger Straße 21, 81675 München
Tel.: (0 89) 41 97 70 / Fax: (0 89) 41 97 71 77
Bürozeiten: Mo bis Fr 9.00 bis 12.00
Konsularbezirk: Bayern und Baden-Württemberg
Herr Ahmed Abdulsamad Al Kaitoob, Generalkonsul [16.02.2000]
Herr Ahmed Mohammed Yousif Mangoosh, Vizekonsul
Herr Abdul Baset Al-Musalli, Attaché (Gesundheit)

VEREINIGTE STAATEN VON AMERIKA

Botschaft der Vereinigten Staaten von Amerika:
Neustädtische Kirchstraße 4-5, 10117 Berlin
Tel.: (0 30) 8 30 50 / Fax: (0 30) 2 38 62 90
E-Mail: feedback@usembassy.de / URL: www.usembassy.de
Bürozeiten: Mo bis Fr 8.30 bis 17.30
Protokoll:
Tel.: (0 30) 83 05-21 10, 83 05-21 29
Büro des Botschafters:
Tel.: (0 30) 83 05-21 17
Büro des Gesandten:
Tel.: (0 30) 83 05-21 01
Politische Abteilung:
Tel.: (0 30) 83 05-22 00
Handelsabteilung:
Tel.: (0 30) 83 05-27 00
Wirtschaftsabteilung:
Tel.: (0 30) 83 05-23 05
Abteilung für öffentliche Angelegenheiten:
Tel.: (0 30) 83 05-28 02
Verwaltungsabteilung:
Tel.: (0 30) 83 05-15 00
Presseabteilung:
Tel.: (0 30) 83 05-28 05

Konsularabteilung:
Clayallee 170, 14195 Berlin
Tel.: (0 30) 8 32 92 33 / Fax: (0 30) 8 31 49 26
Konsularbezirk: Berlin, Brandenburg, Sachsen-Anhalt, Sachsen, Thüringen, Mecklenburg-Vorpommern, Schleswig-Holstein, Niedersachsen, Hamburg und Bremen.
Visa Information:
Tel.: (01 90) 85 58 55
Amerika Haus (Kulturabteilung)
Hardenbergstraße 22-24, 10623 Berlin
Tel.: (0 30) 31 10 73 / Fax: (0 30) 31 10 74 33

S. E. Herr Daniel R. Coats, außerordentlicher und bevollmächtigter Botschafter [07.09.2001]
Frau Marsha Ann Coats
Herr Terry R. Snell, Gesandter-Botschaftsrat [19.07.2000]
Frau Joy-Marie Snell
Herr Richard J. Schmierer, Gesandter-Botschaftsrat (Öffentliche Angelegenheiten) [21.06.2000]
Frau Sandra Schmierer
Herr Raymond Boneski, Gesandter-Botschaftsrat (Verwaltung) [16.09.2002]
Frau Isabel Boneski
Herr John J. Fogarasi, Gesandter-Botschaftsrat (Handel) [02.08.2002]
Frau Mariya T. Fogarasi
Herr David T. Wolfson, Gesandter-Botschaftsrat (Politische Angelegenheiten) [17.08.1999]
Frau Elizabeth M. Wolfson
Herr David D. Nelson, Gesandter-Botschaftsrat (Wirtschaft) [14.08.2001]
Frau Gloria Nelson
Herr Stephen Pattison, Gesandter-Botschaftsrat (Konsularische Angelegenheiten) [06.02.2003]
Herr Richard K. Petges, Gesandter-Botschaftsrat (Landwirtschaft) [23.08.2001]
Herr David G. Wagner, Botschaftsrat [21.08.2002]
Frau Hanna M. Wagner
Herr Joseph Wippl, Botschaftsrat [06.05.2001]
Frau Marilyn Wippl
Herr Peter V. Londono, Botschaftsrat [16.09.2002]
Frau Kaywattie M. Londono
Oberst Donald H. Zedler, Verteidigungsattaché [08.07.2002]
Frau Catherine Zedler-Villard
Kapitän zur See William R. Farawell, Marineattaché [15.03.2002]
Frau Rosina Farawell
Herr Johnnie H. Tharpe, Attaché [14.09.1998]
Frau Kathleen Tharpe
Frau Margaret J. Lullo, Attaché [18.04.1996]
Herr Robert J. Lullo
Herr Donald J. Fanning, Attaché [12.06.2000]
Frau Deirdre A. Fanning
Herr Frank E. Goetz, Attaché [06.08.2000]
Frau Virginia E. Goetz
Herr Robert Mangiamele, Attaché [29.07.2001]
Frau Ellen Mangiamele
Herr Eric Zahren, Attaché [05.12.2002]
Frau Laura S. Zahren
Herr Anthony Muse, I. Sekretär [03.09.2002]
Frau Annette R. Muse
Herr Mark J. Smith, I. Sekretär [10.07.2000]
Herr Barry K. Gould, Attaché [19.09.2001]
Frau Barbara M. Gould
Herr Brian M. Quigley, I. Sekretär [30.07.1999]
Frau Jacqueline Quigley
Herr Thomas J. Delaney, I. Sekretär [23.08.2000]

VEREINIGTE STAATEN VON AMERIKA

Frau Kathleen B. Delaney
Herr Philip C. Bishop, I. Sekretär [28.08.2001]
Frau Catherine L. Bishop
Herr David M. Jung, I. Sekretär [01.07.2002]
Frau Christine Carpenter
Herr Brian H. McIntosh, I. Sekretär [21.06.2001]
Frau Marcia C. McIntosh
Frau Janice Mastorio-Worth, I. Sekretärin [02.07.2002]
Herr David T. Worth
Herr Pete K. Ito, I. Sekretär [14.07.2000]
Frau Riana Ito
Herr William S. Holden, Attaché [13.08.2001]
Frau Maria Holden
Herr Thomas S. Engle, I. Sekretär [19.08.1999]
Frau Sharon Hodgkins
Frau Charlene Lamb, Attaché [28.12.2001]
Herr Edward P. Malcik, I. Sekretär-Konsul [31.10.2001]
Frau Susan Hazzlerigg Malcik
Herr Andrew Wylegala, I. Sekretär [17.10.2002]
Frau Yoko Wylegala
Herr Robin A. Watson, I. Sekretär [09.08.2002]
Frau Sharon H. Watson
Herr Donald R. Shemanski, I. Sekretär [14.08.2000]
Frau Karin G. Shemanski
Herr Gary R. Herbst, Attaché [30.08.2001]
Frau Leslie L. Herbst
Herr Carl R. Siebentritt, I. Sekretär [19.06.2001]
Frau Irida L. Siebentritt
Herr Roy S. Weatherston, I. Sekretär [06.07.2002]
Herr John Lister, I. Sekretär [19.07.2002]
Frau Aliza M. Lister
Herr Robert F. O'Saben, I. Sekretär [20.04.2001]
Herr Richard Polka, I. Sekretär [09.07.2002]
Frau Sylvia Radzikowska-Polka
Frau Kristine L. Pelz, I. Sekretärin [20.08.2002]
Herr William M. Lassleben
Herr James B. Sizemore, I. Sekretär [23.06.2000]
Frau Angela F. Sizemore
Herr R. Pierce Swofford, III, I. Sekretär [07.07.2000]
Frau Elizabeth M. Swofford
Herr Timothy W. Moore, I. Sekretär [17.08.2000]
Frau Katherine Showalter-Moore
Herr James P. Doran, I. Sekretär [28.08.2001]
Frau Laurie Doran
Herr Douglas R. Kramer, I. Sekretär [19.08.2002]
Frau Cecelia Kramer
Herr William N. McDonald, Attaché [08.09.2000]
Herr Brian J. McKenna, Attaché [27.07.2001]
Frau Patricia C. McKenna
Frau Jo Ann Moore, Attaché [05.09.2001]
Frau Sigrid Emrich, I. Sekretärin [16.09.1999]
Herr Paul J. Connors
Herr James Levy, I. Sekretär-Konsul [16.07.2001]
Frau Bonita Shuen
Herr Richard E. Wurtz, I. Sekretär [31.07.2002]
Frau Ute Wurtz
Herr Merle E. Taylor, Attaché [20.07.2001]
Frau Marga Taylor

Herr Brian J. Siler, I. Sekretär [26.07.2001]
Frau Gisela Willemsen-Siler
Herr Matthew Victor, I. Sekretär [02.07.2002]
Frau Erika McKearney Victor
Frau Jennifer Jordan, I. Sekretärin [16.08.2002]
Herr Christopher Jordan
Herr Shwan P. Crowley, I. Sekretär [18.07.2000]
Frau Miyuki V. Wade, Attaché [29.06.2000]
Herr James Wade
Herr Anton K. Smith, I. Sekretär [31.08.2001]
Frau Cindy G. Smith
Frau Mary C. Moore, I. Sekretärin [28.06.2002]
Herr Bret Moore
Herr Steven C. Hanna, II. Sekretär [07.08.2000]
Frau Joanne T. Valentine
Frau Laurie R. Doran, II. Sekretärin [25.08.2001]
Herr James Doran
Herr Gregory Gaines, II. Sekretär [18.08.2000]
Frau Joan L. Gaines
Frau Elizabeth M. Wolfson, II. Sekretärin-Vize Konsulin [17.08.1999]
Herr David T. Wolfson
Herr James Robert Lake, II. Sekretär [01.08.2002]
Frau Catherine Nicole Lake
Herr Frederick R. Stolper, Attaché [02.08.2001]
Frau Carla D. Stolper
Herr Christopher L. Buck, II. Sekretär [26.07.2002]
Frau Ann-Christin Kaiser
Frau Penelope Hays, II. Sekretärin [28.08.2001]
Herr Timothy R. Hays
Herr J. Benedict Wolf, II. Sekretär [01.08.2001]
Frau Ursula Wolf
Herr George A. Gerliczy, II. Sekretär [15.08.2002]
Frau Katherine Donaldson
Herr Alexander N. Daniels, II. Sekretär [05.10.2001]
Frau Michelle D. Daniels
Herr George A. Noll, II. Sekretär-Konsul [06.07.2001]
Frau Kim M. Knudsen
Herr Brian G. Heath, II. Sekretär [10.08.2001]
Herr Stephen A. Rice, Attaché [08.08.2002]
Frau Catherine Criley, II. Sekretärin [08.03.2002]
Herr Philip Seitz, II. Sekretär [23.04.2002]
Frau Catherine Nicole Lake, II. Sekretärin [01.08.2002]
Herr James Robert Lake
Herr Nicolas A. Fetchko, II. Sekretär [20.09.2002]
Frau Lisa B. Signorello
Frau Karina Ramos, Attaché [12.09.2002]
Frau Anna Shin, II. Sekretärin [06.06.2001]
Herr John Shin
Herr Rhett D. Taylor, II. Sekretär [28.06.2002]
Frau Andrea K. Taylor
Herr Louis L. Bono, II. Sekretär [26.09.2002]
Frau Jennie Bono
Oberstleutnant Paul Denno, Beigeordneter Luftwaffenattaché [26.12.1999]
Frau Patricia M. Dodge
Major Todd E. Oja, Beigeordneter Heeresattaché [09.12.2000]
Frau Claire Oja
Major Gregory J. Broecker, Beigeordneter Heeresattaché [13.04.2003]
Frau Vera Broecker

VEREINIGTE STAATEN VON AMERIKA

Frau Susan W. Stanley, Beigeordnete Attaché [11.10.2002]
Herr Frank Stanley
Herr Frederick Strauss, Beigeordneter Attaché [21.05.2001]
Herr Kurt F. Schmidt, Beigeordneter Attaché [27.02.2003]
Frau Kendra Schmidt
Herr John F. Ferster, Beigeordneter Attaché [16.07.2000]
Frau Diane Ferster
Herr John L. Gimon, Beigeordneter Attaché [27.10.2000]
Frau Christiane L. Gimon
Herr Gregory S. Stein, III. Sekretär [20.08.2002]
Frau Lorri Stein

Außenstelle Bonn
Deichmanns Aue 29, 53170 Bonn
Tel.: (02 28) 3 29-26 82 / Fax: (02 28) 3 29-26 85

Oberst Robert McAdams, Attaché [08.07.2002]
Frau Victoria Adams
Oberst Hans J. Otten, Luftwaffenattaché [01.12.2000]
Frau Sandra J. Otten
Oberst Peter Durr, Heeresattaché [01.09.2001]
Frau Helga Durr
Oberstleutnant Mark A. Barowski, Attaché [21.05.2001]
Frau Belinda Barowski
Oberstleutnant Rodger Bennett, Attaché [10.06.2002]
Frau Tracy Bennett
Fregattenkapitän John Charles Woughter, Attaché [21.04.2002]
Frau Andrea Holzer-Woughter
Korvettenkapitän Joseph F. Beverly, Beigeordneter Marineattaché [04.12.1999]
Frau Sherry Lee Beverly
Oberstleutnant Richard J. Pevoski, Beigeordneter Heeresattaché [09.08.2000]
Frau Jutta Anna Pevoski
Major Edgar E. Hollandsworth, Beigeordneter Luftwaffenattaché [28.06.2001]
Frau Delaine M. Hollandsworth

Düsseldorf, Generalkonsulat
Willi-Becker-Allee 10, 40227 Düsseldorf
Tel.: (02 11) 7 88 89 27 / Fax: (02 11) 7 88 89 38
Bürozeiten: Mo bis Fr 9.00 bis 12.00
Konsularbezirk: Nordrhein-Westfalen
Herr Daniel E. Harris, Generalkonsul

Frankfurt am Main, Generalkonsulat
Siesmayerstraße 21, 60323 Frankfurt am Main
Tel.: (0 69) 7 53 50 / Fax: (0 69) 75 35 22 77
Bürozeiten: Mo bis Fr 8.00 bis 12.00
Konsularbezirk: Hessen, Baden-Württemberg, Rheinland-Pfalz und Saarland
Herr Peter W. Bodde, Generalkonsul [09.2002]

Hamburg, Generalkonsulat
Alsterufer 27-28, 20354 Hamburg
Tel.: (0 40) 4 11 71 00 / Fax: (0 40) 44 30 04, 41 17 12 22
Bürozeiten: Mo bis Fr 9.00 bis 12.00
Konsularbezirk: Hamburg, Bremen, Niedersachsen, Schleswig-Holstein und
Mecklenburg-Vorpommern
Frau Susan M. Elbow, Generalkonsulin [23.08.2001]

Leipzig, Generalkonsulat
Wilhelm Seyfferth-Straße 4, 04107 Leipzig
Tel.: (03 41) 21 38 40 / Fax: (03 41) 2 13 84 71
E-Mail: leipzig@usconsulate.de
Bürozeiten: Mo bis Fr 9.00 bis 17.00
Konsularbezirk: Sachsen, Sachsen-Anhalt und Thüringen
Herr Fletcher M. Burton, Generalkonsul [10.2002]

München, Generalkonsulat
Königinstraße 5, 80539 München
Tel.: (0 89) 2 88 80 / Fax: (0 89) 2 80 99 98
Bürozeiten: Mo bis Fr 8.00 bis 11.00
Konsularbezirk: Bayern
Herr Robert W. Boehme, Generalkonsul [01.09.2000]

VEREINIGTES KÖNIGREICH GROSSBRITANNIEN UND NORDIRLAND

Botschaft des Vereinigten Königreichs Großbritannien und Nordirland:
Wilhelmstraße 70, 10117 Berlin
Tel.: (0 30) 204 57-0
E-Mail: info@britischebotschaft.de / URL: www.britischebotschaft.de
Bürozeiten: Mo bis Fr 9.00 bis 17.30
Politische Abteilung:
Fax: (0 30) 204 57-573
Wirtschaftsabteilung:
Fax: (0 30) 204 57-575
Konsularabteilung:
Fax: (0 30) 204 57-579
Verwaltungsabteilung:
Fax: (0 30) 204 57-578
Handelsabteilung:
Fax: (0 30) 204 57-577
Presseabteilung:
Fax: (0 30) 204 57-574
PR-Abteilung:
Fax: (0 30) 204 57-594
Abteilung Umwelt und Arbeitswesen:
Fax: (0 30) 204 57-576
Militärabteilung:
Fax: (0 30) 204 57-581

S. E. Sir Peter Torry, außerordentlicher und bevollmächtigter Botschafter [27.05.2003]
Frau Angela Torry
Herr Jeremy Cresswell, Gesandter (Stellvertreter des Botschafters) [29.03.2001]
Frau Petra Cresswell
Frau Pamela Major, Botschaftsrätin (Europäische Union und Wirtschaft) [01.10.2002]
Herr Leigh Turner
Brigadegeneral Robert Pridham, Verteidigungsattaché [29.07.2002]
Frau Jane Pridham
Frau Elaine Trewartha, Botschaftsrätin (Arbeitswesen) [01.10.2000]
Herr David Woods, Botschaftsrat (Politische Angelegenheiten) [10.08.2002]
Frau Rachel Woods
Herr Nicholas Alexander, I. Sekretär (Politische Angelegenheiten) [26.10.2001]
Herr Michael Bolton, I. Sekretär (Wirtschaft) [02.02.1999]
Herr Jonathan Brenton, I. Sekretär (Medien) [28.03.2003]

VEREINIGTES KÖNIGREICH GROSSBRITANNIEN UND NORDIRLAND 198

Frau Sayana Brenton
Herr Colin Buswell, I. Sekretär (Verwaltung) [05.08.2002]
Frau Dorothy Buswell
Herr Craig Egner, I. Sekretär (Landwirtschaft) [15.11.2002]
Frau Kirsty Egner
Frau Helen Hughes McKay, I. Sekretär (Wissenschaft) [19.06.1999]
Herr David Hughes
Herr Nigel Ingram, I. Sekretär (Politische Angelegenheiten) [14.06.2000]
Oberst Christopher John Moloney, Luftwaffenattaché [25.02.2002]
Frau Louise Moloney
Herr Paul O'Connor, I. Sekretär (Öffentlichkeitsarbeit) [10.05.2003]
Frau Louise O'Connor
Herr Edward O'Donnell, I. Sekretär (Wehrtechnik) [16.09.2002]
Herr Stephen Pink, I. Sekretär (Verwaltung) [29.06.2002]
Frau Alison Pink
Herr Hugh Powell, I. Sekretär (Politische Angelegenheiten) [24.04.2000]
Frau Catherine Powell
Oberst Jack Sheldon, Militärattaché [13.01.2002]
Frau Laurie Sheldon
Frau Lynn Sheppard, I. Sekretärin (Umwelt) [15.11.2002]
Herr Rafik Benaouda-Chaht
Frau Susannah Simon, I. Sekretärin (Europäische Union) [02.01.1999]
Herr Mikhail Kubekov
Herr Michael Stevens, I. Sekretär (Verbindungsbeamter - Zoll) [01.08.2001]
Frau Alison Kyle
Herr Ramsey Tonkin, I. Sekretär (Verwaltung) [28.05.2001]
Frau Valerie Tonkin
Herr Paul Williams, I. Sekretär (Politische Angelegenheiten) [08.10.2001]
Frau Tanya Williams
Kapitän zur See, Richard Wilkinson, Marineattaché [14.08.2000]
Frau Alison Wilkinson
Herr Ian Worthington, I. Sekretär (Handel) [05.10.2001]
Frau Sophie Goodrick, II. Sekretärin (Europäische Union) [15.01.2001]
Herr Nicholas Hailey, II. Sekretär (persönlicher Referent des Botschafters) [15.01.1998]
Herr Christopher Humphrey, II. Sekretär [03.09.2001]
Frau Sandra Humphrey
Herr Philip Owen, II. Sekretär (Politische Angelegenheiten) [12.05.2003]
Frau Elizabeth Owen
Herr Steven Pope, II. Sekretär (Verbindungsbeamter – Zoll) [14.04.2000]
Frau Joanna Pope
Herr Denis Price, II. Sekretär (Verwaltung) [30.11.1998]
Frau Jane Price
Frau Rita Wisker, II. Sekretärin (Verwaltung und Konsular) [17.04.2001]
Frau Trudy Curry, III. Sekretärin (Verwaltung und Konsular) [08.06.2001]
Herr Peter Curry

Düsseldorf, Generalkonsulat
Yorckstraße 19, 40476 Düsseldorf
Tel.: (02 11) 9 44 80, 9 44 81 70 / Fax: (02 11) 48 63 59, 48 81 90
E-Mail: Consular.Section@duesseldorf.mail.fco.gov.uk
Konsularbezirk: Nordrhein-Westfalen
Bürozeiten: Mo bis Do 7.30 bis 11.30, 12.30 bis 16.00, Fr 7.30 bis 11.30,
12.30 bis 15.30 (Winter), Mo bis Do 6.30 bis 10.30, 11.30 bis 15.00,
Fr 6.30 bis 10.30, 11.30 bis 14.30 (Sommer)

Herr William Boyd McCleary, Generalkonsul [29.11.2000]
Herr R. D. Folland, Stellvertretender Leiter des Generalkonsuls

Frankfurt am Main, Generalkonsulat
Trition Haus, Bockenheimer Landstraße 42, 60323 Frankfurt am Main
Tel.: (0 69) 1 70 00 20 / Fax: (0 69) 72 95 53
E-Mail: info@frankfurt.mail.fco.gov.uk
Bürozeiten: 7.30 bis 12.00, 13.00 bis 16.00 (Winter), 6.30 bis 11.00,
12.00 bis 15.00
Konsularbezirk: Hessen, Rheinland-Pfalz und Saarland
Herr William Neil Carlton Paterson, Generalkonsul

Hamburg, Generalkonsulat
Harvestehuder Weg 8 a, 20148 Hamburg
Tel.: (0 40) 4 48 03 20 / Fax: (0 40) 4 10 72 59
Bürozeiten: Mo bis Do 9.00 bis 16.00, Fr 9.00 bis 15.00, 7.30 bis 11.30,
13.00 bis 16.30 (Winter)
Konsularbezirk: Hamburg, Bremen, Niedersachsen und Schleswig-Holstein
Herr Douglas B. McAdam, Generalkonsul

München, Generalkonsulat
Bürkleinstraße 10, 80538 München
Tel.: (0 89) 21 10 90 / Fax: (0 89) 21 10 91 44 (Konsularabteilung)
Fax: (0 89) 21 10 91 55 (Investment- und Wirtschaftsabteilung)
Fax: (0 89) 21 10 91 66 (Technologie, Presse und Öffentlichkeitsabteilung)
E-Mail: info@munich.mail.fco.gov.uk
Bürozeiten: 7.30 bis 11.00, 12.00 bis 16.00 (Winter), 6.30 bis 10.00, 11.00 bis
15.00
Konsularbezirk: Bayern
Herr Julian Farrell, Generalkonsul [01.10.1999]

Stuttgart, Generalkonsulat
Breite Straße 2, 70173 Stuttgart
Tel.: (07 11) 16 26 90 / Fax: (07 11) 1 62 69 30
Bürozeiten: 7.30 bis 12.00, 13.00 bis 16.00 (Winter), 6.30 bis 11.00, 12.00 bis
15.00 (Sommer)
Konsularbezirk: Baden-Württemberg
Herr Mark Twigg, Generalkonsul

VIETNAM

Botschaft der Sozialistischen Republik Vietnam:
Elsenstraße 3, 12435 Berlin-Treptow
Tel.: (0 30) 53 63 01 08 / Fax: (0 30) 53 63 02 00
E-Mail: sqvnberlin@t-online.de / URL: www.vietnambotschaft.com
Bürozeiten: Mo bis Fr 9.00 bis 12.00, 14.00 bis 17.00
Konsularabteilung:
Fax: (0 30) 53 63 01 00
Bürozeiten: Mo, Mi, Fr 9.00 bis 12.30, 14.00 bis 17.30
Handelsabteilung:
Storkower Straße 158 / Zi. 109, 10407 Berlin
Tel.: (0 30) 2 29 81 98, 2 29 23 74 / Fax: (0 30) 2 29 18 12
E-Mail: vietrade.berlin@t-online.de

S. E. Herr Nguyen Ba Son, außerordentlicher und bevollmächtigter Botschafter [26.09.2001]
Frau Nguyen Thi Hang
Herr Truong Van Luy, Botschaftsrat [12.01.2000]
Frau Nguyen Thi Thanh
Herr Nguyen Dinh Hoan, Botschaftsrat [10.11.2002]
Herr Vu Quoc Anh, I. Sekretär [20.09.2000]

Frau Nghiem van Long, I. Sekretär [15.11.2000]
Frau Bui Thuy Hanh
Herr Pham Loi, I. Sekretär [24.03.2001]
Frau Bui Thi Xuan
Herr Pham Vinh Thang, I. Sekretär [24.12.2001]
Frau Le Quang Minh
Frau La Thi Thanh Loc, I. Sekretär [26.06.2002]
Herr Nguyen Thanh Nam, I. Sekretär [20.10.2002]
Herr Vu Ngoc Minh, I. Sekretär [07.04.2003]
Herr Nguyen Anh Tuan, II. Sekretär [16.10.2000]
Frau Nguyen Thi Phuong Ngoc
Herr Ha Ngoc Vui, II. Sekretär [11.12.2000]
Herr Le Ba Thinh, Attaché [04.10.2000]
Herr Pham Minh Thu, Attaché [07.12.2001]
Frau Chu Thi Thu Phuong, Attaché [26.06.2002]
Herr Pham Van Chin, Attaché [26.08.2002]

Außenstelle Bonn
Konstantinstraße 37, 53179 Bonn
Tel.: (02 28) 95 75 40 / Fax: (02 28) 35 18 66
E-Mail: sqvn.bonn@aol.com
Bürozeiten: Mo und Fr 9.30 bis 12.00, 14.00 bis 16.30, Mi 9.30 bis 12.00

Herr Tran Tho, Botschaftsrat (Leiter der Außenstelle) [05.08.1999]
Frau Nguyen Thi Bang
Herr Nguyen Ngoc Thanh, I. Sekretär [07.09.2002]
Herr Vu Chi Manh, I. Sekretär [10.02.2003]

Hamburg, Honorargeneralkonsulat
Baumwall 7, 20459 Hamburg
Tel.: (0 40) 36 97 96 61 / Fax: (0 40) 36 20 88
Bürozeiten: Di und Do 10.30 bis 12.30 und nach Vereinbarung
Konsularbezirk: Hamburg
Herr Hans-Bernd Giesler, Honorargeneralkonsul
Frau Ursula Giesler-von der Decken

ZENTRALAFRIKANISCHE REPUBLIK

Botschaft der Zentralafrikanischen Republik:
Johanniterstraße 19, 53113 Bonn
Tel.: / Fax: (02 28) 23 35 64
E-Mail: rca@botschaft-zentralafrika.de
URL: www.botschaft-zentralafrika.de
Bürozeiten: Mo bis Fr 9.00 bis 15.00

S. E. Herr Martin-Gérard Tebiro, außerordentlicher und bevollmächtigter Botschafter [15.02.1995]

Hamburg, Honorarkonsulat
Gemeinweide 10, 22393 Hamburg
Tel.: (0 40) 41 34 55 30 / Fax: (0 40) 41 34 55 39
Bürozeiten: Mo bis Fr 17.00 bis 18.00
Konsularbezirk: Hamburg
Herr Walter Harms, Honorarkonsul

Karlsruhe, Honorarkonsulat
Hangstraße 2, 76228 Karlsruhe

Tel.: (07 21) 47 54 47 / Fax: (07 21) 47 54 54
Bürozeiten: Mo bis Fr 9.00 bis 18.00
Konsularbezirk: Baden-Württemberg, Hessen, Rheinland-Pfalz und Saarland
Herr Dr. Hans Gottfried Ernst Graf von Rothenburg-Kellermann, Honorarkonsul

ZYPERN

Botschaft der Republik Zypern:
Wallstraße 27, 10179 Berlin
Tel.: (0 30) 3 08 68 30 / Fax: (0 30) 27 59 14 54
E-Mail:cyprusembassy@t-online.de
Bürozeiten: Mo bis Fr 8.30 bis 16.00,
Presseabteilung:
Tel.: (0 30) 27 89 68 70 / Fax: (0 30) 27 59 22 71
E-Mail: Botschaft-zypern-presse@t-online.de
Handelsabteilung:
Friedrichstraße 42-44, 50676 Köln
Tel.: (02 21) 2 72 35 80 / Fax: (02 21) 23 70 13
E-Mail: info@zypern-wirtschaft.de / URL: www.zypern-wirtschaft.de
Bürozeiten: Mo bis Fr 8.00 bis 16.00

S. E. Herr Dr. Christos N. Psilogenis, außerordentlicher und bevollmächtigter Botschafter [25.05.2000]
Frau Niki Psilogeni
Herr Homer Mavrommatis, Botschaftsrat [31.08.2001]
Frau Elena Mavrommatis
Frau Maria Papakyriakou, II. Sekretär [17.05.1999]
Herr Evangelos Savva
Herr Evangelos Savva, II. Sekretär [03.07.2000]
Frau Maria Papakyriakou
Frau Martha Talashi, Attaché (Verwaltung) [16.09.2002]
Herr Michalis Koumides, Botschaftsrat (Presse) [27.04.1995]
Frau Veronika Koumides
Herr George Argyris, Botschaftsrat (Handel) [15.08.2001]
Frau Tatiana Argyris
Herr Antonios D. Antoniades, Attaché (Handel) [01.08.1989]
Frau Antonia Litsa Antoniades

Frankfurt am Main, Honorargeneralkonsulat
Wiesenstraße 17, 65843 Sulzbach/T
Tel.: (0 61 96) 7 27 10 / Fax: (0 61 96) 70 14 85
Bürozeiten: Mo bis Fr 10.00 bis 12.00
Konsularbezirk: Hessen, Rheinland-Pfalz, Saarland, Sachsen und Thüringen
Herr Gotthard Häcker, Honorargeneralkonsul

Hamburg, Generalkonsulat
Rothenbaumchaussee 3, 20148 Hamburg
Tel.: (0 40) 4 10 74 97 / Fax: (0 40) 4 10 72 46
Bürozeiten: Mo bis Fr 10.00 bis 15.00
Konsularbezirk: Hamburg, Bremen, Niedersachsen, Schleswig-Holstein und Nordrhein-Westfalen
Herr Nicos Attas, Konsul

München, Honorarkonsulat
Orleansplatz 3, 81667 München (vorübergehend geschlossen)
Tel.: (0 89) 48 57 64 / Fax: (0 89) 4 48 98 90
Bürozeiten: Mo bis Fr 9.30 bis 12.30
Konsularbezirk: Bayern

Internationale Organisationen
Andere Vertretungen

INTERNATIONALE ORGANISATIONEN

FREIWILLIGENPROGRAMM DER VEREINTEN NATIONEN

United Nations Volunteers (UNV)
Haus Carstanjen, Martin-Luther-King-Straße 8, 53175 Bonn
Tel.: (02 28) 8 15 20 00 / Fax: (02 28) 8 15 20 01
E-Mail: enquiry@unvolunteers.org / URL: www.unvolunteers.org

Frau Sharon Capeling-Alakija, Exekutivkoordinatorin [19.01.1998]
Herr Adrianus de Raad, Stellvertretender Exekutivkoordinator [30.07.1998]

SEKRETARIAT DES RAHMENÜBEREINKOMMENS DER VEREINTEN NATIONEN ÜBER KLIMAÄNDERUNGEN

Secretariat o the United Nations Framework Convention on Climate Change (UNFCCC)
Haus Carstanjen, Martin-Luther-King-Straße 8, 53175 Bonn
Postfach 26 01 24, 53153 Bonn
Tel.: (02 28) 8 15 10 00 / Fax: (02 28) 8 15 19 99
E-Mail: secretariat@unfccc.int / URL: www.unfccc.int
Bürozeiten: Mo bis Fr 9.00 bis 17.00

Frau Joke Waller-Hunter, Exekutivsekretärin, beigeordnete Generalsekretärin
Herr Tahar Hadj-Sadok, Stellvertretender Exekutivsekretär, Koordinator (Mechanismen der Zusammenarbeit)
Frau Fatiha Sadallah
Frau Claire N. Parker, Koordinatorin (Durchführung des Abkommens)
Herr Michael Parker
Herr Dennis Tirpak, Koordinator (Verfahren, Inventare und wissenschaftliche Fragen)
Frau Eileen Tirpak
Herr Richard Kinley, Koordinator (Zwischenstaatliche und Konferenzangelegenheiten)
Frau Carol Atwell Kinley
Frau Arlette E. Miler, Koordinator (Verwaltung)
Herr Joseph T. Miller
Herr Janos Pasztor, Koordinator (Nachhaltige Entwicklung)
Frau Christine Pasztor
Herr Mukul Sanwal, Sonderberater (Neue Themen)
Frau Poonam Sanwal
Frau Christine Zumkeller, Stellvertretende Koordinatorin, (Mechanismen der Zusammenarbeit)
Herr Benneth Onoh

INFORMATIONSZENTRUM DER VEREINTEN NATIONEN

United Nations Information Centre Bonn (UNIC BONN)
Haus Carstenjen
Martin-Luther-King-Straße 8, 53175 Bonn
Tel.: (02 28) 8 15 27 70 / Fax: (02 28) 8 15 27 77
E-Mail: unic@uno.de / URL: www.uno.de

Herr Arne Molfenter, Direktor [01.05.2003]

Außenstelle Berlin
Wallstraße 9-13, 10179 Berlin
Tel.: (0 30) 20 62 46-6 / Fax: (0 30) 20 62 46 88

ANDERE VERTRETUNGEN

MALTESER-ORDEN

Offizielle Delegation des Souveränen Malteser-Ritterordens:
Lüdtgeweg 1, 10587 Berlin
Postfach 10 04 70, 10564 Berlin
Tel.: (0 30) 34 35 97 21 / Fax: (0 30) 34 35 97 27
Bürozeiten: Mo bis Fr 9.30 bis 16.00, auf telefonische Anmeldung

Herr Augustin Baron d'Aboville, Offizieller Delegierter
Frau Amélie Baronin d'Aboville

PALÄSTINENSISCHE GENERALDELEGATION

August-Bier-Straße 33, 53129 Bonn
Tel.: (02 28) 21 20 35 / Fax: (02 28) 21 35 94
E-Mail: palaestina@t-online.de / URL: www.palaestina.org
Bürozeiten: Mo bis Fr 9.00 bis 15.00

Herr Abdallah Frangi, Palästinensischer Generaldelegierter
Frau Benita Frangi
Herr Waddah Abdel Hadi, Finanzabteilung
Herr Mustafa Shehadeh, Pressesprecher
Herr Mahmoud Hasi, Verwaltungsabteilung

Außenstelle Berlin
Wöhlertstraße 1, 10115 Berlin
Tel.: (0 30) 27 59 63 56 / Fax: (0 30) 27 59 63 57
Bürozeiten: Mo bis Do 9.00 bis 15.00

Herr Abdullah Hijazi, (Kulturangelegenheiten)
Herr Mahmoud Ala-Eddin, Stellvertretender Generaldelegierter und Wirtschaftsabteilung
Herr Mohammed Nazzal, Informationsabteilung

Rangfolge der Leiter der Diplomatischen Missionen

RANGFOLGE DER LEITER DIPLOMATISCHER MISSIONEN

DER APOSTOLISCHE NUNTIUS

Heiliger Stuhl	S. E. Erzbischof Dr. Giovanni Lajolo	12. Februar 1996

BOTSCHAFTER

Kamerun	S. E. Herr Jean Melaga	24. Oktober 1984
Aserbaidschan	S. E. Herr Huseynaga Sadigov	2. September 1992
Bahamas	S. E. Herr Basil G. O'Brian	30. Juni 1993
Georgien	S. E. Herr Dr. Konstantin Gabaschwili	21. Februar 1994
Zentralafrikanische Republik	S. E. Herr Martin-Gérard Tebiro	15. Februar 1995
Luxemburg	S. E. Herr Dr. Julien Alex	23. April 1996
Antigua und Barbuda	S. E. Herr Ronald Sanders	23. April 1996
Botsuana	S. E. Herr Sasara Chasala George	18. Juni 1996
Sierra Leone	S. E. Herr Umaru Bundu Wurie	11. November 1996
Salomonen	S. E. Herr Robert Sisilo	6. März 1997
Haiti	S. E. Herr Dr. Alrich Nicolas	5. Juni 1997
Jemen	S. E. Herr Mohy A. Al-Dhabbi	10. September 1997
Russische Föderation	S. E. Herr Sergej Borissowitsch Krylow	15. Oktober 1997
Ukraine	S. E. Herr Dr. Anatolij Ponomarenko	15. Oktober 1997
Albanien	S. E. Herr Bashkim Zeneli	10. Dezember 1997
Singapur	S. E. Herr Prof. Walter Woon	16. Februar 1998
Swasiland	I. E. Frau Dr. Thembayena Annastasia Dlamini	8. Juni 1998
Liberia	S. E. Herr Rufus Webster Simpson	29. Juni 1998
Bulgarien	S. E. Herr Nikolai Apostoloff	2. September 1998
Samoa	S. E. Herr Tauiliili Uili Meredith	2. September 1998
Slowakei	S. E. Herr Ján Foltín	22. Oktober 1998
Seychellen	S. E. Herr Callixte François-Xavier d'Offay	22. Oktober 1998
Niederlande	S. E. Herr Dr. Nikolaos van Dam	9. Februar 1999
Vereinigte Arabische Emirate	S. E. Herr Ali Mohammad Ali Al-Zarouni	9. Februar 1999
Frankreich	S. E. Herr Claude Martin	14. April 1999
Südafrika	S. E. Herr Prof. Dr. Sibusiso M. E. Bengu	3. September 1999
Malta	S. E. Herr William C. Spiteri	21. September 1999
Marokko	S. E. Herr Dr. Abdeladim Lhafi	19. Oktober 1999
Belarus	S. E. Herr Wladimir Skworzow	19. Oktober 1999
Nicaragua	I. E. Frau Lic. Suyapa Indiana Padilla Tercero	19. Oktober 1999
Malawi	S. E. Herr Dr. Silas S. Ncozana	10. Dezember 1999
Nepal	S. E. Herr Balram Singh Malla	10. Dezember 1999
Litauen	S. E. Herr Prof. Dr. habil. Vaidievutis Geralavičius	29. März 2000
Paraguay	S. E. Herr José Martínez Lezcano	29. März 2000
Tonga	S. E. Herr Col Fetúutolu Tupou	4. Mai 2000
Sambia	S. E. Herr Lt. Gen Francis. G. Sibamba	11. Mai 2000
Zypern	S. E. Herr Dr. Christos N. Psilogenis	25. Mai 2000
Mauretanien	S. E. Herr Ould Moctar Neche Melainine	1. Juni 2000
El Salvador	S. E. Herr Dipl.-Ing. Edgardo Carlos Suárez Mallagray	15. Juli 2000
Kasachstan	S. E. Herr Wjatscheslav Hamenovich Gizzatov	11. September 2000
Monaco	S. E. Herr Rainier Imperti	4. Oktober 2000
Estland	I. E. Frau Dr. Riina Ruth Kionka	19. Oktober 2000
Brunei Darussalam	S. E. Herr Dato Paduka Haji Mohd Adnan Buntar	19. Oktober 2000

RANGFOLGE DER LEITER DIPLOMATISCHER MISSIONEN

Land	Name	Datum
Kanada	I. E. Frau Marie Bernard-Meunier	19. Oktober 2000
Türkei	S. E. Herr Osman T. Korutürk	19. Oktober 2000
Ungarn	S. E. Herr Gergely Pröhle	19. Oktober 2000
Korea, Süd	S. E. Herr Hwang, Won-tak	8. November 2000
Ruanda	S. E. Laurien Ngirabanzi	27. November 2000
Sudan	S. E. Herr Ahmed Gaafar Abdelkarim	28. November 2000
Kuba	S. E. Herr Marcelino Medina	11. Januar 2001
Israel	S. E. Herr Shimon Stein Leshem	11. Januar 2001
Syrien	S. E. Herr Mohamed Walid Hezbor	11. Januar 2001
Italien	S. E. Herr Silvio Fagiolo	5. Februar 2001
Barbados	S. E. Herr Errol Humphrey	21. Februar 2001
Argentinien	S.E. Herr Enrique José Alejandro Candioti	9. März 2001
Dominikanische Republik	S. E. Herr Dr. Willians De Jesús Salvador	9. März 2001
Mali	I. E. Frau Soumare Aminata Sidibé	9. März 2001
Serbien und Montenegro	S. E. Herr Milovan Bozinovic	9. März 2001
Moldau	S. E. Herr Nicolae Tabacaru	12. März 2001
Algerien	S. E. Herr Mourad Bencheikh	22. März 2001
Kenia	S. E. Herr Frost Josiah	22. März 2001
Benin	S. E. Herr Issa Kpara	22. März 2001
Bangladesch	S. E. Herr Ashfaqur Rahman	24. April 2001
Bahrain	S. E. Herr Adel Yousif Sater	1. Juni 2001
Uruguay	I. E. Frau Dr. Zulma Guelman Guigou	1. Juni 2001
Tschechische Republik	S. E. Herr Boris Lazar	26. Juni 2001
Pakistan	S. E. Herr Asif Ezdi	29. August 2001
Dänemark	S. E. Herr Gunnar Ortmann	5. September 2001
Mazedonien	S. E. Herr Dr. Goran Rafajlovski	5. September 2001
Niger	S. E. Herr Amadou Toure	5. September 2001
Vereinigte Staaten von Amerika	S. E. Herr Daniel R. Coats	7. September 2001
Eritrea	S. E. Herr Zemede Tekle	26. September 2001
Indonesien	S. E. Herr Rahardjo Jamtomo	26. September 2001
Island	S. E. Herr Jón Egill Egilsson	26. September 2001
Vietnam	S. E. Herr Nguyen Ba Son	26. September 2001
Ägypten	S. E. Herr Mohamed Abdelhay	
Katar	S. E. Herr Saleh Mohamed Al-Nesef	4. Oktober 2001
	Mohamed Al-Orabi	4. Oktober 2001
Sri Lanka	S. E. Herr C. D. Casie Chetty	4. Oktober 2001
Bosnien und Herzegowina	S. E. Herr Nedeljko Despotovic	12. Oktober 2001
Finnland	S. E. Herr Leif Fagernäs	26. Oktober 2001
Gabun	S. E. Herr Paul Bunduku Latha	26. Oktober 2001
Ghana	S. E. Herr Rowland Issifu Alhassan	26. Oktober 2001
Guatemala	S. E. Herr I. Roberto Palomo-Silva	26. Oktober 2001
Tadschikistan	S. E. Herr Nurali Saidov	26. Oktober 2001
Lesotho	S. E. Herr Seymour R. Kikine	22. November 2001
Griechenland	S. E. Herr Dimitrios Kypreos	1. Januar 2002
China	S. E. Herr Ma Canrong	8. Januar 2002
Laos	S. E. Herr Khouanta Phalivong	21. März 2002
Armenien	I. E. Frau Karine Kazinian	21. März 2002
Senegal	S. E. Herr Paul Badji	21. März 2002
Cote d'Ivoire	S. E. Herr Florent Amin Atse	29. März 2002
Äthiopien	S. E. Herr Hiruy Amanuel	10. April 2002
Brasilien	S. E. Herr José Artur Denot Medeiros	10. April 2002
Peru	S. E. Herr Alfredo Novoa-Peña	10. April 2002
Schweden	S. E. Herr Carl Tham	10. April 2002

Jamaika	I. E. Frau Marcia Yvette Gilbert-Roberts	13. Mai 2002
Indien	S. E. Herr T. C. A. Rangachari	15. Mai 2002
Kambodscha	S. E. Herr Prinz Sisowath Phandaravong	24. Mai 2002
Belgien	S. E. Herr Lode Willems	1. Juli 2002
Honduras	S. E. Herr Roberto Flores Bermúdez	9. Juli 2002
Schweiz	S. E. Herr Dr. Werner Baumann	9. Juli 2002
Slowenien	S. E. Herr Ivo Vajgl	9. Juli 2002
Myanmar	S. E. Herr U Nyunt Maung Shein	10. Juli 2002
Tansania	S. E. Herr Ali Abeid Karume	29. August 2002
Afghanistan	S. E. Herr Hamidullah Nasser Zia	26. September 2002
Costa Rica	S. E. Herr Dr. Bernd Niehaus	26. September 2002
Irland	S. E. Herr Sean O'Huiginn	26. September 2002
Lettland	S. E. Herr Dr. Mārtiņš Virsis	26. September 2002
Madagaskar	S. E. Herr Dr. Denis Andriamandroso	26. September 2002
Mosambik	S. E. Herr Antonio Correia Fernandes Sumbana	26. September 2002
Kap Verde	S. E. Herr Olívio Melício Pires	4. Oktober 2001
Katar	S. E. Herr Saleh Mohamed Al-Nesef	4. Oktober 2001
Spanien	S. E. Herr José Rodrígez-Spiteri Palazuelo	21. Oktober 2002
Belize	I. E. Frau Yvonne Sharman Hyde	28. Oktober 2002
Tunesien	S. E. Herr Fethi Merdassi	November 2002
Japan	S. E. Herr Yushu Takashima	10. Dezember 2002
Liechtenstein	S. E. Herr Dr. Josef Wolf	10. Dezember 2002
Venezuela	S. E. Herr Bernabé Carrero Cuberos	10. Dezember 2002
Iran	S. E. Herr Seyed Shamseddin Khareghani	20. Dezember 2002
Österreich	S. E. Herr Dr. Christian Prosl	10. Januar 2003
Polen	S. E. Herr Dr. Andrzej Byrt	10. Januar 2003
Kolumbien	I. E. Frau Dr. Victoriana Mejía-Marulanda	1. März 2003
Kuwait	S. E. Herr Jamal Mubarak Al-Nesafi	12. März 2003
Tschad	S. E. Herr Mahamat Abdelrassoul	12. März 2003
Australien	I. E. Frau Pamela Fayle	28. März 2003
Bolivien	S. E. Herr Jorge Balcázar Aranibar	28. März 2003
Burundi	S. E. Herr Térence Nsanze	28. März 2003
Simbabwe	I. E. Frau Lucia Muvingi	28. März 2003
Thailand	I. E. Frau Cholchineepah Chiranond	28. März 2003
Kirgisistan	S. E. Herr Askar Sarygulov	14. April 2003
Kroatien	I. E. Frau Dr. Vesna Cvjetković-Kurelec	16. Mai 2003
Namibia	S. E. Herr Hanno B. Rumpf	16. Mai 2003
Norwegen	S. E. Herr Bjørn Tore Godal	16. Mai 2003
Vereinigtes Königr. Großbritannien und Nordirland	S. E. Sir Peter Torry	27. Mai 2003
Usbekistan	S. E. Herr Isan Murtasaevitsch Mustafoev	28. Mai 2003
Burkina Faso	S. E. Herr Xavier Niodogo	28. Mai 2003
Malaysia	S. E. Herr Dato' Md. Kamal Ismaun	1. Juni 2003
Äquatorialguinea	S. E. Herr Victorino Nka Obiang Maye	2003
Jordanien	S. E. Herr Dr. Saleh Rusheidat	2003
Neuseeland	S. E. Herr Peter William Hamilton	2003
Mexiko	S. E. Herr Jorge Castro-Valle Kühne	ernannt
Portugal	S. E. Herr Dr. João de Vallera	noch nicht ernannt
Dschibuti	S. E. Herr Mohamed Goumaneh Guirreh	
Ecuador	S. E. Dr. h.c. Werner Moeller-Freile	
Oman	S. E. Ahmed bin Mohammed Zaher Al-Hinai	
Suriname	S. E. Herr Edgar S. R. Amanh	
Andorra	I. E. Frau Meritxell Mateu	
Angola	S. E. Herr Dipl.-Ing. Alberto do Carmo Bento Ribeiro	
Gambia	S. E. Herr Yusupha Alieu Kah	
Guinea	S. E. Herr Abraham Doukouré	

Korea, Nord	**S. E. Herr Pak Hyon Bo**
Libyen	**S. E. Herr Dr. Said Mohamed Abdulaati**
Mauritius	**S. E. Herr Mohurrlall Haton**
Panama	**S. E. Herr Hector Rolando Crespo**
Papua-Neuguinea	**S. E. Herr Gabriel Pepson**
Rumänien	**S. E. Herr Adrian Cosmin Vieriță**
Philippinen	**S. E. Herr Minerva Jean A. Falcon**
St. Lucia	**S E. Herr Emmanuel H. Cotter**

Staatsfeiertage

STAATSFEIERTAGE 214

Januar	
1. Januar	Haiti
1. Januar	Kuba
1. Januar	Korea, Süd
1. Januar	Paraguay
1. Januar	Sudan
4. Januar	Myanmar
26. Januar	Indien
26. Januar	Australien
Februar	
4. Februar	Sri Lanka
6. Februar	Neuseeland
7. Februar	Grenada
11. Februar	Iran
16. Februar	Litauen
18. Februar	Gambia
22. Februar	St. Lucia
23. Februar	Brunei Darussalam
23. Februar	Guyana
24. Februar	Estland
25. Februar	Kuwait
27. Februar	Dominikanische Republik
März	
1. März	Korea, Süd
1. März	Paraguay
1. März	Bosnien und Herzegowina
3. März	Bulgarien
6. März	Ghana
12. März	Mauritius
17. März	Irland
20. März	Tunesien
21. März	Namibia
25. März	Griechenland
26. März	Bangladesch
April	
4. April	Senegal
15. April	Korea, Nord
16. April	Dänemark
17. April	Syrien
18. April	Simbabwe
26. April	Tansania
27. April	Jugoslawien
27. April	Sierra Leone
27. April	Südafrika
27. April	Togo
30. April	Niederlande
Mai	
1. Mai	Paraguay
3. Mai	Polen
10. Mai	Micronesien
17. Mai	Norwegen
20. Mai	Kamerun
22. Mai	Jemen
24. Mai	Eritrea
25. Mai	Jordanien
25. Mai	Argentinien
26. Mai	Georgien
28. Mai	Äthiopien
28. Mai	Aserbaidschan
Juni	
2. Juni	Italien
5. Juni	Seychellen
6. Juni	Schweden
8. Juni	Großbritannien
10. Juni	Portugal
12. Juni	Philippinen
12. Juni	Paraguay
12. Juni	Russische Förderatin
17. Juni	Island
22. Juni	Schweden
23. Juni	Luxemburg
25. Juni	Mosambik
25. Juni	Slowenien
25. Juni	Kroatien
26. Juni	Madagaskar
27. Juni	Dschibuti
28. Juni	Jugoslawien
30. Juni	Kongo, Demokratische Republik
Juli	
1. Juli	Burundi
1. Juli	Kanada
1. Juli	Ruanda
3. Juli	Belarus
4. Juli	Tonga
4. Juli	Vereinigte Staaten von Amerika
5. Juli	Kap Verde
5. Juli	Venezuela
6. Juli	Komoren
6. Juli	Malawi
7. Juli	Nepal
7. Juli	Salomonen
10. Juli	Bahamas
11. Juli	Mongolei
12. Juli	São Tomé und Principe
14. Juli	Frankreich
17. Juli	Korea, Süd
17. Juli	Irak
20. Juli	Kolumbien
21. Juli	Belgien
23. Juli	Ägypten
26. Juli	Liberia
28. Juli	Peru
30. Juli	Marokko
August	
1. August	Benin

STAATSFEIERTAGE

1. August	Schweiz
2. August	Mazedonien
6. August	Bolivien
7. August	Cote D'Ivoire
7. August	Jamaika
9. August	Singapur
10. August	Ecuador
11. August	Tschad
14. August	Pakistan
15. August	Paraguay
15. August	Indien
15. August	Kongo
15. August	Korea, Süd
15. August	Liechtenstein
17. August	Gabun
17. August	Indonesien
19. August	Afghanistan
20. August	Ungarn
24. August	Ukraine
25. August	Uruguay
27. August	Moldau
31. August	Kirgisistan
31. August	Malaysia
31. August	Trinidad und Tobago
September	
1. September	Libyen
1. September	Slowakei
1. September	Usbekistan
2. September	Vietnam
3. September	Katar
3. September	San Marino
6. September	Swasiland
7. September	Brasilien
9. September	Tadschikistan
9. September	Korea, Nord
12. September	Island
15. September	Costa Rica
15. September	El Salvador
15. September	Guatemala
15. September	Honduras
16. September	Mexiko
15. September	Nicaragua
16. September	Papua-Neuguinea
18./19. September	Chile
19. September	St. Kitts und Newis
21. September	Malta
21. September	Armenien
21. September	Belize
22. September	Mali
23. September	Saudi-Arabien
29. September	Paraguay
30. September	Botsuana
Oktober	
1. Oktober	China
1. Oktober	Nigeria
1. Oktober	Palau
1. Oktober	Zypern
2. Oktober	Guinea
3. Oktober	Korea, Süd
3. Oktober	Deutschland
4. Oktober	Lesotho
9. Oktober	Uganda
10. Oktober	Fidschi-Inseln
12. Oktober	Äquatorialguinea
12. Oktober	Spanien
16. Oktober	Heiliger Stuhl
24. Oktober	Sambia
25. Oktober	Kasachstan
26. Oktober	Österreich
27. Oktober	St. Vincent und die Grenadinen
27. / 28. Oktober	Turkmenistan
28. Oktober	Tschechische Republik
29. Oktober	Türkei
November	
1. November	Algerien
1. November	Antigua und Barbuda
9. November	Kambodscha
11. November	Polen
11. November	Angola
18. November	Lettland
18. November	Oman
19. November	Monaco
22. November	Libanon
25. November	Suriname
28. November	Albanien
28. November	Mauretanien
30. November	Barbados
Dezember	
1. Dezember	Rumänien
1. Dezember	Zentralafrika
2. Dezember	Laos
2. Dezember	Vereinigte Arabische Emirate
5. Dezember	Thailand
6. Dezember	Finnland
8. Dezember	Paraguay
11. Dezember	Burkina Faso
12. Dezember	Kenia
16. Dezember	Bahrain
18. Dezember	Brunei Darussalam
18. Dezember	Niger
23. Dezember	Japan
25. Dezember	Paraguay